U0926175

1978 年 11 月，“文革”后第一次鲁迅学术讨论会在安徽黄山召开时部分代表合影。第 2 排右起：王瑶、黄源、华忱之、戈宝权、薛绥之。后排左 3：张恩和

1980 年，与唐弢（右 5）等先生在宁波合影（刘福春提供）

1998 年，大学毕业 40 周年在北师大合影

20 世纪 90 年代，在北京家中与夫人邹晓丽（右 1）、陶涛（左 1）合影

1999 年 5 月，参加四川德阳散文笔会时挥毫

1982 年，全家合影

1983 年，和女儿在家里

1981 年，在北京师范大学任教时和李何林先生合招第一届硕士研究生

2004 年 7 月，启功先生生日摄于启功先生家

2008 年 1 月，杨宪益先生生日，同其妹杨敏如先生在小金丝胡同杨家一起吃蛋糕

2012 年 9 月，在北戴河。左起：周楠本、孙玉石、张恩和、王骏骥、张杰

2012 年 9 月，在北京与冯捷（左 1）、韩兆琦（左 3）、李道英（左 4）聚会合影

2012 年 11 月，在四川乐山与魏建合影

2012 年，纪念 1954 级毕业 54 周年书画展，与范亦豪在所书对联前合影

2015 年，在澳门大学与杨剑龙合影

2017 年，在南昌青苑书店举办个人书法展，与邹农耕（左 1）、夏国平（左 2）、文师华（左 4）等合影

2018 年 5 月，在临沂大学讲演

2018 年，在北京参加《钟敬文全集》发布会，与董晓萍（左 1）、王宁（左 2）、程正民（左 3）、乐黛云（右 1）合影

2018 年 9 月，与张洁宇在西安参加“鲁迅、茅盾、郭沫若研究高端论坛”时合影

2019 年 4 月，在太原与谭莉芳（左 1）、潘杰（左 2）、李蹊（右 1）合影

张恩和部分著作

2019 年 5 月，在苏州大学与王强（左 1）、曹惠民（右 1）合影

2019 年 6 月，在威海“郭沫若与新中国”研讨会上，与刘增人（左 1）、商金林（右 1）合影

2019 年 9 月，在贵州梵净山与颜同林合影

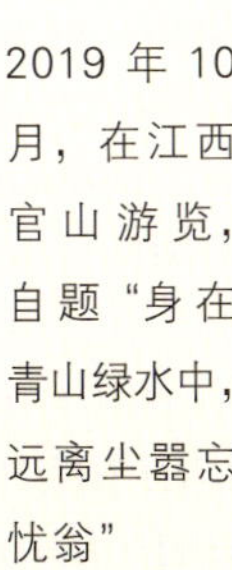

2019 年 10 月，在江西官山游览，自题“身在青山绿水中，远离尘嚣忘忧翁”

2019 年 10 月 30 日，在南昌与友人聚会唱歌。此为人生最后一张照片

回响

张恩和纪念文集

张洁宇　杨联芬　编

中国大百科全书出版社

图书在版编目（CIP）数据

回响：张恩和纪念文集／张洁宇 杨联芬编．—北京：中国大百科全书出版社，2020.10

ISBN 978-7-5202-0840-6

Ⅰ.①回… Ⅱ.①张…②杨… Ⅲ.①张恩和—纪念—文集 Ⅳ．① K826.14-53

中国版本图书馆 CIP 数据核字（2020）第 180599 号

策 划 人 郭银星
责任编辑 郭银星
封面设计 张涵哲
版式设计 博越创想
责任印制 魏 婷
出版发行 中国大百科全书出版社
地 址 北京市阜成门北大街 17 号 **邮政编码** 100037
电 话 010-88390093
网 址 http://www.ecph.com.cn
印 刷 小森印刷（北京）有限公司
开 本 880 毫米 ×1230 毫米 1/32
印 张 14.75
字 数 234 千字
印 次 2020 年 10 月第 1 版 2020 年 10 月第 1 次印刷
书 号 ISBN 978-7-5202-0840-6
定 价 69.00 元

目录

最后一哭哭恩和

· 吴淮生

今年（2019 年）10 月 15 日、刚刚怀着悲痛的心情送走了宁夏作家张武，哀痛的潮水尚未退去，还在淹渍着我的心灵，遂写了一篇《文学论交五十年》来怀念他。11 月 10 日，微信又传来讣音：知名学者、中国社会科学院研究生院张恩和教授因突发脑溢血病撒手人寰。续哀至痛，悲情难抑，不能自已，只好写这篇文章，记录和抒写我和他相知相识的人生旅程和永难忘却的同窗友谊，寄托我的哀思。

让时光的河水倒流过 65 个年头——

1954 年 8 月，张恩和（江西南昌人）和我（安徽泾县人）从各自不同的“天涯海角”出发，蹚过华东地区泛滥成灾滔滔的洪水匆匆北行，负笈京华到北京师范大学中文系就读。

中文系新生约130多人，分甲、乙、丙三个小班，恩和和我分在乙班，也许同是江南人吧，初见面彼此就感到亲切。他说着带南方口音的普通话和我相似，身材也和我同样瘦弱。后来他身体逐渐发胖，上世纪90年代他来银川，我们曾有过一帧合影，内子看了笑着对我说，他真伟大，你真渺小，说明这时他和我的肥瘦差距已经很大。他做派文质彬彬，说起话来细语轻声。记得同学们在一次课堂讨论的时候，他站起来发言，先解释说在这么多学长面前发言，我真感到哆嗦。我是调干生，入学以前已经有过4年的职业生涯，当时已经25岁。恩和1953年高中毕业，只做过一年团的工作，还没有资格领取那份调干生的助学金（工作两年才能享受调干生的待遇），当时他只有18岁，我们相差7岁，却没有因年龄的相差而隔阂，相处得很融洽。

恩和政治上积极进步，当时同学百分之八十是党员或共青团员，他因为做过团的工作，平时表现也很好，我记不得什么时候，他在班上高票当选团支部书记，我是一个百分之八十党团员以外的群众同学，在班上被有些人视为“落后面”，恩和并没歧视我，遇事总考虑给我一份。比如我担任校团委和学生会主办的学生刊物《蓓蕾》编委，记得就是他

推荐的。

我俩还有一个共同点都喜欢读书，我自以为涉猎广泛，想不到恩和虽然年纪比我小许多，也广览群籍。一次几个人闲谈西洋文学，英国的小说《傲慢与偏见》，虽然也是名著，但那时刚刚翻译为汉语，读的人不多，他却侃侃而谈，对书中的达西先生等人物作了详细的分析，我不得不暗暗地佩服他。中文系4年级创办了一个学术刊物《谷风》，恩和知道我喜欢白居易的长诗《长恨歌》和《琵琶行》，他建议我写成论文投寄该刊，我的论文题名《试论白居易的〈长恨歌〉和〈琵琶行〉》，很快就在《谷风》创刊号上发表了，这是我平生所写的第一篇学术论文，可惜没保存下来。

有一段时间，我和恩和同住一间寝室，他住在上层床，我住下层。我初入学时和另一个同学林锡纯同寝室，林睡上层，我睡下层，曾对锡纯开玩笑说，你是高高在上，我是屈居底层。恩和知道这件事，读3年级时他和我同宿舍了，对我也调侃说，你不是屈居底层是经济基础，我也不是高高在上，是上层建筑，因为其时我们正学着从苏联引进的《政治经济学》经济基础和上层建筑的理论。我们的床都靠近窗户，他说古代将同学称为同窗，我们才是真正的同窗。

恩和的专业是讲授中国现代文学的，他教学思路新颖，研究有创造性，例如他在讲授现代文学大师的生平和作品的时候，就将鲁迅和郭沫若放在比较视角上来考察和讲解，令学生感到耳目一新，后来形成了一部专著《鲁迅与郭沫若比较论》。他曾应聘到瑞士讲学，需用英语讲课，恩和英语有一定的基础，但他还怕过不了关，出发前在国内用汉语写好了讲稿，请人译成英文自己早晚苦读，以至背诵如流才出国实际讲授。恩和本不谙旧体诗词，为了研究鲁迅的诗，他努力学习有关诗词的知识，后来形成了《鲁迅诗词解析》和《鲁迅旧诗集解》两本书。恩和在现代文学研究领域还有许多成果，在全国很有影响，此外他还出版过好几本散文集，这里就不一一细说了。

1958 年 8 月，我们大学毕业。我分到宁夏，他留在北京。四年同窗，友谊弥深，骊歌高唱，依依惜别。临别的那天早晨，恩和和我在校门口话别，两人紧紧拥抱在一起。这一点，2017 年我在回忆录《红尘寄迹》中已经说了。

恩和的人生道路并不一帆风顺，而是崎岖不平的。他的夫人邹晓丽教授 2008 年因跌跤手术后成了植物人，直至 2017 年去世达 9 年之久。儿子患病只活了 30 岁。他曾在信

中对我悲戚地说："我56岁丧子，81岁丧妻，人生真苦哪！"他看到我写的一篇悼念朋友的文章，颇有感触地说："你写得很有感情，将来就请你给我写悼文吧。"比我年轻许多的他，竟说出这样的话，当然有玩笑之意，不料一语成谶，现在却不幸被他言中了。悲哉！

恩和虽然年已耄耋，在同学中比较起来还相对年轻，体力尚健，退休后他仍然足迹走遍全国，应邀到各地讲授中国现代文学。恩和善书法，去年他风尘仆仆不远数千里回到家乡南昌，在那里举办他的个人书展。从照片上看到他神采奕奕和参观者谈笑风生，显得很健康的样子。大约半年前，他和老同学陈丙莹在苏州有一张合影，恩和满面笑容，容颜笑貌接近中年人的形象，哪里有一点即将进入天国的样子呢。大概就在两个月之前吧，他通过微信告诉我正应邀在贵州的一所大学里讲学，还游览了梵净山等名胜。这么短的时间就谢幕了，这是我万万想不到的，人的生命竟如此脆弱啊。

从上世纪80年代开始，我经常给一些新亡故的亲友、同志、朋友、同仁撰写唁挽之类的诗文，最早写的是1984年悼念薄命的青年女诗人陈幼京的三首词，最近缅怀的是张武，这在本文开头已经写到，每写一次我心中都很难过，祈愿今后不再写这类的文字，不想还不足一个月，恩和又魂归道山了，愿悼念恩和是我有生之年写的最后一篇悼亡的文字了。

千种哀痛万种悲情化作一句寻常的悼亡语：

恩和，在天国里好好地安息吧。

2019年11月16日于珠海美丽湾

相知何须相近

——追念张恩和兄

·谢　冕

张恩和上学的时候，我还在军队当兵。他大学要毕业了，我才上的大学。因此他的许多同辈，许多著名的现代文学和鲁迅研究者，如樊骏、严家炎、林非等（当然更有我们共同的师长王瑶先生），尽管我可能比他们中的有些人年龄稍长，但他们当年都已是老师的身份，有的还指导过我的学业。闻道有先后，他们闻道在先。所以，论辈分，张恩和不仅是我的学长，更应是属于老师辈的人物，论理我是应当对之执弟子礼的。[1] 这篇怀念的文章，原先的称呼是“先生”，但为了亲切些，就“僭越”与之称兄道弟了。

其实，在张恩和生前，我们只是一般认识，偶尔会在某个会议场所相遇，多半也只是遥为致意，在记忆中却从未有过专门的会见和交谈。但我相信，他和我一样，是彼此相知并彼此惦记的。平时，我们互通音问多是通过洁宇。洁宇在北大读博士，她的许多好友和闺蜜，都是我的学生。就这样，她就自然地加入了我的学生群里，时间长了，她也就“成了”我门下的一名弟子了。洁宇很尽责，她经常为我和恩和传递彼此的信息，因此，我和恩和虽然不常见面，倒是经常念着、想着、经常互通音问的。从洁宇处我得知，恩和的夫人长期卧病，幸有周到的照护，我闻之心安。

张恩和的一些著作，是通过洁宇送到我手中的，我疏懒，也失礼，却未曾回敬过。恩和的著作，还有他的书法集，让我感到亲切和温暖。他的学术研究非常出色，容后我会谈到。他的散文写作也卓有成绩，《灰羽随风》《深山鹧

---

① 张恩和 1936 年出生，1954—1958 年就读于北京师范大学中文系。谢冕 1932 年出生，1955—1960 年就读于北京大学中文系。

鸪声》这些文集，记载着他的人生经验，文笔优美，真情动人，他不仅是出色的学者，也是优美的散文家。再看他的书法。无疑，他是一位学者型的书法家，他不像我那样“乱写”，他是有过认真训练而自成一格的。我在网上见过他的字，且有标价，可见他的书法得到认可。恩和风姿雅致，雍容蕴藉，字亦如其人，也以温润秀拔而自立于书家之林。

张恩和是出色的学问家，他的研究集中于中国现代文学领域，此中重要作家如鲁迅、许广平、郭沫若、郁达夫等都在他的视野中。他很早就举步鲁迅的研究，且成就斐然。青年时代即在《文学评论》发表《对狂人形象的一点认识》。那是 1963 年，当时他才 27 岁，却一举登上了这份国内最具权威，且令全体学人敬畏的学术刊物。在我求学期间，对《文学评论》是仰望着的，在那里认识了国内最权威的一批学者。张恩和能够在那里发表论文，令我等暗羡且神往。他“踏着鲁迅的脚印”前行，成为令人瞩目的鲁迅研究的一名年轻学者。他在这一领域付出艰辛的努力，甄别、考订、注释、总结，从小说而杂文，再及诗歌，可谓全面展开。他的工作被学界誉为“有思想的学术，有性情的研究”。

张恩和的研究以鲁迅为起点，进而涉及现代文学史的全局。他的研究扩展到对鲁迅和郭沫若的人生学术进行全面的比较，立论肯切允正，学界屡有佳评。《鲁迅与许广平》也是一项平行研究的硕果，被学界誉为“一部质朴中见精彩的的著作”。写了鲁迅与许广平之后，他把目光扩展到郁达夫及其女性世界。20 世纪 60 年代，张恩和加入了以唐弢先生为主编的《中国现代文学史》的编写组。他参加了从初稿到修改、定稿的时间跨度长达 20 余年的全过程。2019 年 3 月，他撰写专文记述了这一编写工程的细节。《新文学史料》2020 年第 1 期刊登了他的遗稿。令人感动的是，他在这篇文章的最后列举了13位与他共事过的已逝学者的名单。[①]永记朋友，不忘故人，这就是我所崇敬的恩和兄！令人伤感的是，不及一年，他自己竟也永别了我们！

我心仪于张恩和，不仅是由于他对中国现代文学史的精进的研究和突出的建树，也不仅仅是由于他在工作中展现的勤奋和敬业精神，令我敬佩的更是由于他对于研究对象的抉择时具有的独到的眼光。例如对鲁迅和郭沫若，对鲁迅和许

① 这份名单是：唐弢、陈灿、王瑶、刘绶松、刘泮溪、路坎、李文保、杨占升、樊骏、吴子敏、许志英、徐廼翔、黄曼君。

广平，以及对郁达夫独特的审视等。令我格外信服并惊叹的是他对郭小川的研究。郭小川严格说应属于中国当代文学的研究范围，郭小川20世纪50年代以至于70年代的创作，体现了中国诗人挺立于风暴中的坚韧的、他人难于抵达的境界。这一点，包括研究当代文学的专业人士都未必体悟并认同。而张恩和却“发现”并“锁定”了郭小川！不仅研究，而且为之立传。我的专业是当代文学，我为张恩和的“跨界”选择所感动，并认他为学术的知音。

君子相交，其淡如水。相知即可，不必相近。我与恩和，平生未曾有过深谈，内心却是相通的。就此刻令我感动的关于郭小川的研究而言，中国当代诗人多，作品可谓车载斗量，常叹如郭小川者，能于乱世之中坚持纯正的、多样的艺术探索，实为寥寥！而对郭小川的评判与定位，在此间业界却往往被简单的“政治”二字所替代并淹没。恩和的郭小川研究，作出了当代学者所未作或所未曾作。说至此处，则我于恩和，岂“神往”二字所能表达！恩和往矣，我为顿失知音而遗恨人间！

2020年4月30日于北京大学

沉痛的悼念

· 刘善良

2019 年 11 月 10 日，张恩和兄走了，噩耗转来，我正躺在床上，泪水忍不住流了出来。

恩和走得很突然！近几年来，他在京的时间少，凭着学术声望，到国内各地讲学。我曾说他年轻时到海外传播华夏文化，年老了遍游九州讲学。我们一直保持手机交流，互发彼此都关心的帖子。他每到一处，还要发来一些照片。9 月中旬到贵州师范大学文学院作《五四新文化运动的发生及伟大意义》学术报告，10 月中旬又到江西高安。他在高安和表侄游览山水风景区，在一张单人照前，特地写上“身在深山绿水中，远离尘嚣忘忧翁”一语，可见他当时的愉快心情。他是南昌人，高安离南昌很近。我祝贺他回故乡，又讲

学，一举两得，还发去新作《我第一次到吉安》请他指正。他回复说：“我还在家，人来人往，静不下心，大作容我31日回京后慢慢拜读。”23日晚我在《中华读书报》上读到恩和的《学者本色》，文章不长，写了北大中文系1955级学生张毓茂，分配在中央单位工作，主动要求回老家辽宁大学中文系任教，可后来还是奉命走向仕途，先后担任沈阳市副市长，省政协副主席，民盟中央副主席，连任几届全国人代会常委。但他没放弃教学科研，著有《萧军传》《阳光地带的梦——郭沫若的性格与风格》，主持出版14卷《东北现代文学大系》。我读后很感动，发微信表示此人值得赞扬，只是以前我不知道此人，更不知道他的著作，感到惭愧。恩和回复首句就是“谢谢阅读”！说明是应沈阳方面出版纪念集之约写的，顺手交《中华读书报》发表，“作文也算是对朋友一点心意吧！”现在看来，这是我读到他生前的最后一篇文章了。此后我们天天发帖发视频交流。直到11月1日早晨发来最后一次帖子，8日早晨我发去立冬吃水饺的帖子，我不好问他是否看了我的文章，心里却盼望他能早点提点意见，谁能料到他竟然走向另一世界呢。

恩和的朋友很多，中国人民大学附中著名语文老师王传业学兄和他常有来往。2016 年某天，王传业等数人去看望恩和，正好恩和收到我的信，传业兄问明我的电话。不久就给我来电话，询问我家住址，接着寄来了《沉重的回忆》《一位伟大的女性》两部书。前者是一部近 40 万字的自传，开头题记只有“不隐恶，不扬善”6 字，足见这书珍贵；我很快读完了，感动、获益、愉快、羡慕，充满了我的脑海。我和传业兄以前有一段交往，后来中断了。这次算是由恩和牵线让我们重新交往了，我们三人还建立微信交流群呢。2017 年某天中午，传业兄在中关村眉州东坡酒楼宴请一些名人，恩和当然在内，我也有幸参与。与宴者还带着已经签好名的著作送给恩和和我。2014 年 11 月 28 日下午在我校文传学院会议室举办张菊玲教授从教 50 周年暨满族历史文学研究座谈会，恩和应邀参加并发表了精采的讲话。会毕聚餐后，历时 9 个多小时，恩和感到有点疲乏了。

恩和对同学、对朋友，只要力所能及，都给予帮助。周葱秀兄出版《鲁迅论文研究》时，恩和写了序，肯定葱秀是“用鲁迅精神学习鲁迅，研究鲁迅”“身体力行，值得钦佩”。范亦豪学长的纪念文章里说“恩和对我有不少难忘的恩情”，还列举了一些非常感人的事实。可贵的是他从不炫耀。恩和

和我是同乡同学，毕业后又同在北京任教，可说是“三同”好友吧。但我们专业不同，以前来往并不多，“文革”以后逐渐多了。恩和的智慧不仅体现在著作书法上，还表现在日常生活中。他的电视经过处理（不是安装录像机）能放映以前的节目，有次我在他家说到前几天某个节目，真想再看一遍，他让我坐在电视机前，按几下遥控器，荧屏就显示那段节目了。他还让我看了电脑里的一些文档，又约定日期让我带U盘去，到后他转录电脑里丰富多彩的文档给我回去看，使我大开眼界。他的新著出版后很快就寄来，读后真得到教益。我读了《远去的鲁迅》后，说手里有点材料，写篇小文续貂吧，他鼓励我写，但说不是什么续貂。其实我只是看到有人把鲁迅的反话理解成正面意见，我已经发表过一篇短文，再写无非是又举一两个例子，没什么意思，结果没写。此刻我想，以后认真思考，写篇好一点的文章续貂，那也是对恩和的纪念啊。

我的一些文章常发给他看，他看了总谈点意见。去年5月22日《中华读书报》发表了我的《家乡话与屈赋解读》，那是纪念乡先贤王泗原先生逝世20周年，恩和看了立即打电话祝贺，虽然他知道我订了《中华读书报》。最使我感激的是他制止我一次冲动。我原先在一个著名网站上贴了一些文章，可以和不相识网友交流，那是另一种的读写方式，颇有乐趣。2019 年 2 月，我发现有三篇重要文章被删去了，这三篇都和发行量大的某报有关。第一篇批评文章是批评某报无中生有地贬低周恩来的光辉形象，即使是行文疏忽也是错啊。能删文的只有该网站员工，我忍不住，写了《三问》追责，准备寄给网站领导，不理会就向法院起诉。我在微信上和恩和谈及，他只回答“注意保重身体吧”。短短一句话如醍醐灌顶，我冷静地想了一会儿，明白了与其花费精力时间，不如多做点有益的事，何况删去的内容我在 2016 年就写在《我的退休生活》里，发表在学校离退休处内部刊物《金秋》上，白纸黑字永远留下来，网上删去有什么作用呢。

恩和晓丽成家后，养育儿女，儿子不幸早逝，女儿在北京大学中文系就读，从本科一直读到博士，此后是中国人民大学文学院教授。著有《独醒者与他的灯——鲁迅〈野草〉细读与研究》《荒原上的丁香——20 世纪 30 年代北平“前线诗人”诗歌研究》等多部。恩和晓丽感情深厚，晓丽住院多年，2017 年 8 月 31 日逝世，讣告虽说不举行任何告别仪式，我想去八宝山送别，恩和婉拒，当晚我到他家里慰问。他俩

在学术上真是一对美好的夫妻，恩和研究鲁迅郭沫若郁达夫等新文化运动著名的开拓者，成就卓著，晓丽研究文字学训诂学汉语史，著有《基础汉字形义释源》《甲骨文字学述要》等多部，一文一语，一流著作，人虽逝世，可活在同学朋友们的心中，学术生命则是永生啊！

2020 年 3 月 25 日写定

痛悼恩和

· 陈丙莹

恩和，你走了，你真的走了?!

11月12日接到南京蒋行素电话，告知恩和的噩耗；真如晴天霹雳似的意外和震惊！接着从好几个方向获得有关信息，洁宇也专门打来电话，最终确认……一次摔跤竟造成这样后果！恩和，你真的走了!?

那几天完全被这意外打击而陷于沉重的悲痛中，但好像仍不能相信。今年5月，他应曹惠民教授邀请专程来苏州参加苏州大学文学院博士论文答辩，因此我们曾有多次相聚。临走那晚到了我家，他想吃点清淡的食品，就专门做了杂粮粥，配以小菜，边吃边说，分外高兴。我送他至火车站，坐在候车大厅，又接着聊，往事、眼前事、未来事……有说不

完的话，直到入站时刻，才最后话别。

此后，我们仍有多次通信。他到贵州讲学给我发过短讯与照片。我读绿原诗碰到疑问也曾写信向他求教……7月21日，他还来电邮告，他4日曾回江西老家，12日又去威海开会，21日将和友人赴云南远游。电邮信中还说：“我现在趁腿脚还走得动就出去玩；在外面很开心，比一个人闷在家里要好，这在你们现在家庭生活圆满美好的，不知能理解、体会么？”我知道他的状况，理解他的这份满怀苦衷的“开心”。

近若干年，我俩这样单独相逢、相聚、作别的情况有好几次。毕竟都已是白发老人，有时分别就有很浓的伤感。有一回我们从无锡分手，归来后我发电邮给他，诉说自己忽然想起陈寅恪晚年见到专程从四川到广州看望他的也是耄耋老人的老友吴宓，心情特别激动，写了好几首诗抒发感慨。其中有一首：“问疾宁辞蜀道难，相逢握手泪泛澜；暮年一晤非容易，应作生离死别看。”想想我们一生也近终点，颇有共鸣云云。我写这些话是说我自己。我到80岁还做疝气手术，还突发老年带状疱疹，各种老状尽显。他虽也至老年，但比我年少，精力仍极旺盛，还能不断到处游走讲学、参加论文答辩、同朋友远游……我们同住旅馆，不论热天、冷天，他清晨起床都能坚持用凉水擦身，没有硬朗的身体底子和意志力是做不到的。可这回苏州告别，大家非常高兴，丝毫没有一点伤感。

我和他在大学是有着深度思想交流的挚友。我们可以无话不谈，谈学习、谈内心、讲述过往、展望未来，甚至毫无遮拦地诉说自己的初恋。刚进大学时我担任学习班长，到二年级团支部改选，我俩都进了支委会，他任书记，我是宣委，刘育英为组委，我们合作得很愉快，很乐意为大家做事。我们都积极要求入党。他第一个被组织认可，已通过党支部审核讨论，但因57年反右运动突然兴起，讨论又不作数了；他后来是“文革”后调到社科院研究生院时才解决组织问题的。

1958年大学毕业，他留在师大，我分配到青海师院，大家就分开了。60年代我被委派至北大现代文学教研室进修，重返北京一年，又接上了联系。他和晓丽就在这一年结婚，我有幸参加了他们在师大举办的婚礼。

很是巧合，我们北师大中文系58届乙班，包括他在内先后有5位同学都在大学从事现代文学教学和研究工作。他自然最出色，最有成就。他进入唐弢先生、王瑶先生领衔的

全国编写现代文学教材团队，后来还一度成为唐先生助手。他在鲁迅、郭沫若等研究领域颇多建树，还培养过好几届研究生。他为人真诚、平易，比如对我们几个老同学的工作就总是能很热心地给予支持与帮助。他曾去朱东兀所在的宁夏大学作现代文学讲学；他还支持晓丽到青海师院讲授古文字学。亦豪进入这个领域较晚，我知道恩和对他的工作就十分上心。我的许多工作也都得到过他的扶持。想起一个例子。1992 年他和蒋守谦为百花文艺出版社选编一部现当代散文导读（《阅读 · 欣赏 · 习作范文选》），他负责现代文学部分。他邀请了好几位学校老师为这些散文佳作撰写附录解析。他自己写，也特地分给周葱秀和我一些任务，以让我们多多积累文字历练。这是一本小书，我写的解析也只有几篇，但至今翻翻那些我们几个老同学合作的篇章，仍感到友情的温暖。

我们两个家庭也有交往。儿子陈颖在北京读书时就去师大看望过叔叔、阿姨。我和采华到北京，是必定要到他家拜访的。他出了书，寄给我时，在题签上总要写上我和采华两个人的名字。晓丽没有来过苏州，但恩和有机会到苏州，也是必定要到我家来坐坐的。有一次他还遇见陈珂，同她有过很有兴味的交谈。我到北京他家，总要留我用餐。他和晓丽都不是北京人，但能操作一顿地道的老北京的打卤面。同他们一家人围坐一桌，大啖热气腾腾、香味扑鼻的打卤面，那种温暖家庭的欢欣与亲切在在都令人神往。

恩和后半截家庭生活遇到了不幸。中年时丧子，是极其沉重的第一击。晓丽一直有类风湿病，虽日益严重，但坚持治疗，病情仍能控制。但有一次，好像也是摔了一跤，腿部骨折，先是不能行动了，做了手术，反而急剧退化，成了植物人。恩和领我去病房看望过，她仍和平常人一样安详地躺在床上；恩和说，有时还能睁开眼睛，但就是没有意识；生命体征都有，但一切基本生活仍需要别人打理。虽请了护工，恩和与女儿仍轮流前去精心照护。我感到，这种操心和劳累，再繁重，他们也能承受；总抱有希望吧！但至亲的亲人近在咫尺，就在眼前，可以相对相视，却不能相认，这才是最大的痛苦！在度过这样宁静的煎熬的 9 年以后，晓丽终于解脱。但当恩和告诉我这一讯息时，我感到他并没有轻松，那种人生不幸的沉重感在他恐怕是永远挥之不去了。

复杂的十年“文革”动乱无论在哪个领域都带来深重的灾难，中央已有文件做了全面的总结；接踵而至的是反思、检讨、觉醒、更新……以及各式各样“新思潮”的蜂起，凡

此给予中国学界带来的精神震荡也是复杂的。在与恩和交谈中，我感到他在很多重大问题上是清醒的。他有立场，有原则，有底线，不固守陈规，也决不跟风。为坚持一些事，可以抛弃地位，不计得失，不顾声望。1989年，他辞去社科院研究生院图书馆馆长工作。

20世纪80年代后，学界很多大家都力主去掉鲁迅是“革命家”的帽子，保留他是伟大思想家、文学家的尊称。他们的主张是有道理的。“文革”中扭曲的政治将鲁迅革命家的革命精神涂抹成一种打击别人的工具；抹黑了革命，也亵渎了鲁迅，无论从哪个角度立论，都应该对此拨乱反正。恩和说他的有些朋友也是持去鲁迅为革命家称号这种看法的，但他以为，“过去对鲁迅太‘政治化’是不对的，不应该简单地把鲁迅当作为政治服务的工具。但也不应简单地把鲁迅看成一般的人。因为人有千差万别，有的顶天立地是真正的人，有的浑浑噩噩糊涂终生，有的投机取巧蝇营狗苟，也有的是身披羊皮的盗贼……而鲁迅是顶天立地浩气长存的‘伟人’”；“鲁迅不是政治家，但确是革命家”；“只要他一生以‘革命’为职志，坚持斗争，矢志不渝，就应该视为‘革命家’”（引自《鱼与熊掌，何妨兼得——张恩和教授访谈录》）。此事我问过他，他斩钉截铁地说，他坚持这个看法是尊崇真理，因为真实的鲁迅就是如此。我支持他的观点，甚至觉得，鲁迅正是有了这种“革命家”精神的引领，方才成就了他的鲁迅式思想家与文学家的深邃和气势。想想鲁迅去世那年，崇敬者扶着的棺椁上覆盖着的那幅大书“民族魂”的挽语，是那么强烈地震动着国人的心，这岂是一个一般的思想家、文学家所能拥有的（如果没有鲁迅那样革命家的风骨）。而且，鲁迅的这个“革命家”乃是中国革命语境中的有着特别意涵的“革命家”。在中国人民挣脱各种压迫与束缚，努力挺直腰杆，做一个大写的人的时代，在中华民族历经各种忧患与苦难，不断争取与迎接自己伟大复兴的时代——这个时代已经从20世纪延续到21世纪——革命家鲁迅，他的灌注了呼唤这种革命精神的思想与文学就永远是鼓舞我们前行的大旗！难道不是这样吗？

恩和做研究的工夫是很扎实的。他写《郁达夫小说欣赏》那本小书，就曾设法到北师大图书馆把郁著小说的初版悉数找出方才动手工作。我感到他在研究中总是力求突破因袭，经过扎实、深入思考之后发掘出自己的新意的。他也并不认同那些华而不实的新，经不起推敲的新。比如上述鲁迅

不是革命家的说法表面上是旧说，在新语境下则是新论，这同样需要勇气和学力。学术上不能以新旧论对错；并非所有旧的都应摒弃。何况不少的“新”也是从西方贩运来的，未必合乎中国的语境。

今年年初，他给我寄来江西文联主办的《创作评谭》2019年第1期（上述访谈录即收在此刊）。这期《创作评谭》人物栏，连发3篇长文，可说是对恩和一生经历、学术道路、研究著述、散文、书法成就的总结介绍。恩和一生主要研究鲁迅。鲁迅坚定地反封建，执着地参与中国革命，作为一名精神界的战士，他勇于近身搏战，并进行着沉着的壕堑战、不屈不挠的坚韧战，这些经历在今天的中国语境中仍有现实意义。他的其他研究，包括郭沫若研究也多有新的剖析和解说，有眼光的识者均有好评。

他的散文我都读过。他把散文艺术品性定性为“水”。“水”本身无形，但流到什么地方就有了什么地方的“形”。他的散文，有思想、有情怀，各种题材、各种主题、各种体式、各种笔法，不一而足；文字潇洒、秀丽，姿态各异，我觉得很多篇章是很耐读的。他的散文文笔似乎长于叙事与写景（好像抒情稍弱）；但我特别喜欢那些夹叙夹议，犀利、泼辣的杂文，完全纵情放言，酣畅淋漓；我觉得这样的笔法能够完满地表现他的柔中有刚的写作个性。

他赠我和采华一部精美的《张恩和书文专辑》。在前言赘语中，他说他“写了一辈子的字”；因为留校，和启功先生相交。虽“喜欢写字”，但从未“正面向他讨教学习书法的问题”，但又“免不了谈书法以及书法界情况”，免不了“学他写字的风格，在书法方面受到他的启智和熏染”。我的字写得不好，也不懂书法，但每每翻阅他的这些龙飞凤舞的“笔情墨韵”总会怦然心动。特别需要提及，那些书法所书录的鲁迅的语录，以及古诗、文，还有一两幅自己创作的旧体诗文等等，连贯起来，其实正表达了恩和丰富的人生情怀。有的写“抱负”：“铁肩担道义，妙手著文章”；“真的猛士敢于直面惨淡的人生”。有的写自励：“天行健，君子以自强不息”；“虚心竹有低头叶，傲骨梅无仰面花”。有的写向往：“今索诸中国，为精神界之战士者安在？有作至诚之声，至吾人于善美刚健者乎？有作温熙之声，援吾人出于荒寒者乎。”有的写担当：“自己背着因袭的重担，肩住了黑暗的闸门，放他们到宽阔光明的地方去。”还有割舍不了的情，“不见去年人，泪湿春衫袖”。还有人生感慨，“行路难！行路

难！多岐路，今安在？……且乐生前一杯酒，何须身后千载名”……还有这首自作的《自嘲诗》呢，“醉眼朦胧上酒楼，未饮先醉说还休。世事何须求洞明，半醉半醒自风流”，在自我揶揄中可以听得到多少难以言说的苦衷……还有那些美的风景，“春花秋月”“草满池塘”“山街落日”“江枫渔火”“云影”“雨声”“落叶”“扁舟”“窗外雨潺潺”“寂寞梧桐深”……在徜徉大自然之中，在感受宁静与美境之时，悟及古人超脱世俗之放达，未尝不是自己也去“道法自然”的精神天地里宣泄一下为种种世事所累的胸怀的方法……我在赏阅他的《书文》专辑时曾写信告知，自己不仅被那优美的书法吸引，也从所写内容中读到他在借别人酒杯以自我抒怀与明志的意向，他认可我的判断。但现在我在细味他的这些意向，做如此琐碎的解读时，他一定又在笑我迂腐了。

恩和，你走了，你真的走了？！

咱俩还有说不完的话……套用绿原悼念挚友曾卓离世时说的话来作为我对你的祭语。“你”“挥一挥手，潇洒地走向了永恒”，“像一片消失了的云，像一场消歇了的风暴”；“你”“留下了”“对人间的爱”。“而我，还留在白驹过隙之间……继续接受尘缘的考验”；“平日习惯在静坐中想想往事。

所谓‘往事’未必是已经做过的什么，往往倒是想做却始终没有做到的什么，包括想跟你说却始终没有说出的什么”。

在我认识的老同学中好像只有你的女儿和浦汉明的两个女儿继承了父母做大学教师的职业，你是可以引以为安慰的；真的是后继有人了。恩和，你可以安然地隐去了。

写到这里，我才真实地感觉到你是真的走了，我们再也不能那样亲切、亲近地相见了。“哀极无泪，唯闭目仰望南天，俾与苒苒飞升之灵相对……”，绿原在挚友邹荻帆溘逝时所写悼语正可表达我现在的言说不尽的哀思……

迟到的追思

·王　宁

恩和去世整整一年，就在他走前不久，我们共同的好友林锡纯在青海去世，我和恩和一起接受过青海专程来北京记者的采访。之后，他去江西老家之前在楼前遇见，他说："回去看看，可能是最后一次了，再过一年不一定跑得动了。"回来后他专门来我这儿坐了一小会儿，还是说"了结了一个心愿！"尽管住这么近，但我们都老了，一年见不了几次面，全在微信里联系，他传其他信息给我，说自己的事也不过只言片语。偏偏这段时间连着见了几次面，看起来都好好的，没有任何病态。所以听到小洁电话里说他走了，我真的难以置信。这几十年，我和晓丽、恩和一起从中年走到老年，就在这个小圈子里，经历了太多的事情，也都受到很多正面的、反面的教益。每当我提起笔来想为此写点什么，心里都无法安宁，看破不说破吧，只有等待时光冲淡一切。

1983 年我来师大办正式入职的手续，正赶上恩和刚刚调到社科院研究生院，他对我说的一句话我一直记得：“早知道你要来，我也许就不走了。”回师大以后我渐渐明白他这句话的意思。那 10 年，完全改变了我们读书时师大中文系老师们的关系。相互的漠视和隔阂，背后的猜忌和倾轧，是我做学生的时候从未见到过的。那是怎样的 10 年，学校受到的是一种内伤！我逃离了自己遇难的地方，却赶上了母校疗伤的时期。因为那 10 年在师大我并未参与其中，仍然可以善待一切教过我的老师和老同学。恩和想换一个环境，应该也是想找一个并未参与其中尚可彼此善待的地方吧！

在我的同窗好友中，恩和的智力和才干显露得很早，他笔锋犀利是因为眼光锐敏，心思缜密是因为观察细致，这些，在学生时代就已经崭露头角。人到中年，他仍然优秀，但偏偏有那 10 年，没有遇到一个好环境。他想改变环境，因而离开师大，但又何曾真正离开过那个希望远离的环境！晓丽没有走，他也还住在这里，学术圈子很小，专业圈子更小，该遇到的挫折，他一样也没有躲过，许多不如意的事全

靠自己去解脱。这几十年，儿子成长艰难，最终不幸病逝，晓丽带病拼搏，后来又10多年卧床，沉重的担子都落在他的身上，而他自己的身体也并不好。他为家庭的担当和付出，都是没有经历过的人难以想象的。

“气将然诺重，心向友朋开”，几次长谈里，我深深地钦佩恩和心理的强大。这几十年，他的努力毫不减少，成就仍然令人瞩目，但离他想达到有能够达到的所求，仍然很远。无奈和遗憾之后，他经历了被迫地和自觉地反思，从愤懑、尖锐，到理智、平和。作为一个文学家，懂得人生，做回自己，便有了内心的升华。到最后，他用洒脱成全了自己，写字——启功先生说他“渐渐入神”，游览——常常有漫山花海、成群野猴的照片传来。拿到学生为他出版的一本书法集后，恩和提醒我：“看字，也看内容。”于是我知道，他对很多事虽并未完全放下，但却十分明白了其中的缘由，所以，他平静了。

这20年，恩和和晓丽搬到丽泽6号楼1门302，我们搬到丽泽3号楼1门102，两家正对着，他们高出两层。所以我晚上有时会抬头看看他们窗户有没有灯亮。开始时是习惯性地看晓丽有没有歇着，担心她强撑着蛮干身体会出问题；

后来是看看恩和是否出行，出去有没有回来。这一年，我已经不再抬头去看对面三楼的灯光了。两位挚友都已经远去，仍未痛定之后，我不想再提起和她们一起为改变处境所做的各种大事和小事，几十年我们共同的历程一言难尽，在小洁为父亲编写纪念集的时候，我只想用迟到的最少的话，寄托我长长的哀思，期待将来有再说起这段经历的时候！

相识与相别

——纪念张恩和学兄

· 龚肇兰

去年11月10日上午，老伴90年代的研究生荣君来电话问安，他要去外地出差。通话临结束前他突然说："网上传言张恩和先生今晨走了，说是几天前因摔跤而致脑出血，不知消息是否确凿。你们关系不错，可要有个思想准备。"听此言我吃惊得说不出话来，不是一切都好好的吗，怎么会这样。

放下电话，我沉默着，而思绪却飞速地回到了上世纪50年代。1955年我考入北师大中文系，8月末的一天，我乘坐在上海开往北京的特快列车上，将于夜间10点多钟到达。想起昨日上车前收到北师大推迟开学的来信，越临近北京，心里越加忐忑不安，不知道学校是否有人来接站？要是无人接，人生地不熟的，又是夜间，不知该如何是好。幸而在车上遇到一位也是考上北师大的新同学，她是学前教育专业的，彼此有个照应，但心里依然惴惴的。当列车缓缓地进入了北京站，一条标有“北京师大欢迎你，新同学”的大横幅便展现在眼前，横幅前还站着几位接站的同学，顿时一股暖流涌入心头，我们俩高兴得几乎要跳起来。下了车连忙上前表明身份，一位男同学热情地说：“欢迎你们！”还说自己也是中文系的，随手接过我们的网袋，陪同我们随着人流检票出站，又领着我们上了不远处的校车，车内已有几位同学，但人并不多。到校后，先带我们去饭厅吃宵夜，之后又带我们几个女生住进了学校临时安排的宿舍，那是一间大教室，临走还要走了我的行李托运单。第二天，果然还是这位男同学把行李送到了我的住处。一切安排得妥贴、周到。

他，就是张恩和，这便是我们的初次相识。这是北师大的好传统，每当新学年来临的时候，都由二年级的同学去接待新同学。我接待过的同学，有的后来成了北京景山学校的同事、朋友，至今还保持着联系。那时候的我，在夜幕下来到久已向往而又陌生的首都，见到这位前来接站的老大哥，

正如同他乡遇亲人，那么亲切，那么温暖。此情此景，我至今难忘。

去年5月的一天，老伴有一本书要送给张恩和。我们两家住得很近，中间只隔着一座楼，早饭后，便相约在他的楼下见面。说起张恩和，我很感慨，也很佩服他。他这辈子过得实在不易，先为儿子，后为妻子。他的夫人晓丽，我们都是中文系1955级的同学，只是不同班，但彼此很熟。当年校运动会上，她多次获得女子百米冠军，谁能想到后来竟得了类风湿病，晚年有10多年病卧医院，直到2017年离世。我因骨关节炎急性发作，已经好几个月难以下楼，最近稍有好转，想起这些，也很想见见许久未见面的张恩和，便随老伴一同下楼了。

下楼不久，便见张恩和迎面走来。我见他气色不错，精神也挺好，很是高兴，便忍不住说："你这辈子过得实在不易，现在该为自己好好地活着了。"他笑而不答。我们边走边聊，朝着他住的楼走去，既是送书，自然就会说到有关出书的事儿，他们的话就多了，我只是静听着。来到楼前，又随意地闲谈了一会儿，说到一些熟人，也说到我们彼此的情况。我因双腿不能久立，我们便告别分手了。他说声"再见”，走进楼门，突然转身大声对我说：“你说得不错，我要好好地为自己活着。”

此话犹在耳际回荡，难道这次短暂的相见竟成了我们的永别！我不敢相信，我多么希望这是误传，然而不久，相熟的友人来电告知，这的确是真的。我很难过，也很伤感。

张恩和学兄真的走了，这是无可奈何的事。如今，我们能够留作纪念的，就是他生前赠送的那些书了。他和我的老伴都从事现代文学的教学和研究，一度还在北师大现代文学组共事过。他们论年齿时，老伴曾开玩笑地说：“论学历，你是我的师兄，论年龄，我长你一岁，是你大哥。”他们一向互赠著作。所送书的扉页上，写着我们的名字，或称学友，或称同窗，很亲切。除了《鲁迅旧诗集解》《鲁迅与郭沫若比较论》《郭小川评传》《郭小川传》《鲁迅与许广平》等学术性著作外，还有散文集三册，即《国门内外》《深山鹧鸪声》《灰羽随风》。我一向喜爱散文，集中的作品，几乎都读过。

而我最看重的则是那册《张恩和书文专辑》了。此书丁酉之春由中国毛笔文化博物馆、南昌晴耕雨读文化艺术传媒有限公司、南昌邹氏农耕笔庄出品，这也是他送给我们的最后一本书了。书中大量影印了他的书法佳作。他的毛笔字

写得飘逸俊美，挥洒自如，形成了自己独特的风格。他对书法怀有浓厚的兴趣，数十年从未间断过，视为人生途中的良伴，解其忧苦，慰其孤寂，抚其创伤，给其愉悦。选文十篇，是他从众多散文作品中精选出来的，有写少时文学梦的，有怀念老师钟敬文、启功先生的，有写故乡美丽的鄱阳湖和市声的，还有几篇杂评文章。我把它放在案头，不时翻阅。欣赏着他的书法精品，如见其人，阅读着他的散文佳作，如闻其声；仿佛他依旧无拘无束地在同我们笑谈着。

2020年2月下旬于北师大寓所

同学、好友张恩和

· 程正民

张恩和走了，我感到很突然。之前我们总能在师大校园相见，他气色很好，没想到就这么走了。

平日里我们来往不算密切，但我们之间有一种特殊的缘分：他曾是我同事，他爱人邹晓丽是我同届的同学，她女儿张洁宇又是我儿子程凯在北大前后脚的同学。他走了，我很想念他。

张恩和 1958 年毕业留校，我 1959 年毕业留校，他是我师兄。他在现代文学教研室，我在文艺理论教研室，专业不同，却同在一个教师团支部。当年倡导又红又专，中文系郭预衡先生是搞古典文学的，刘宁先生是搞外国文学的，一中一外，又都是党员，同时被领导树为又红又专的榜样。记

得胡乔木的妹妹方铭（师大管文科的领导）还称他们是中文系的梅兰芳。我印象里，当年张恩和在中文系青年教师中算是业务尖子，在红的方面好像却不被看好，有人甚至要批他“白专”，但遭到中文系领导刘漠（延安鲁艺学生，1959年因“右倾”被教育部下放师大）的反对，后来才平安无事。上世纪60年代初，周扬在中央党校领导编写文科教材，我们中文系党总支书记陈灿因1958年领导中文系大跃进表现突出被周扬看中，调她到编写组负责党的工作。她借此机会把中文系教师尽量安排到各编写组，以培养和锻炼中文系教师队伍。其中现代文学教研室最为突出，调到编写组的师大教师竟有六七人之多，结果被主编唐弢看上的并不多，张恩和就是其中之一。后来唐弢曾请他协助编写《鲁迅传》，可见唐弢对他很器重。除了唐弢，张恩和同王瑶、李何林等老一辈现代文学研究专家都有很深的交往，给他们留下很好的印象。

张恩和1983年离开师大到社科院研究生院工作之后，我们来往少了，但在校园里一见面，他总要发表对社会现象的看法，总要谈到我们的老师钟敬文先生、启功先生和其他先生。言谈中，他对社会现象敢于直言和对老师的一往情深，给我留下很深的印象。

为人正直，实事求是，敢于直言，是张恩和可贵的品质。因此也常常被有些人目为“好发牢骚”、“右倾”。80、90年代，有些获得博士学位的青年学者被领导看上，学而优则仕，很快就当上官。我们中文系也有一位博士刚毕业就被调到某省当官。张恩和对此很不以为然。有一次在校园相见，他愤愤地说，这种人根本没有经过什么社会锻炼，连共产党的ABC都不懂，能当什么官？社会上有些人不讲究实际，不讲贡献，一味追求名分，追求级别，他也很反感，感慨“一级演员，一级作家何其多”，感慨“教授不如狗，博导满街走”。我们一位共同的好友去世了，报上连篇报导，称之为“泰斗”、“教父”。他虽然很尊重这位好友，为他的逝世感到悲痛，但同我见面时直率指出对人的评价要实事求是，不要过分夸大，对此我也表示有同感。当时在那种凝重的气氛中，在一片赞扬声下，他敢于那么讲，是很不容易的。

张恩和对老先生，对自己的恩师有很深的感情。他离开师大以后，对钟敬文先生，对启功先生一直保持密切的联系，经常前去看望，在各种有关先生的活动中都有他的身影。我最后一次见到他是在人民大会堂《钟敬文全集》首发会上。他讨厌有些人试图通过攀附名人来提高自己。他真心向老师学习，学习他们的为人和学问。正是这种无功利心的交往，有时师生之间竟然达到一种内心亲近的境界。1983 年他要离开师大调到社科院，钟敬文先生和李何林先生都舍不得他走。李先生说："为什么要离开师大呢，这里不是也很好嘛！"钟先生说："其实在师大也还是可以好好干的，不过去社科院也好，那里的条件对你来说可能会好一些，更专心做你的事。"对他的离去老师虽有不舍，但表示理解，这对于处于困境的他是莫大的安慰。他喜欢书法，字写得很不错，但从来不通过求得启功先生的好评来抬高自己。当启先生看了他的书法作品，告诉他"好好写"，"要多写"，他就感到极大的满足。他同启先生的交往看重的是情而不是利，看重的是"投缘"，是彼此心灵的沟通。他佩服先生的学问和书法，更仰慕先生的智慧和仁心，他看到先生头脑清醒，更看到先生的心怀悲悯。更难得的是，他能透过先生乐呵呵的外表，透过先生的幽默，看到他内心隐藏的巨大痛苦，而这种痛苦又不是属于他一己的，个人的。他说，"先生的'痛苦'固然也有他一己的，个人的，但那也是社会的。"师生之间内心的相知是一种很高的境界，它照亮了老师的内心，也照亮了学生的内心。

张恩和走了，他生前在送给我的书法作品中称我为“同学和好友”，几十年来我也一直把他当作自己心中的同学和好友。别了，我的同学和好友！我相信有一天我们总会在另一个世界再见面，到那时我再听你讲鲁迅，听你讲钟先生和启先生，听你发表对社会问题精彩的看法。

热心集体的恩和

· 卞昭慈

恩和突然离去，让我难以接受，久久不得平静。因为几天前我们还通了电话，他告诉我此前的行程和将要出行的计划，我赞叹又羡慕。当然他也说了，这是无奈的选择，是为了摆脱独自居家、孤寂无味的选择……。

恩和与我不是一个小班的，读书时没有任何联系。毕业后这几十年倒成了朋友。起因是他为班集体做了许多好事，不显山不露水，默默奉献，热情周到，从容细致。令我敬佩，促我接近。

谁都不会忘记1988年暑期我届毕业30年后的首次相聚！劫后余生，倍加珍惜。当时我们都在工作岗位上奋战，工资很低，外地想来京城多有困难。是几位留校同学组织了语文研讨会，才把60位同学聚在一起。为解决住宿困难，他们借了三间教室，抬来学生宿舍的上下铺，满满当当的一屋子挂有蚊帐的木床，仿佛又回到了学生时代。不知这里恩和付出了多少心血和劳动，只记得他的一个背影，那是他伏在课桌前为外地的同学开具证明，那么认真负责。会上留下通讯地址，由他用隽秀老练的字体一一抄写订正，共写了6页，又复印成册，每人一份。会后，大家最渴望得到照片，他又洗印、分发、邮寄……之后，他把全套照片分装在相册里，供同学们来观赏。这些繁琐细致的工作都是恩和在踏踏实实地认真完成。从此我认识了这位满怀热情却少言寡语、埋头苦干的好同学，由不熟悉而熟悉，而尊敬。而后成了他家的常客。

忘不了1998年的再次大聚会。50多位老同学欢聚会场，但见恩和书写的会幅“中文系58届毕业周年聚会”和下面的横幅“让友谊穿越时空——玛·彭·浩荡斯基”，那潇洒端庄的字体、别致风趣的措辞给大家带来多少欢乐啊！难能可贵的是，那天还请到了年过耄耋、德高望重的钟敬文先生和肖璋先生前来参加。第二天游览颐和园，没见恩和与王宁、何乃英几位，原来他们留在学校为大家赶制精美的相册和新

一版的通讯录，只为在聚会结束时能发到每人的手里。这样的高速度，这样的热情与责任感，让我们惊讶，更让我们敬佩！从此，恩和成了三个班的朋友。我们一起为敬爱的杨敏如先生祝贺，89 周岁和 90 周岁两次寿诞，我班张纪鹏乔迁，我和吕立人迁新居都有恩和热情参加。他出新书一定要寄给我，我有事相求，他一定会帮忙。

可惜，2008 年毕业 50 年的天津聚会他没能参加，因为夫人晓丽病重住在二炮医院。临去天津前我们曾到医院去看望晓丽和严景煦。严景煦癌症晚期，已在生命倒计时；晓丽虽睁着大眼睛却没有表情，没有意识，靠输液维持……我心中的滋味真是难以陈述。

谁也没想到晓丽竟能坚持 9 年！这 9 年，对恩和来说是多么艰难、多么煎熬的 9 年，但他始终坚持着，只要晓丽还有一口气，他就有个念想，就要经常去看望她、陪伴她……想到他的孤单寂寞，我有时会拿起电话和他聊天，希望他振作起来，多参加集体活动，有机会外出就尽量外出。丙班只要有活动，我就打电话通知他，他都欣然允诺，前来参加。为刘凤麟和董菊仙祝 80 寿，欢迎木哈、王谦泰来京，去阜外医院看望甲班的李增林等等。亲如一家，不分彼此。他说话不多，但一言出口便与众不同，有独到见解，有文人风骨。他也还担负着乙班同学的联络工作，尤其是身在外地的同学，总是把他作为联络中心。

2012年，正逢我们54年入学又毕业54年，而且是58届同学结缘58载，多么吉祥的巧合！于是决定再搞一次双54双58大聚会，还要编辑出版一本我们自己写的书，举办一次书法绘画摄影展。我们商定，由何乃英主编并负责收集丙班稿件，许令仪、张恩和分别负责甲班和乙班稿件。书名经反复讨论，定为《机缘五十八载》。请恩和题写书名，记得他写了横排竖排的约有六七张以供选择，足见其认真程度。请他写书法作品，他欣然允诺，几天后就交来对联两帧和一帧抄录《何不潇洒走一回》歌词的大幅作品，精彩、漂亮，为展览增色。那次的展览水平很高，不少人前来参观，啧啧赞叹：这是人才济济一届的老校友！会后还有一项要事得办，因为到会的47人，尚有半数同学未能前来，还有众多已逝同学的家属都需要给他们寄书。那天我约了张恩和、何乃英来帮忙。恩和拉着家里的购物车来到师大的主楼，装了满满一车的书，重重地拉到了邮局，又一一装入包裹袋，填写住址姓名等。三人忙活了一上午，这才把书寄走。那时晓

丽已经生病几年，恩和的情绪和精神都大受影响，但是班级交给他的事，他仍然会尽力去做，这是难能可贵的。

最后一次跨省聚会是在 2014 年，近 30 人参加。乙班和丙班人员都不多，下午恩和、浩荡、亦豪和丙班 5 位同学一起去看望了重病的柯大课，心里很压抑。共进晚餐，尽兴聊天。

大家都老了，大型聚会是不可能了，小规模的见面还有。更多的是电话联系了。正因为多次在一起聚会，我为他拍了不少照片。在他仙逝之后，心中总是不能平静，就把照片整理、编辑，加上悼念文章，形成《恩和与我们在一起》的影集。这样心情才舒缓了许多，觉得他没有离开，他仍然和我们在一起。

2020 年 7 月 26 日

幽默而深邃：我心目中的张恩和先生

· 李春林

自退休后，与学术圈渐行渐远，最后必然导致信息闭塞。我一向抱有好感并十分尊敬的张恩和先生过世的消息，是在很久之后才从《上海鲁迅研究》总第 84 辑的《编后》中知晓的。立即致电与恩和先生过从甚密的张杰兄，始知详情。

老实说，对于恩和先生的过世消息，比先前知道世家先生的过世消息还突然，尽管恩和先生长于世家先生几岁：因他平时身体健朗，谈吐幽默，尽管曾遭遇妻子长期病卧在床和中年丧子的不幸，却始终乐观达观（世家兄生前曾与我探讨过彭定安先生老年丧子后的精神状态，说他不能像恩和先生那样迅即从阴影中走出）。这样的人理应健康长寿。

我与恩和先生交往不多，但却有几个难忘的瞬间，正是

这些美好的瞬间才使得张先生长久地盘桓于我的脑际心田。

我是1988年冬在广州鲁迅会上第一次见到张先生的。对于他在会上的发言的内容已经印象几无；但他在宣讲正式内容前的“小帽”及当时的表情，却至今历历在目。他说：“一到广州，就感到广州人的傲气，连我这个北京人在广州居然也成为了‘外省人’。可以理解，人家经济发达吗！”先生模仿广东人的话语声态表情十分有趣，让我感到了先生的可亲可敬。之所以对此印象深刻，亦是我有同感：刚走出广州火车站问路，一位当地人居然问我是不是有到了香港的感觉，其自傲情态可掬。我觉得张先生真是一位爽快而又幽默的人，有所感便直抒胸臆，全然不顾会议东道主的感受。

两年后的1990年又见到了张先生：我们都去乌鲁木齐开会，在敦煌莫高窟前邂逅了张先生、李福田先生、王骏骥先生一行。给我印象最深的是，他与李福田先生不停地开玩笑。李先生的衣服可能由于睡火车卧铺、未有好好整理，褶皱很大很多，张先生就说李先生是现代派。会议期间，主持人请老同志先发言，张先生看见了我提交会议的论文稿，竟然要我先说，我有自知之明，自然不肯先讲；李福田先生这时先讲了起来，张先生说他“开了一个坏头”（张先生的本意是发言不应论资排辈，老同志不一定先讲)。有一次，张先生未吃会议餐，回来后，对我们讲他到街上吃了羊肉串，边走边吃。由此亦可见先生的平易近人，平民作风。

再见到张先生则是6年后的1996年上海会议了。期间有三件事令人难忘：一是张先生“为民请命”，要求改善伙食。因上海人饭量小，所以会议美食虽然不少，但分量不足。许多人感觉吃不饱，我与同室的杜一白先生亦有此感。但只有张先生向会议承办者当众提出，并且很有风趣。他是这样说的：“你看我像个饭桶不？我都吃不饱，饭量大的该是什么感觉？”张先生身材比较柔美瘦削，饭量亦不大。会议承办者连忙表示歉意，当晚就按住室送来面包等物。二是会议选举理事会领导机构时，张先生最先提出彭定安先生为副会长人选。当我们辽宁代表尚在犹豫之际(本省推举本省是否给人以自炫之感)，张先生却不避同乡之嫌(他与彭先生同为江西人)，率先提出，可见张先生的朴直。这与他在广州会议期间对当地人傲慢的微词，本次会议期间直言膳食不足，都是一致的：说真话，从不虑及面子问题，无论是他人抑或自己。这也是鲁迅风的遗传吧！第三件事与我本人直接相关。当时出席此次会议的辽宁代表彭定安先生乘飞机，杜一

白先生和王积彬先生（本溪杂文作家、业余鲁迅研究者，很有成绩，业已过世）是乘火车；而我则是坐船：单位穷酸，文学所领导告诉我费用不能全部报销，于是选择了较为便宜的水路（王锡荣先生还特地免了我的会务费）。张先生得知后，说道："辽宁这次了不得，海陆空三军齐头并进！"如此一说，不单消除了我的尴尬，并且使得大家都领略了张先生的幽默和风趣（近日冯光廉先生来电，谈及张恩和先生，说张先生总是给人们带来欢乐，对他的过世十分惋惜）。

3 年后的 1999 年昆明会议又与先生见面。先生依然年轻而幽默，同时又很细心。那次会议的举办，我的高中同学、文化部艺术研究院研究员孟繁树（他亦是张先生在北师大时的高足）贡献不小，因而他的爱人李秀明（当时在中国妇女干部学院任教，亦是张先生的高足）带着儿子与会。我和李秀明亦相识，多年未见，在昆明相见自然都很高兴。恰好张先生也在场，也很高兴，并特地将在一旁的孟繁树的儿子拽过来，对他说："见见你爸的老同学。"这一细节，使我对张先生充满了好感。

2000 年前后，我在现在的孔夫子旧书网主人和宏明处打工，当时他也编纂新书，我协助他编了几部鲁迅学和现代文学研究的书籍。有一套是《鲁迅版本书话》，由陈漱渝先生任主编。这样到鲁迅博物馆的机会就多了起来，有时向陈先生请教，有时查阅资料。王世家、张杰等也经常约我到鲁博去聚聚，有时也能见到张先生。还记得，张先生从北师大珠海分校教课回来，宴请大家，我也被邀——大概是王世家和张杰等的推介吧。每一次相聚，都会因张先生的幽默谈吐而心情快慰。此期间还有一事，亦值一记：人民文学出版社在八大处召开关于编辑新版《鲁迅全集》的工作会议，王国绶和张铁荣均承担有任务。他们到京后给我打电话，要我到八大处见见面。因我不是参会者，不肯在那里就餐；但国绶、铁荣等坚持不让我走——张先生也参与其中。饭后我们与世家、张杰、楠本等一起散步，铁荣说了一个类似段子的顺口溜。张先生马上对铁荣说："你的这个段子是从春林那里贩来的：因为你刚到时没说，春林到后才说。"可见张先生的敏锐。

后来，在天津会议和青岛会议期间也都见过张先生。还记得，天津会议期间曾到遵化清东陵参观。途径蓟县时，张先生接到家里电话，得知女儿生了孩子的消息，连忙告知与他坐在一起的孙玉石先生。两人一起高兴。坐在旁边的我也

为张先生高兴啊——这是他丧子之后的最大安慰吧！当时的情景我至今仍在眼前。

我与张先生最后一次相见是在2011年纪念鲁迅诞辰90周年会议期间。当时我收到了两份请柬，一是浙江的，一是南开大学的。世家建议我参加天津的，他、张杰、楠本还有张先生、孙玉石先生等都来天津，大家见见面。后来，王国绶、张铁荣做东，招待我们在天津游玩两天。参与者尚有王观泉先生及夫人鲁秀珍女士、强英良先生、王骏骥先生、赵存茂先生等。我们还一起拜会了老前辈李福田先生。老人家一一将大家认出。张先生指指我让他认，他叫不出名字，但说我是田仲济先生的学生。张先生立即夸奖他不简单：不只认出了你，连你的导师都知道。张先生依然年轻漂亮，精神头十足。孙玉石先生向我打听彭先生情况，但叫不出彭先生的名字，张先生却马上说出。

转眼之间，将近10年了。这10年间，当时相聚的一伙人，居然走了好几位：最先是李福田先生，接着是王观泉先生的夫人鲁秀珍女士，后来是王先生本人，再后是王世家先生，现在又是张恩和先生的噩耗。我本以为，那么善良、健美、乐观、幽默，挺得住中年丧子和夫人久病卧床之痛的张先生一定高寿。虽说享年 83 岁，也算高寿了，但他理应活得更久些。

张先生多才多艺，著述宏富，书法艺术直逼启功。遗憾的是，我未系统拜读他的大作。但我却觉得他思想深邃。因多次听到他在学术会议上的发言，给我留下了深刻的印象——最深刻者则是他的一句“金句”：“鲁迅研究界集中了一批中国最优秀的知识分子。”此语我曾在许多场合引用。最近一次是 2018 年写的《追忆世家兄二三事》一文：“要之，世家长期浸润于鲁迅著作和鲁迅研究成果的编辑中，必然会受到鲁迅思想与精神的熏陶与影响，自觉或不自觉地染有浓烈的鲁迅素质。张恩和说过：鲁研界集中了一批中国最优秀的知识分子，王世家当之无愧地也是其中的一位。”（《上海鲁迅研究》总第 82 辑，上海社会科学院出版社 2019 年版，第 242 页）这个意思，我在谈及彭定安先生时也说过：“彭先生倾心于鲁迅研究，其主要诱因是倾心于鲁迅人格，他在鲁迅的某些方面、某些侧影中观照到了自己。而在他研读鲁迅的过程中，又自觉不自觉地受到鲁迅精神的强劲浸渍，从而形成了他自己的与鲁迅相呼应、相沟通的价值取向与人格魅力。”（《鲁迅风骨　托翁情怀——彭定安先生印象》，《超越

忧患的求索——彭定安学术生涯40周年纪念文集》，辽宁人民出版社1998年版，第243页）我觉得，张先生的“金句”也是因他在研读鲁迅过程中有着与彭先生类似的体验与感受。我在1990年长春会议期间，听到了钱理群先生在会议上的发言，他说他研究鲁迅主要目的是怎样做人。我以为，正是此种怎样做人的高度自觉性，才有了他“与鲁迅生命的相遇”。世上文化名人可谓多矣，不与他者生命相遇，独与鲁迅生命相遇，是因为内在的性格基因的相引相吸。鲁迅的思想、品格、精神和整个生命等着他们去吸附，又陶冶和提升了诸多鲁迅研究者的思想、品格、精神和整个生命，他们的灵魂深处活跃着、升腾着鲁迅的生命火焰，从而使得自己都染有了鲁迅的气质与风骨，因而成为一批中国最优秀的知识分子（或许程度上有所不同）。我认为，张恩和先生的“鲁研界集中了一批中国最优秀的知识分子”这一“金句”在本质上与钱理群的“与鲁迅生命的相遇”是相通的，甚至可以说构成了互文关系。两者都是对鲁迅与自我的极其深刻的认知。研究主体与研究对象如此彼此粘连，相互交融，在中国学术史上乃是唯有鲁迅学才有的奇观。

记得刘增人先生在一次会后的集体散步中说过：鲁研界

有两位美男子，年长者是张恩和，年轻者是张铁荣。赢得了大家的一致赞同。我以为，他们的美，不独在于外在，更在于心灵，在于他们的高尚道德节操（恩和先生长期尽心尽力侍奉照顾几为植物人的夫人），在于他们身上流淌的鲁迅风。

善良、慈祥、幽默、深邃的张恩和先生永驻我们的心中！

他也一定给已在天堂的同调们带来欢乐！

2020 年 5 月 21 日

幽思长忆张恩和

· 刘增人

2019 年 11 月 10 日晚，著名学者张恩和先生因病逝世，享年 83 岁。噩耗传来，立马在学术圈里引发一波又一波哀悼的潮声。

沈庆利先生代表北京师大文学院暨中国现当代文学学科全体同仁率先发出唁电，称“张恩和教授 1958 年毕业于北京师范大学中文系，并在北师大中文系任教长达 25 年，与我校结下了深厚的不解之缘……斯人已逝，生者如斯；长歌当哭，幽思长存……”

阎浩岗先生发出唁电，称“惊闻张恩和先生逝世，他是中国现代文学研究界老资格专家，特别在鲁迅研究领域颇有建树，我们甚为钦敬！张先生一路走好！”

上海师范大学杨剑龙教授赋诗：

秋叶飘零传噩耗，先生仙逝云亦嚎。
谦谦君子是楷模，诲人不倦成妖娆。
研究鲁迅铸经典，评说小川建高标。
再听深山鹧鸪声，总思先生音容貌。

（注：张恩和先生有学术著作《鲁迅与许广平》《鲁迅与郭沫若比较论》《鲁迅旧诗集解》《鲁迅诗词解析》《郭小川评传》《深山鹧鸪声》等）

魏建先生代表山东师范大学中国现当代文学学科向中国社科院研究生院张恩和先生治丧小组发出的唁电最得我心。唁电称："惊悉张恩和先生突然去世，我学科全体教师无比悲痛。张恩和先生是我们敬重的中国现代文学资深专家，唐弢主编《中国现代文学史》的9位主力作者之一。他还在鲁迅研究、郭沫若研究等方面发表了许多高水平的学术成果，对我们后辈学人产生了深远的影响。张恩和先生光明磊落……其为人风范和治学精神，将永远活在我们心中。张恩和先生安息吧！"

这是我绝对不敢相信的事情！前天上午，听北京的朋友说他在家里摔了一跤，正在医治。我没有往心里去。虽说老年人就怕摔跤，容易骨折，容易带来许多麻烦事情，甚至可能由此全身衰弱下去等等。我想，张恩和先生在北京门生故旧遍地都是，早有孝敬之名的女儿就在北京，首都的医疗条件在全国都是无处可以比拟的，因此只盼着张恩和先生尽快康复的好消息传来。不料——竟是如此！

1984年中国郭沫若研究会在北京国谊宾馆召开学术会议，张恩和先生是主持人之一，王骏骥先生当时是名副其实的小青年，一直在会里会外奔走忙碌。我也有幸与会学习，与沈阳的张毓茂先生住同一个房间。我们隔壁，是天津的李福田先生和北京鲁迅博物馆的王世家先生。李福田先生是天津人民出版社的“大腕”编辑，又是现代文学界人脉极为广延的通人。每天晚饭后，总有一帮人挤在我们隔壁房间里听福公（大家几乎当面背后都这样称呼李福田先生）开讲名人轶事。我有时去晚了，就只能倚在门口边听边笑。福公与世家兄总是每人一小瓶二锅头，脚下面是一摊花生皮。福公说他家里床底下，藏着一箱子书信，都是现代作家的亲笔书写，例如二萧之间的通信，是绝版的手迹。但只要他活着，这些书信就绝不问世。我一直想问问这是为什么，但忘记了当时为什么没有问起。现在，张毓茂先生走了，李福田和王世家先生也走了，王骏骥先生病得不轻，如今，张恩和先生又走了，真是挥手自兹去，老友成故人，岂不哀哉痛哉！

今年7月，中国郭沫若研究会在威海举办“郭沫若与新中国”学术研讨会，承蒙主办方不弃，我也有幸参加，与张恩和先生、商金林先生成为会上三老。照相时，我们都被安排在第一排。我翻看过去的会议照片，我几乎全都在后排边上站立，但最近几年，不但往前排靠了而且有时还坐下来，竟然与领导比较接近，想想真不是什么好事情。但与张恩和先生坐得靠近，心里就非常踏实。

看他虽然有点稀疏的银发，梳理得一丝不苟，犹如治理学术。面色红润，精神矍铄，行走轻巧，真是童颜鹤发了。说起话来，依然是条理分明，和颜悦色中蕴含着骨格和硬气，真是让人心悦诚服之至。会议中间茶叙，他找到我聊天，递给我一杯咖啡，说这味道不错，可以一品。我笑笑辞谢了：还是喝茶吧，这东西太洋气，不习惯。他问起我的家事，我说大女儿在哪里，小女儿在哪里。他说那不正好吗？至少你的书有人看、有人管了。我问他的孩子情况，他说你

不知道吗？女儿叫张洁宇，在人民大学呀，也是弄我们这行的呀。我大吃一惊，因为我读过张洁宇好几篇文章，深刻新颖，确有见地。但怎么也没有把他们联接在一起。我有些惭愧，自己解嘲说我们两家两代都是同行，真是幸事。但我不如你，我女儿也不如你女儿……还没有说完，他脸色大变：你老兄怎么也来这一套，还想当个什么官不成？我顿时尴尬起来。幸好当即想起魏建说过的一个逸闻旧事，套用来正合适："实事求是还不行吗？……"他看我笑得有点诡异，问我其中有什么奥秘，我正好复述一番这个真实的故事，给自己解了围。

打道回府的那天早上，我们三个老头一起吃早饭。张恩和先生说我们连个微信吧，说话方便。我说正求之不得，但我不会，虽然有微信，但都是别人给我加的或孩子给加的。他说，这容易得很，打车买票，叫外卖，去医院，都是我自己办，从来不让孩子办。他们有他们的事情，我们有我们的自由……说话间就把我们三个的微信连得妥妥当当。我除了佩服，更多的是惭愧！

回家后，陆陆续续收到张恩和先生的微信，有的是转发，有的是他的见解，一如既往，其中都蒸腾着一股浩然正气，一种伟岸的精神力量，鼓励我从萎靡与自卑中稍稍奋起。不料如今他再也不会给我发微信了，从此别过，再无促膝谈心的机缘，我现在不知道如何打发这渐已老去的身心！

一路走好啊，张恩和先生！

玉人倚竹看云飞

——怀念我所认识和理解的张恩和老师

· 李　蹊

今天是2020年的1月10日，距张恩和老师离世整两个月——张老师是去年11月10日离开这个世界的。听到这个噩耗，先是万分惊讶、不能相信，继而剧烈的悲痛压着我喘不上气来。去年的4月份我们一起刚刚去了山西长子县，老师给那里的干部做了纪念“五四”运动100周年的学术报告，与那里的书法家一起座谈交流书法艺术的体会；到沁县探访50多年前他曾经参加过“四清”的地方，看长子县唐代建筑崇庆寺，游王莽岭，走挂壁公路……回京后没几天，他又到苏州、安徽各处讲学、访友。秋凉后，在南方一个山清水秀的地方过了一段时间才回到北京家中。其间我们几乎每天有微信联系。他的身体那么好，见了的人都说他 50 多岁，顶多 60 岁，怎么可能一下子就没了呢？即便到现在，我还是不能相信、也不能接受老师走了的事实，因为我们约好了明年到山西我们都没去过的地方玩几天，还要亲眼看看更大的真正美好的“国景”……呜呼！这几天，慢慢沉静下来，往事也就接连不断地涌现心头。

我是 1961 年 9 月 7 日到北京师范大学中文系报到上学的，第一天住到“学 12 楼”4 层，第三天就让我们搬到西斋北楼了。后来才知道那座楼分给年轻老师住了，所谓“筒子楼”者也。张恩和老师和邹晓丽老师一家就在那座楼住了不下 10 年。“文革”中，我和另外三个，更多的时候是两个同学，经常去老师家玩儿，我特别喜欢老师的儿子张丹宇，我们跟着老师叫他“小元”——一个刚刚 5 岁，绝顶聪明的孩子——虽然只有 5 岁，却在读《三国演义》和《鲁迅全集》了，而且讲起来头头是道。我们第一次接触这孩子都惊讶得不得了，以为天下确实有、真的有“神童”。可惜这孩子得了一种病，就是身体的任何一个地方的皮肤哪怕是一个很小很小的破口，普通人就不称其为“伤口”的伤口，根本不用

管它，自己就会复原；但是对于张老师的这个孩子来说，就是大麻烦，怎么都不能愈合，只能是张老师给他输血，有了大人的血小板，伤口才能逐渐愈合。小元身体的任何一部分碰得稍微重了些，皮下也会出血，那皮下青紫的斑块很长时间才能消失。可是，别说小孩子，就是大人怎么会整天静静地不动呢？一动，就免不了磕磕碰碰，包括吃饭咬了舌头之类的事情，那是经常发生的，所以，张老师也就要不断地陪伴儿子住院、输血。而小元那白白净净的四肢上总会看到一块块青紫的皮下出血。记得“文革”初期，我们到外地“串联”，说不准是到什么地方了，他突然接到一个电报，说他儿子小元又出血了，他随即慌忙地跳上另外一列北去的火车回北京了——他每到一个地方，要做的第一件事就是给家里打个电话，向邹晓丽老师报告他能收到电报住所的地址，所以他能及时知道家里的情况。这孩子痛苦地活到 29 岁，张老师、邹老师夫妇也痛苦地陪了他 29 年。

张老师有一回跟我说，他的前半生的大大半时间是为了小元活着。

这些年，我常常想到张老师，作为一位现当代文学史和鲁迅研究的著名专家，他的前半生为自己在学术界的地位奠定了扎实的根基。在那内外交困的情形下，他是怎样挤出时间和精力来读书和从事研究的？他是怎么写出那么多有分量的论文，又是怎么完成那么多部声誉广播的专著的？每一思之，一种复杂的心绪在心头搅动：一个人即便有再大的智慧，有再敏捷的文思，然而写作，无论是文艺作品的创作还是理论文章的撰写，都需要安静的环境和稳定的情绪，还有时间呢？精力和体力呢？我始终不能想象，他是在怎样地埋头苦干，又是在怎样地拼命硬干！

1961 年入学那一学期，开的主要课程是现代汉语、文学概论和现代文学史（那时没有后来要讲的 1949 年以后的文学内容）。大概是第二次上了现代文学课的晚上，大家都在教二楼的固定教室 404 上晚自习，我坐在最后一排，铃响了不到 5 分钟，一个年轻人从教室后面的门轻轻地走进来，悄悄地在隔我一个座位的位置上坐下来，顺手把一个黑色的小书包放在书桌上，拿出一本书，往前后左右看了看，然后就看书。我看了他一眼，是一位白白净净、穿着精干的小伙子，那样子用现在的话说：一个字“帅”，两个字“很帅”，三个字“特别帅”。年龄和我们也差不多。坐了大约半小时，他起来走了。动作依然是那么轻，那么从容。下了晚自习，我

问旁边的同学，那人是谁？“不知道。”这样子过了几次，我们的学习委员有一天宣布：各门课都有当天讲授、当天晚自习辅导的老师，现代文学的辅导老师叫张恩和——有人告诉我，那位晚上来坐一会的青年人原来是我们的辅导老师，可真年轻啊！后来有人说了，他是我们中文系最年轻最有才华的老师，已经在《文学评论》上发表论文了！他比我们也就大 6 岁，那时也就 25 岁吧。那一学期给我们两个班只辅导过一次——说实在的，大家都学得稀里糊涂的，根本不知道大学里的教和学与中学里的有什么区别，也没人专门讲过，只知道晚自习时复习一下白天讲的内容，笔记记得不好的，跟同学对一对笔记，预备期末背下来，应付考试，与上高中的学习基本上没什么两样。所以，没人提什么问题，也根本提不出什么问题。张老师每次来都坐够半小时走人。这一回，他的辅导课可真的令我大开眼界（我不知道别人怎么看，似乎多年后提起来都遗忘了，甚至不记得有辅导这么一回事，可见当时都没怎么听进去），让我终生不忘的是，他说，学习小说，不要只记得故事，要把同类型的题材、主题、人物作对比，要把一个作家与另一个作家作对比，在对比中看出不同，这才能发现问题，有了问题才可能做进一步的探讨，如果这个问题确实有意义，还没有人解决，那你就去试着解决，那么，你的学习就不一样了。学习别的（课程）也一样。真是应了那句古话："听君一席话，胜读十年书。"多年以后，当我读书真有体会的时候，当我自己走上大学讲台的时候，我才明白，怎么读书才能读出学问来，怎样的教学才是真正对学生有指导和启发意义的好老师。

张老师讲话不紧不慢的，语气温和，站在讲台上真是玉树临风。第二年上古代汉语课的时候，代课的是张老师的夫人邹晓丽老师，风格朗畅，语音明亮，把枯燥的语言课讲得有声有色，尤其是讲韩愈的《祭十二郎文》，到现在我们都还记得她朗读原文的语气："……而视茫茫，而发苍苍，而齿牙动摇……"在讲解古汉语的字词句等必要的基本知识的同时，把韩愈的情感表现得声情并茂、淋漓尽致。邹老师又是中文系最美丽的年轻女老师，跟张老师号称中文系的"金童玉女"。那时北师大中文系的师资力量真是令人骄傲啊，老一辈的黎锦熙、钟敬文、黄药眠、陆宗达、启功等等就不用说了，中年一代和青年一代都有代表性人物，张恩和、邹晓丽两位老师在老一辈大师的眼中都是前程远大的青年学者。

可惜，十年浩劫剥夺了所有的人在文明大道上行走和

进取的权利，也扼杀了多少有志之士的才华。张老师在“文革”中被送进“学习班”，邹老师被关进地下室，适逢他们的女儿小洁降生，潮湿阴冷的环境，使她得了类风湿症，手脚拘挛，至于手不能握物，足不能行走。这位当年创造了中文系女子百米短跑记录的运动健将（那项记录据说至今还没人能够打破），就这样几乎成了废人！但是她没有因此终止自己的教学和研究工作。她把笔绑在手上，艰难地写作，写出了《古汉语入门》《红楼真味》等数十万字广受好评的学术著作；她忍着剧痛走进教室上课，即使让硕士、博士研究生到家里来接受指导，她也要忍受常人难以想象的痛楚……那情形想一想都令人心痛落泪。2017 年 11 月，北师大中文系部分师生召开邹老师去世百日追思会，我给邹老师写了一副挽联：

半世拘挛挪半分如挫骨锥心仍直道危行成士范

一生坎壈写一笔若挟山超海竟立言树德作人师

张老师看了以后说，两联的前半句符合事实，意思是后半句有夸张，但我觉得不但没有夸张，还没有完全表现出邹老师的坚韧顽强和她的高尚情操，还有她始终保有的纯真和直率、坦荡和诚笃。她的品格无论在那个时代，还是在而今的世上都很少很少见到了。她始终没学会撒谎，比如“文革”后，教育界恢复了正常秩序，大学里要评职称，系里一个负责人告诉她，你可以评职，但是你爱人张恩和不行，这张表格你拿回去悄悄填好交上来，不要让张恩和知道。此话如果对一般的同事说，那是可信的，但是这么大的事儿，要求一对感情甚深的夫妇一方瞒着另一方，一般情况下等于白说，足见她平日里的“一诺千金”是尽人皆知的，也是被中文系熟人充分信任的。而她也就真的没有告诉张老师，悄悄地放在抽屉里，等张老师上课时她好一个人悄悄填写。可是碰巧张老师找东西看见了，她才支支吾吾地说：“人家不让我告诉你啊。”我不知道如今世上还有没有这种人。我敢说，她比子路更信守承诺。作为一位教师，这种诚信可谓弥足珍贵，也是传统士人精神和品格的扬厉，是真正配得上“师范”二字的典范，作为她的学生，我自问，真的做不到，也真的很惭愧——

但是，无论怎样的坚强，毕竟要生活啊，而生活是由万千细枝末节、琐琐碎碎的事情组成的，她的一饭一饮、一

俯一仰，一举手，一投足，都需要别人来帮助。于是，所有的家务都落在张老师一个人身上了。所有的生活中那些琐碎的细节都需要张老师想到、做到，还要时不时地到医院去给邹老师做检查、尽其所能地做必要的治疗。尽管女儿从小就懂事，早早就学会了照顾自己，但毕竟做爸爸的还是要操心女儿的生活和学习，而张老师还有自己的教学和科研工作在等着他。后来，张老师调到中国社会科学院研究生院做博士生导师，日子也就更加艰难了。有一回张老师跟我说，他的前半生的大大半时间是为了小元活着，而后半生的大大半时间是为邹晓丽活着。

这些年，当我越来越老迈的时候，经常想到过去，于师友中想起最多的人就是张恩和老师以及他的夫人邹晓丽老师。作为一位现当代文学史和鲁迅研究的著名专家，他的后半生的教学活动和科研成果是学术界尽人皆知的，影响远及海内外。每一思之，一种从未有过的复杂的心绪就在心头搅动：一个人无论有多大的智慧，也无论有多么敏捷的文思，然而写作，无论是文艺作品的创作还是理论文章的撰写，都绝对需要十分安静的环境和十分稳定的情绪，需要冷静的理性思考，需要充沛的精力和相应的体力。但我终于明白了，他就是在不知疲倦地埋头苦干，他就是在压榨似的拼命硬干！

两位老师的为人和为学，都是我们以及后学永远仰望的典范。

1967年9月以后，大家都没事了——我们这批在校住了7年的“太学生”也都发了工资，然后就是“分配工作”。那时候真的太年轻了——我们这些从小就读书，还没有生活经验的人，真的不懂得什么是生活，什么是麻烦——有时候我们两三个人（其中一定有我当年的同学、后来的爱人、如今的老伴谭莉芳）买点饺子馅、酱油醋之类的东西，到“学12楼”张老师家里包饺子吃。当然，实际上是以作为北方人会包饺子为名，在他家蹭饭解馋，更是借此解脱心灵的寂寞。张老师那时30岁出头，他的夫人邹晓丽老师也就刚刚二十八九岁吧，正是精明干练的时候，喜欢热闹。混熟了，也就是所谓“亦师亦友”了（但我们之间的师生关系是从来没有丝毫乱过的。曾经，我亲眼看见过，两位4年级的同学——我那时是5年级——扭住一位老师的胳膊，强迫他去买烟，而且必须买恒大牌儿等级以上的烟，最后买了一盒恒大。尽管师生们是在“文革”中混熟了，大家是在开玩笑，但我以为这一类有乖师生关系的玩笑，还是不要开的好。据

说那位老师是个“妻管严”，我一直担心，不知道他回去以后怎么交代）。每次吃完饭，那个小开心果小元就喊着：“原汤化原食啊！”于是，每人端着一碗煮饺子的汤，坐在小板凳上，一碗又一碗，喝汤。小元就说：“我给你们讲个故事吧：从前有座山，山上有座庙，庙里有个老和尚讲故事；讲什么呢，从前有座山，山上有座庙……”第二遍还没重复完，他自己倒先“哏儿哏儿”地笑起来了，于是，那间小小的房间里就鼓满了放肆的笑声。那个冬天我们还一起参加了一个同学的婚礼，新郎喝得大醉。回来时，我背着小元上公交车，小元趴着我耳朵边小声问我：“李叔叔，那个叔叔为什么那样啊？”我说，你不懂，别问了。他说：“怎么会呢？只要你说清楚。”是啊，不单是我，又有谁能说清楚那个年头的那些事呢？

那年冬天，是我们在北师大7年中，过得最快活的一段时间，我想也是张老师一家在“文革”10年中过得最无忧无虑的一段时间吧。1968年的夏天，我们到山西长治地区报到，从此离开了我们的母校，也离开了和我们朝夕相处的老师。这一别不觉就是15年。

1983年夏天，我去大连开会，顺便到北京停了一天，去看了一回北师大的老师，在张老师家里住了一夜，急急忙忙，真不知说什么好，其实什么也没说——那是一个忙碌而满怀希望的年代。只见张老师很忙，而邹老师已经手脚拘挛，总是发烧，行走已经十分艰难了。她告诉我："医生说了，我顶多还能活10年。"我仍然不知说什么好。他们的小女儿小洁小声地跟张老师说："我看这位叔叔像个生产队长。"我很惊讶，这么小的一个北京市的小人儿，怎么知道生产队长长什么样？但我知道，因为在山西长子县整年带着学生"开门办学""学大寨"，开荒种地，10多年的风霜雨雪，已经改变了我的形貌，我已经是一个十足的农民了。问题不在于外在的变化，而是我的内心经过10多年的改造，向贫下中农学习，已经差不多农民化了；在这"流水十年间"，我读过的书，还有在北师大被老师们细心打磨过的"心"，像年复一年的"斜阳草树"一般，"总被雨打风吹去"。张老师当然看出了我的木讷，就说："咱们去看看钟老师吧。"他说的钟老师，就是大名鼎鼎的黄药眠先生最得意的大弟子钟子翱先生，他是我们的文学概论课的老师。"文革"最初的几个月，我们都是被排斥的对象，我是中文系第一个被贴大字报的学生，因为我每月有学校发的两块钱的助学金，偶然也跟

年龄大的同学一起抽支烟（那时还没真正学会抽烟，所以我真的没有买过烟），那张大字报上说，我不但出身于剥削阶级家庭，还剥削本性不改，挥霍国家给的助学金，又是走白专道路的典型。而他们两位都是老师，“文革”初期，老师是视为当然的“革命对象”的。所以，我们也就自然而然地走到一起了。这里说的“走到一起”，也不过就是每天吃完饭去看大字报，碰到了，就一起聊天而已，并没有“拉帮结派”之举。也因此，我们几个的师生关系比较近些。

于是，张老师把我带到钟子翱老师家。钟老师的书房四周都是书架，他高兴地告诉我，刚刚买了一套中华书局出的廿四史。其时他正在搞中国古代美学史，很想把我招为他的硕士研究生，但我已经大大超过了读硕的年龄，大家就又感慨叹息了一回。从此以后，我们就不断地有书信往来。可惜，他们给我的书信在一次搬家中，那个装书信的纸箱子整个丢失了。我有两篇文章，一篇是由张老师推荐发在《鲁迅研究》上，一篇由钟老师推荐发在《社会科学辑刊》上。他们扶持后学、奖掖后进的真心和耐心，只有我自己后来做了类似的事情之后，才能有深切的体会，正如俗话所说：“养儿方知父母恩。”

2015年冬，张老师受河北师范大学邀请，主持研究生答辩会，会后他特意转个弯到太原来住了一天。当晚我们几个老少学生在一起畅聊，对“文革”期间的遭遇，张老师或一笑置之，或当作趣事戏说，他的坦荡，比那些耿耿于怀者，真有天壤之别。其间说起邹老师的病况，这是他晚年唯一感到无奈的家事。老师回京后，我用杜甫《天末怀李白》的韵脚作了一首五律，前有小序曰：“北师大七年，寂寞綦多。可忆之快，唯与莉芳、广钧等在先生家擀面煮扁食耳。其后辗转山右，不觉已老。”诗曰：

寒气惊秋末，我生竟如何？
欢情老境少，寂寞空斋多。
柳染斜阳瘦，鸿牵夕月过。
一杯残梦酒，幸可避尘罗。

当然，这只是抒发了我自己老来多病、不得自由的感慨，也是因怀念旧事而引起的伤感，还有多年来在山西的总体状态。但是，对于七八十岁的老年人而言，其境遇和心境大约也都差不离吧？

而今张老师和邹老师，还有那位钟老师，都离开我们远去了。我只能在想念中翻看他们的著作。张老师每出一本书，都要寄给我，书的扉页上每次都写着“春月莉芳留念”，后来写着“李蹊莉芳伉俪存念”（钟老师则写“春月莉芳同志指正”，比较客气）。最后收到张老师的一本书是2017年出的《张恩和书文专辑》，主要是他的书法作品选，后面有几篇未收入集子的散文，也附了小洁的一篇回忆启功先生的文章。扉页上写着“李蹊莉芳俪赏”。每次收到张老师寄来的书，我都先欣赏好大一会这些写在扉页上的潇洒美丽的字，看一会书，又翻到前面再仔细看一会那些潇洒美丽的字。我喜欢看真正的（或曰“传统的”）书法，又特别喜欢观赏张老师的书法，觉得他的字比启功先生的字更适合我的喜好：大气、舒展，刚柔适度，有十足的书卷气息。当然，所谓“适度”的那个“度”，完全是每一个个体的人的自我感受，就像穿在每一个具体的人的脚上的鞋子那样，合适不合适，合适到什么程度，完全是个别存在的人的非常具体的感受。我体会，仅仅是我的体会，或者说仅仅是我的审美感受，启功先生的字偏刚的一面多些，细看有凛然的质感；张老师的字比启功先生的字多了一点点妩媚，或者说多了一点点柔性，就那么一点点，觉得风神迥异。虽然北师大几位老师的字都同出于王羲之《兰亭序》一脉（郭预衡先生有此说），但各自的特点都十分突出。我读了张老师的书法集以后，曾写了一首题目《酉年小雪后一日读张夫子书法》的小诗，表达我的感受：

春风扑面一时回，
鱼跃鸢飞日月辉。
遥想江南风物秀，
玉人倚竹看云飞。

如果说文如其人、书如其人的话，我想张老师的文章道德和书法作品都表现了他的人格之美，而“玉人倚竹看云飞”，就是我对张恩和老师其人的一种整体的认识和理解。张老师几次谈到他从少年就开始的“文学梦”，我想，凡是有“文学梦”者，大约都是极度热爱和追求自由的人。我们的同学都认可我这句诗，说是由外而内或由内而外，都足以表现张恩和老师品格中那种刚柔相济的灵动的美。张老师看了我的诗以后说：“……你窝在山西实在是可惜了。”这是张

老师对我最后的夸奖，当然是老师对学生出于爱护的安慰和夸张之辞。

我祈愿张老师的灵魂在天堂中，自由地说，自由地写，自由地议论“天是”，保持着他那“绿竹猗猗”“如琢如磨”的美玉本色；也祈愿他像一朵云，在万里晴空中自由自在地舒卷自如。

我这样想着的时候，抬头看看窗外的天空，只见一片灰黯色，没有月亮，连星星也看不见。眼前逐渐模糊得厉害了。把一杯酒，和泪酹地以祝：

呜呼！魂兮归来，尚飨！

这在古人是套话，在我却是真实的呼唤。

（从前给张老师、邹老师写信，最后总要写一句“莉芳附笔问候不另”，现在也一样：莉芳附笔不另。）

2020 年 1 月 12 日写竟于龙城介然斋灯下

回忆恩师张恩和先生

· 陶　涛

亦师亦友亦家兄
雅致斯文两处明
恶梦十年风雨暴
流年多事堑壕横
为文吐尽蚕丝茧
处世风长碧玉莹
捧读新书三两本
斯人永别泪盈盈

2019年8月2日，我给张老师发去我在惠州大亚湾的详址，大概在三四天后收到他寄给我的快递《张恩和书文专

辑》。一见这个书名，开始有点好奇，大致翻翻，觉得很务实，非常实际。整本书三分之二是书法，各种款式都有，全是张师手笔。后面三分之一是文章。可不就是书文专辑吗。这是老师近二三年赠给我的第三本书。书的扉页上有张老师亲笔字：陶涛学棣存念　张恩和（印章）2019 年 8 月 3 日　再翻几页，一幅张老师的全家福彩照赫然在目。我凝视着照片上的 4 个人，是那么熟悉，那么亲切！张老师和邹师母在右，小元和小洁居左。这张摄于 1982 年的照片上，张老师身着藏青色庄重的中山装礼服，风纪扣一丝不苟。戴一副黑边眼镜，前额宽广，目光柔和，正值盛年的学者风范，令人亲近。邹师母身穿灰色西服，面带微笑，开朗温婉。小元身着浅黄色风衣，个头几乎和爸爸一般高了，英俊潇洒。最左的小洁，穿件白底红花的上衣，还是个稚气未脱的小女孩。多么温馨幸福的一家人啊！

记忆的帷幕渐渐拉开，一件件往事浮现在脑际。1962 年秋我考入北师大中文系。现代文学课由吕启祥老师主讲。到 1963 年下学期开学某日，讲台上来了个新老师给我们开现代文学专题课，好像是有关鲁迅创作的问题。他自我介绍名张恩和。第一堂课讲的什么内容，已记不起来了，只记得张老师身材魁梧，仪表堂堂，说话有条有理，从容不迫，温文尔雅。人与人的交往第一印象很重要，我和张老师交往近60年，始终就没改变过这个第一印象。后来随着私下交往日多，这种印象也更加深刻。就在张老师开专题课期间，我班张金宽同学读到了张老师发在《文学评论》（1963年第5期）上的一篇文章《对狂人形象的一点认识》。这篇文章以独到的见解，澄清了人们对狂人形象的模糊认识，对我们正确理解狂人这一艺术形象和作者清醒的彻底的反封建思想之间的关联，极具引领指导意义。一时在同学们中间传开了。1963年，对于一个毕业留校不久的青年教师而言，能在全国性文学刊物上发如此有见解有深度的文章，这不是一般人能做到的，这也说明张老师的学术起点是很高的。

我和张老师的进一步接触是在"文革"中。"文革"10年，是中国人的一场太久的噩梦，特别对高校师生而言，是在这场噩梦中受伤害最深重，痛苦最深重的群体。"文革"初期，师生们以饱满的政治热情投入运动，但接下来的派仗令人厌倦。我和张老师都是中文系挺进大队成员，我们不愿在派仗中浪费时间，张老师就组织同学们编写《毛主席诗词赏析》，开展中文业务活动。我们经常在一起研讨稿件，审

稿改稿。张老师要求文稿的文字既要精炼，又要深刻，还要深入浅出，让读者看得懂。一篇文稿往往要反复几次才能通过。这本书因种种原因未能出版，但同学们业务上获得了新知，文笔也得到了锻炼。通过这些活动师生进一步增进了相互了解，而张老师的平易近人，使我更有了切身的感受。即使在“文革”那样极端的日子里，我始终未听到张老师讲过什么极端的话，也从未看到他办过什么极端的事，他在我心目中，始终温婉如玉，翩翩君子。

1968 年秋，我被分配到吉林省长白山麓一个矿山工作。但“文革”尚未结束，派性仍在肆虐，抓“五 · 一六”分子波及到张老师身上，他被关了半年禁闭，我也被怀疑受到调查。这都是“文革”带给我们的灾难。但无论他受到怎样不公的待遇，张老师都从未自暴自弃过，我也从他身上受到激励。在东北工作期间，回湖南老家探亲，南来北往，北京是换车的必经之地，每逢这种时候，我一定会回母校探望张老师和邹师母。我和张老师一直保持着师友之间的关系。

1978 年“文革”结束后高校恢复招收研究生，我报考了北师大中文系古代文学专业硕士生，不料在传递信息过程中遭逢了意想不到的厄运。初试过关后给我发来一个复试的通知，接复试通知的第二天又接到一个未被录取的通知，当时的单位领导即表态说第二个通知肯定是纠正第一个通知的，让我停止复习，马上上班。一个月后，又接一个通知："如期来京复试"。发通知的人发错了，这个玩笑开得有点大。最宝贵的一个月，丢了10年，一页书未看，匆匆忙忙赶到北京，我和张老师说，这回可被坑苦了，张老师安慰我，人生会有很多意想不到的事情发生，偏偏遇上了，还是要从容应对，他四处帮我借复习资料，让我临阵磨枪。这是我平生打的第一个无准备的仗，结果铩羽而归。张老师鼓励我切勿因此放弃事业，人生的路不止一条。其后20余年我坚持在高校从事古代文学教研工作，终于走出了自己的一条路。

2015年春，我到北京推广深圳诗词界的一个项目，顺便请张老师出来吃饭聊天。就在老师家旁的一间餐厅，我们面对面坐着边喝啤酒边聊，社会，家庭，退休生活，天南海北，无边无际。餐后又到老师家闲坐。那时老师的电脑上还正在写一篇文章，桌上还留有刚写完没多久的一幅字，"老师在练书法？"我问，张老师说随便写写。我邀他到深圳走走，"广州、深圳还有您不少学生呢。"老师又说暂时不能动，邹老师还在医院哩。我这才恍然大悟，早就听说邹师母躺在

医院好些年了，成了植物人。我心想老师的一生有多么不易！中年丧子，已经够痛苦的了。就是那个老大小元，患了一种近似血癌的绝症，身体上不管哪个部分，一旦出血就止不住。我记得有一次和老师、小元在校园里游玩，小元突然手臂出血不止，我忙背着他跑校医院。一个多么英俊睿智的小伙子，最后也没能保住性命，这对老师师母是个多大的打击！这晚年又遇师母长期患病，失去意识，真难为我的老师啊！

我翻着老师新寄来的这本书文专辑，看着他那刚柔相济的字迹，想到2016年春我到北京办事看望老师时的一幕。他说他喜欢启先生的字，也刻意在学习启体，但从未告诉过启先生他在练习书法，也从未将自己写的字给启先生看过。边说话，边将自己珍藏的多幅启先生的作品一一展示给我看。书柜中的作品看完，又搭梯子将阁楼中的藏品取下，像捧着宝贝似的介绍给我，那晚我真的大饱眼福了。合上记忆的帷幕，注视着眼下从老师毫端流出的蛇影龙踪，又仿佛听到了老师曾经的倾诉：“在我几十年的人生途中风风雨雨忧患不少，烦恼很多……每当这时，我便利用一些零碎时间写字，在墨海中神驰，借以调节生活，控制情绪，转移注意力。回首过去，还真亏有书法在我人生途中与我相伴……增我知识，舒我困境，慰我寂寞，解我痛苦，抚我创伤。”我终于读懂了我的老师。

2019年夏我们在电话中交流。那时张老师似乎正在江西老家，又是讲座，又是出书，情绪颇高。9月还向我推荐北师大校友诗人董连猛。后来几个月，再无老师的消息。2020年春节后我还向校友书法家吕伯涛介绍老师的书法作品。到今年3月，我才从董连猛那里知道老师已于去年11月10日那天走了。老师，您走得太匆忙了，不像您往日一贯的从容不迫的作风。

今天我又打开您寄给我的那本新书，再面对那张全家福的彩照，多美好的一家！可如今三位都先后离开人世，惟小洁健在，正继承爸妈的遗志前行。庆幸之余，未免几丝酸楚，几丝伤感涌上心头。老师啊！为啥要那么匆忙？

谈张恩和先生，并谈及相关的一些事

·刘　纳

世上有过张恩和这样一个人，现在没有了。

张恩和先生逝世后，我请黄海飞帮我送个花圈。黄海飞问：要不要写挽联？我答说“不会啊”。真的不会。黄海飞又问我：姓名上面怎么署？“学生”？“好友”？我说都不恰当。

我不是他的学生。我称他“张老师”，对他那个年龄段的人，我都这样称呼。在专业方面，他没有直接提点过我。

我不是他的朋友。在写这篇文之前，我读到朱寿桐先生的《匆匆别去说鸿儒》。朱寿桐说张恩和是“称得上‘鸿儒’的学者”，并记述了1992年在北京新万寿宾馆开会期间张先生每晚主持的“神侃大会”：“海阔天空地狂聊，古今中外地神侃，聊得昏天黑地，侃得有天没日。”1992 年那次会我也去了，但不知会下另有“神侃会”。假如我去旁听“神侃”，估计也搭不上话。我也曾被人认为“挺能侃的”，但我只会说些不着调的八卦。张先生不曾与我闲聊。我想：即使有机会，也未必聊得起来，正如唐弢老师与我聊不起来。这，我下面会说到。

告别仪式过后，黄海飞把照片发给我，他在我送的花圈挽带上署了“后学”，很恰当。从照片中，还看到训诂学家王宁先生送的花圈，署“好友”。我这样琴棋书画一样不懂的人进不了张恩和先生的朋友圈。

二

40 多年前，我刚读研的时候，从唐弢老师那里知道了张恩和，知道了他的文章。

1978 年唐弢老师出的研究生复试题是《比较鲁迅的〈狂人日记〉和果戈理的〈狂人日记〉》。后者我没听说过，鲁迅的《狂人日记》也差不多忘光了，于是绕着从文学史看来的“狂人是反封建战士”等说法东拉西扯。入学后，唐老师说：

你还是会写文章的，但是没有好好读《狂人日记》。他讲了一番话，大意是：搞现代文学，一定要把《狂人日记》读透。听了这番话，我读研后的第一篇作业写的是《比较鲁迅的〈狂人日记〉和契柯夫的〈第六病室〉》。樊骏老师说：你好像很喜欢契柯夫，对《狂人日记》理解得不够。唐弢老师给我改了些文章的字句，并且在作业后面写了几篇涉及《狂人日记》的文章题目，让我找来读读，其中有茅盾的《读〈呐喊〉》，有张恩和的《对狂人形象的一点认识》。我读了这几篇文章，却改改弄弄地更写不出来了。《狂人日记》成为我迈不过的一个坎。40年间，我没敢再写阐释《狂人日记》的论文。

唐弢老师说：张恩和的学术起点很高。

张恩和的论文《对狂人形象的一点认识》1963年经唐弢老师推荐发表在《文学评论》。此文挑战了当时几近公认的“战士”说，令人信服地说明狂人“确确实实是个狂人”。张先生阐释鲁迅的批判性思想怎样经由狂人的呓语呈现，并形成影响力时，强调了读者的参与以及作者怎样调动读者的参与。张先生对作品／读者关系的理解，与接受美学的一些命题相近：作品依赖阅读主体的积极介入、感知，作者的意图和作品的功能通过读者阅读实现。

张恩和先生与姚斯、伊泽尔等西方学者心有灵犀吗？姚斯1967年提出接受美学的概念。发表《对狂人形象的一点认识》的1963年，张先生还是20多岁的青年。

唐弢老师研究鲁迅几十年。听专注于鲁迅研究史的学者说：唐弢最好的两篇论文之一是发表于1981年的《论鲁迅小说的现实主义》。这篇长文的第一节即“从《狂人日记》谈起”。张恩和回忆：唐弢老师写这篇论文时与他讨论过对《狂人日记》的理解，并提到他发表于1963年的《一点认识》。唐弢老师去世后，张先生在悼文中写道：“唐弢同志关于《狂人日记》的见解和论述，当然要远比我那篇小文提出的看法透辟得多，论证也更为有力。”“我知道唐弢同志不单是在阐述他自己对鲁迅小说的真知灼见，也是在支持和加强我的看法，想到这里，很自然地就有一股暖流涌上我的心头。”（《泽被后人，永存风范——缅怀唐弢先生对我的指导》）张恩和先生说得恳挚。而从另一角度看，唐弢《论鲁迅小说中的现实主义》对《狂人日记》的阐释，确从张恩和识断独到的《一点认识》得到过启发。

唐弢老师欣赏张恩和的学问文章，曾与张恩和共同署名

发表《论鲁迅早期“为人生”的文艺思想》。唐弢老师极看重自己的文字，他只与俩人联合发表过论文（另一人是他的博士生王友琴）。

张恩和先生称唐弢是自己的“严师良师”，但他们的关系可能更介于师友之间。我这样说，并非凭空猜想。

写到这里，想插说一事。那是80年代后期，具体时间忘记了。室里一位年长的同事对我说：你该去看看唐先生。他前些时听唐弢感叹：我的学生也不来看我。我很惊讶。唐老师以前说过他写文章时很怕打扰，因而没有具体的事时我不会去他家。而人的心情是动态的，会变化。于是我惭愧，于是当天下午我就约了同学前去看望。唐老师很高兴，很慈祥，问长问短。可关心的方方面面都关心过了，我发现唐老师可能比较费心地在想还说点什么，而我除了问候他的身体也不知该说些什么。唐老师和师母一再留饭，我们还是告辞了。这次看望给我留下很深的印象。

我回想与唐弢老师的关系：他是尽责的导师，他曾逐句逐字地教我怎样把文章写得清通、有节奏、“娓娓而谈”（这是他多次说过的词语，也是他最喜欢的文字风格）。他对我很好，真是很关心我。我从未对他说起过自己有什么困难，而他得知于他人后，会主动地、尽力地帮忙。我感动、感激。但是，唐老师与我聊不起来——我指闲聊。能聊得起来，是做朋友的基础。唐老师和我，只是师生，不涉“友”。

唐老师和张恩和是聊得起来的。他们交往较多，几次一起出行。谈鲁迅、谈现代文学之外，他们该还有别的话题，比如书法。他们都还保留着中国传统文人的看家本领（写毛笔字）以及相关的情趣。

记得第一次和同学去唐弢老师家时，他一一问我们：有字吗？有号吗？唐老师解释说，对人客气一些的，不好直呼其名，要以字相称的。他的意思是，如果我们有字，他会礼貌地以字称呼。关于字号的常识，我还知道的，但觉得是距自己很遥远的古人的事。唐老师这一问，我很惊讶，感到坐在面前的非常亲和的唐老师也遥远了。唐弢老师有字有号。

我不知道张恩和先生是否有字有号，而与他谊兼师友的启功、钟敬文等老先生都有字有号。

上世纪 90 年代后期，社科院大楼背面破破烂烂的后院忽然辟出一方五六平米的小花坛，并竖了一块石头，镌刻着新任院长的题字“雅趣”。每从那里走过，我会想起吴敬梓的名句“雅得那么俗”。然而，在任何时代，都有雅得不俗

的人。

张恩和先生兴趣宽博，擅书法、爱音乐、好棋牌。

2012 年，收到张先生寄赠的《张恩和诗文》我一幅幅看他的字，只直感着好看、漂亮，却说不出怎样好看，如何漂亮，什么风格，什么流派——我不懂。张先生在这本书的《专辑赘语》中说："我对书法一直保有浓厚兴趣，数十年未曾间断。"这兴趣已经上升为热爱了。

我钦敬唐弢老师、张恩和先生，还有一些学者的文人素质以及不俗的雅趣，而这是不能东施效颦般地硬学的。

前面说过，我进不了张恩和先生的朋友圈。而一次偶遇，使我与他有了两事之缘。

二

1996 年的一天下午，我在社科院研究生院（西八间房）的门口偶遇张恩和先生。

打过招呼后，张先生让我等等他，他去推车（自行车），说"一起走"，于是有了我和他唯一的一次长谈。站在研究生院门口说了一会儿，而后骑着自行车边行边说，在三元桥附近又说了一会儿。所谓长谈，估摸不会超过一个小时。

他那天只谈一个人：冯奇。

冯奇是张先生的硕士生，我的同事，1986 年从研究生院毕业后来文学所现代室。

时隔 20 多年，我已不可能准确复述张先生那天说了些什么，怎么说的。记得清晰的，是张先生说到冯奇“老实”、“受欺负”，还提到“听说你和冯奇不错”。

我也认为冯奇属“受欺负”的。并非有谁把他设定为“欺负”的靶标，僧多粥少，老实人定然被忽视。须翻扯旧事，说说这“受欺负”的背景。

张先生不在文学所工作，我也没在所里见过他，而对文学所的小政治，即所谓办公室政治，他比我看得明白。

哪个单位没有小政治？当时文学所的小政治与多数人相关的是两样东西：职称、房子。

常听高校年轻教师羡慕地、向往地说到他们未赶趟的上世纪八九十年代：你们那时候多好啊！房子是分配的，评职称不搞量化。

前些时与当年的同事刘福春一起与某校研究生网上座谈。刘福春说起八九十年代的文学所多么自由，比如刘纳做

着“中办主任”（周二上班日中午才到），领导不但没怎么样她，她说没钱买钟买表不知道时间，室主任竟送她一块表。“中办主任”是真的，送表是真的，自由也是真的。对于当时被宽容的赖皮行为，我日后惭愧了也感谢了。而我生怕年轻人误解，将以往年代的自由定格于想象，连忙补充：别把那年代和那时的文学所理想化。

那时的文学所管理宽松。研究人员只星期二去所里晃悠晃悠，平日爱干什么就干什么，但是，围绕着职称和房子，也有层出不穷的是是非非。

在偶遇张恩和先生时，冯奇已在所工作10年，仍为助理研究员。前一年评职称，现代室有四个同年龄段的人可以申报副高，却有三人从室里就被卡下。刘福春和刘平还傻傻地去要申报表，遭拒后忿忿不平地说几句。学历最高的冯奇只憋屈着，不吭声。卡下三人的申报、评审机会只为保一个姓赵的人，为他提前挡住进入终评的竞争者。这位赵先生学术水平高？那么四人都申报，比一比，才令人信服。而有权者才不管别人信服不信服。

当时文学所评职称没有量化标准，由评委一轮轮地投票。程序似公正，但有没有利益交换和博弈呢？暗地里的事不知道，而1995年的副研评审，现代室冯奇等三人力保赵先生，则是明面上的。

我离开文学所之后，读到现代室同事桑逢康先生的纪实体长篇著作《此情可待成追忆》。书中说他曾“在评定学术职称的时候三番五次地”被卡，并且写道：“关于翰林院的内幕我手头积累了一大堆资料，足足可以写一部厚厚的几十万字的《新儒林外史》。”我印象中的桑先生处世平和、待人友善，读了这些文字方知他曾经的遭遇和对单位的看法。

冯奇至1998年才评上副研究员，是同年龄段的人中最晚的。2003年他患癌去世后，文学所发给他家属一个研究员证书。我听说这事时，百感交集，现在想起，仍伤叹不已。

再说分房。直至上世纪90年代中后期，文学所还有一些人住房很困难，有一家人住一间小平房的，有两家合住一个单元的，这该属“刚需”，却总分不到房。而另一些人住房改善又改善。

冯奇一家三口一直挤在父母的小单元房里，有段时间他哥哥家三口人也一同挤住。他一次次申请住房，10年了，他儿子都上中学了，仍然没人搭理他的申请。

有同事给冯奇支招：带着面包和矿泉水，去到领导家坐

着，从早坐到晚，坐几天，领导就怂了，你分房的事就解决了。

这不是玩笑调侃，也并非教唆胡闹捣乱，而确是诚心诚意地传授解决问题的方法——有成功事例的。

逢周二上班日，我12点左右才到，所里的正经事不知道，但常能听说一些关于“闹”的八卦。比如，到7楼的窗前说要跳楼（并未真跳）；比如，述职时捧着速效救心丸哭诉。各种方式都有，包括去领导家坐着。

我从不认为这些以“闹”争取职称或房子的该被嘲笑。既然评职称、分房子的标准和过程多有随意性，当然会有人闹。比起暗箱操作的、阿谄巴结的，“闹”反而光明些。何必窝囊着，憋屈出癌症，死了，领导和同事也就遗憾一下，或许连遗憾也没有。

只见过闹而得胜的，没见过闹而遭打击报复的。文学所的几届领导都不威风，都比较有雅量。

现代室的人老实，即使委屈倒霉也不去闹。冯奇尤其老实，他性格比较软，连发牢骚都不会（或是不愿、或是不敢），更不必说闹了。

1996年那天，在即将岔路而行时，张恩和先生说：文学所快分房了，你帮帮冯奇吧。职称的事劝他想开些，可住房困难不是想得开想不开的事。而后，他说出了“求”字：“求你了。”

我清清楚楚记得张恩和先生的“求”，但想不起来当时怎么回答张先生的，像是没等到我回答，他就骑上车走了。试着以现在的我代入当时的我，忖想可能被惊着了。

张先生为一个已毕业10年的、很倒霉的学生“求”我，难为他了。

也难为我了。我一个破罐破摔的人，能去转求谁？我在文学所也算有二三朋友，但也是像我这般灰头土脸，和管事的领导说不上话的。

我怎么当得起张先生的“求”？逞一回能吧。

又一个星期二上班日，我去找室主任说：听说又要分房了，咱们室要出一个分房委员吧，我选我。

这是我生平第一次推举自己当什么劳什子“委员”，也是最后一次。

室主任提醒我：分房委员会开会在上午，9点要到的。不但室主任对我这个一贯散漫、被称“中办主任”的人争当分房委员，很吃惊，其他人也觉得有些奇怪。

确如张恩和先生所说，我与冯奇“不错”。所谓“不

错”，也只是在室里遇上时，多聊几句，还一起编了两本书。在别人看来，确属“不错”。但对于冯奇，或许这“不错”就错了。如果他与有头有脸的人“不错”，不至于一直倒霉。而像冯奇这么老实，不会来事儿的，有头有脸的人未必肯带他玩。冯奇曾吞吞吐吐地表示希望我帮他找领导说说。我说：我算老几？找谁说也是自讨没趣。你自己不去说、不去闹，也没人表扬你老实。

如果没有那天与张恩和先生的偶遇，我不会去争当分房委员。

分房委员会第一次会上，主持者说：你们选个主任吧。选出了古代室的一个人——后来发生的事让我很悔：假如我当时令在场人猝不及防地说出“我选我”，也未必当不上这个任职期不足一月的主任。

工作人员先将申请分房者按职称、年龄、工龄、住房困难程度打分，但进入实质性“分”的环节，打分排名不重要了，就是争和吵。争吵，我还是会的，之前在所里没有表现过这方面的能力。反正我从来不羡慕优雅风度什么的，吵就吵。

争吵的结果是冯奇分到崇文门的二居室，我有些得意，冯奇很满意。一榜、二榜公示过了。我心想：分房这个很多人眼中神神秘秘的头等大事，真要去争也并不很难啊。又一个星期二上班日，我又是快12点才到。冯奇在室里等我，告诉我三榜（最后一榜）出来了，原定分给他的房子被调换到了石景山区的鲁谷，距单位很远，距火葬场很近。那个将房子从鲁谷调换到崇文门的人，论资历、论职称、论年龄，都没有压过冯奇的理由。于是我和冯奇去找领导。

某领导说：这是分房委员会主任同意了的，你不过是个委员。后来听人说起背后的猫腻，却原来一个临时性的“主任”也能把权用到实处。这人现在也去世了。

我只能吵了。吵着吵着，某领导甚至答应再召集分房委员开一次会。但此时，被另一领导叫过去劝导的冯奇接受了“下次分房一定给你调换”的说辞，过来对我说：算了，算了，答应明年给我换房了。我还怎么吵下去？灰溜溜地走吧。在文学所20年，这是我唯一一次去找领导吵架。而直至冯奇去世，也没人兑现给他换房的承诺。

因为张恩和先生的“求”，我尽力做了自己能做的。但另怀愧疚：行使一回“委员”之职，我只为冯奇和其他二三个与我“不错”的人争，并未持公正心。那次，有些住房很困难，比如三口人住不足10平米的人仍没有分到房。还有，对于领导打招呼一定要照顾的，我也没有说话。

张恩和先生再次“求”我，是在2000年。张先生有一个博士生（可能是他的最后一个博士生）已完成论文答辩，他给我打电话，说他的学生论文有些跨专业，担心在文学所学位委员会讨论通过时遇到麻烦，希望我参加那个会。此时我已办了调离文学所的手续，真不便再去充当什么“委员”（这个“委员”不是“我选我”弄来的），就对张先生讲清了我的为难，拒绝了。过了一段时间，一二个小时吧，张先生又打来电话，说：他曾对文学所某领导有言语冲撞。他自己不在乎得罪人，但生怕因此连累学生。后来听说了关于这次冲撞的八卦，经张先生的女儿洁宇向他确认，是真的。于是我知道了他冲撞领导，也能冲撞得很幽默。我也听说过一些传闻，导师得罪了什么人，被报复于学生，有些“父债子还”的意思。我能理解张先生的担心。后来我被说动了。已经忘记他怎样诚恳之至才说动我，反正他又用了“求”字。现在想想，两次电话相隔的那段时间，张先生可能很犯难吧。于是我厚着脸皮最后一次去文学所，蹭了那个张先生希望我在场的会。张先生担心的事并没有发生，那个学生的学位论文顺利通过。

这几乎就是张恩和先生与我的全部交往：他“求”我做事，都是为了学生，两次。

三

我现在回忆着、写着张恩和先生曾两次“求”我，心里仍然不是滋味。再说一遍：难为他了。

1996年那次在研究生院门口遇见，太偶然。我极少去研究生院，那天为什么去，怎么也想不起来了。或许是他让我等他取车的时候，或许聊着聊着，他有了“求”的想法，终于说了出来。之后，我与他从不熟识变为比较熟识，于是有了第二次。这第二次，也许他数过当时文学所学位委员会的委员，都比他年轻，可能只有我还算熟识。

张恩和先生去世后，我读到他恰恰写于1996年的文章《骨头的硬度》。他写道：“在拜金盛行、权势狂滥、各种各样软软硬硬的压力无时不在作用于人的时候，要做一个骨头硬的人也真不是那么容易。”曾听人说张先生“比较清高”，我也知道他不事俯仰。他要努力做到“骨头硬”，同时，他对学生又太心软。

现代教育制度下，不该再讲究什么“一日为师，终生为父”。导师和学生是指导与被指导的关系。倘若志趣相近、脾性相投，其学术与情感的联系可能持续一辈子。否则，三年而已。

张先生没有义务为已毕业学生的房子事求人，也没有责任为学生的论文通过事求人。假如某领导因张先生的冲撞而作难其学生，也并不是张先生的错，他可以让学生去投诉的。

他犯得上吗？值得吗？张先生做不到“理性经济人”，他比较性情。因而只有愿意不愿意，没有值得不值得。他不希求学生的回报。

1996 年那天偶遇时，张先生叮嘱我：不要把今天谈的话告诉冯奇。之后我打电话告知他分房的情况，他又说：冯奇自尊心很强的，不要让冯奇知道他“拜托”过我。我就没说。冯奇重病时，我去探望过，是与几个人一同去的，不适合说。再后来，就没机会说了。

张先生最后带的那个博士，早已与他没有联系了。

我知道自己并非脸薄心软不会拒绝的人，但我还是比较为难地做了张先生所“求”之事。时隔这么多年，我难以描述他怎样的恳挚感动了我、打动了我——那令人不忍却更令人敬重的慈悲。

他的这两个学生并不知道自己的导师多么慈悲。

慈悲不是居高临下的施舍，不是加惠于人以求回报。慈悲发自不忍：张先生不忍见冯奇没有住房，不忍因自己冲撞领导连累学生。我一再用“不忍”这个词语，中国古圣留下的经典中，我很信服《孟子》的“不忍人之心”。

慈悲使得张先生这样一个洒脱之人不洒脱了。

之后，张先生一再谢我。事情过去近20年后，还让他女儿洁宇比较郑重地转达感谢——这份谢，我领了。

我也感谢他，感谢他的信任：或是“乱投医”或出于直觉的信任。连小组长也没当过的我竟被张先生这样的人“求”了两次，让我觉得自己还有些用。做分房委员是人生中没有过的经历，长见识了，也逞能了。还有更深层的收获：我又一次感受了什么是慈悲，并且明白了我如果招研究生，应当并且只能学习张先生，做服务型导师。

张先生该知道我没权没势，没帮没派，自己也活得狼狈。他为什么不去找打个电话就管用的人呢？

假如张先生有资源与掌控权力者做交换，他真的不至于、也犯不上“求”我的。

不久前看到博士生们在微信朋友圈转着一篇网文《我在麻省理工的六年读博生涯》。作者孙笑尘向年轻学子传授经验教训："读博，一个知名度高的大老板能拓宽你的上限，而一个关心学生的导师确保了你的下限（二者并不矛盾，一个既出名又关心学生的导师自然是最好的）"，"但若非要择其一，我认为，确保'下限'，接受完整的科研训练并顺利拿到 ph.D，是更重要的。这几年看了太多在读博期间非常挣扎的例子，读博真的可以非常痛苦。"

张恩和先生知名度高吗？我不知道怎么样比较"知名度"的高与低，就不去比较了。这年头，无论老的少的，倘若有意捣腾出些动静来，让自己"知名"些，也并非难事。而张先生肯定不是"大老板"。

张先生 1983 年从北师大调到社科院研究生院。在去世前两年的一次访谈中他认为这次调动"在我一生中是一件大事，是人生的一次转折"。调动的起因是唐弢希望他做助手。他说："到研究生院和在师大最大的不同是，教学任务少了，和青年学生接触的机会少了，但科研时间多而且比较集中，学术活动也比以前多，信息量增加了，学术视野也比以前更广阔、更活泛，人事上的麻烦事也少得多了……应该说，这

都是我希望得到的。”(《鱼与熊掌，何妨兼得——张恩和教授访谈录》)

30 多年后回望，张先生仍确认调到研究生院得到了“希望得到的”。同时，他也主动丢掉了成为“大老板”的可能性。

曾显一时之盛的社科院研究生院在进入 90 年代之后缩减招生名额，有做了 10 年博导只招过一个学生的。我曾见一个博导拿着考生名单，旁边一人问：有重点大学出身的吗?答：没有。我凑过去看看，确是没有，也似乎明白了些什么。没有本科生的研究生院既不像大学又不像研究机构，它不是能成就“大老板”的平台——我说的是当年的事，现在有社科院大学了。

“大老板”的底气来自身后的平台，其本人以及崇拜者、羡慕者常常错把平台当作水平和能力。

同年龄段、资历相近的同行中，张恩和先生比较早评上教授、博导。他确是关心学生的导师，不止关心，而且慈悲。他希望学生能“接受完整的科研训练并顺利拿到学位”，这是孙笑尘博士所说的“下限”。但是，张先生要做到这两点也并不容易：他在研究生院招的学生未必愿意费心费力地“接受完整的科研训练”，而“顺利拿到学位”也不是导师说

了就算的事，有可能遇到意料之外的不顺利。

我感觉张先生这个人非常适合做导师，但他带的硕士、博士估计不超过个位数。我又想：幸亏他没几个学生。假设他有很多学生，他的慈悲会使他遭遇更多为难事吧。

张恩和先生去世前一年发表了《郭预衡先生的幸耶？不幸耶？》，谈对郭预衡没评上博导以及错过“资深教授”事的看法。他写道：“就我所知，郭先生好像并没有把评博导太当回事。”

我想仿张先生句，说：就我所知，张恩和先生好像并没有把平台、资源、知名度等等这些太当回事。他不需要一帮人前呼后拥着，或真心或假意地追捧着。但，他不当回事的东西，很多人是当回事的。因而，他也须面对学界的势利。2000 年还是 2001 年（记不清了）的一次号称“国际”的什么会，张先生去了，我也去了。主办方对张先生和与他同年龄段、同为博导的“大老板”招待规格明显不一样。我听张先生叨叨了两句。同时听到的一人仿佛替张先生不平，在背后说些“边缘”“失落”的话，我觉得挺没意思的。叨叨两句，是事实陈述，无足萦怀，而且包含嘲讽。

张先生去世后，我又读了两遍《郭预衡先生的幸耶？

不幸耶？》。他在大时代背景下评论郭预衡和其他“老先生”各自的“委屈挫折”，兼及一代人的命运。年过 80 的张先生如此清醒、明白，洞透世事和世事中的人。他的通透，有坦荡的人生态度做底垫。

只是与学生有关的事，张先生做不到潇洒了——因为慈悲。作为被他“求”过两次的人，我恰巧看到了这一面。

断续写此文的同时，我在看电视剧《清平乐》。荧屏上活动着的演员难契合我对范仲淹、蔡襄、欧阳修、富弼、文彦博等人物的想象和向往。而我突兀地冒出一个想法：北宋仁宗至神宗那年代，可能更适合张恩和先生吧。假如他能从范、蔡、欧阳诸子游，切磋书法，纵横文事，担当国事，多好。人不能选择时代，但既然鲁迅喜欢魏晋，郭沫若向往战国，郁达夫“伤悼”自己何以不生在明末，我也就胡乱“假如”了。

张恩和先生出生于上世纪 30 年代。置身大变动的时世，他经历了须经历的，承担了该承担的，承受了不得不承受的。

文人学者易自恋成癖，易醉于精英幻觉，易高估自己的重要性，张先生不是这样的，他不端、不装。他没把自己当

个人物，我也没把他当个人物来写。张先生逝世后，洁宇邀我作文。我写此文，是和洁宇一起缅怀张先生，交流对他的理解。但我惶惑、忐忑：谁能理解谁呢？与张先生仅有两事之缘的我只能谈谈对他的侧面印象和浮面印象，并涉及了一些直接相关或间接相关的事。

作为“第二代学者”的张恩和教授

· 温儒敏

张恩和老师走了，半年多了，总感觉他还活着。仿佛还听到他带南昌口音的慢条斯理的说话，看到他的洒脱率直，他的和颜悦色，偶尔碰到看不惯的事情，也会弱弱地嘲讽几句。

知道张恩和这个大名，是从唐弢主编的《中国现代文学史》教材的前言上。后来又了解到，张恩和 1958 年从北师大中文系毕业，留校任教，分配到现代文学教研室。1961 年，周扬主持文科教材编写，组成当时学术界最强的阵容，也还包括一些青年教师，张恩和就是其中之一。他参加了唐弢先生领衔的《中国现代文学史》编写组，真幸运，初出茅庐就得到施展才华的机会。唐弢先生赏识张恩和，“文革”后不久，就把张从北师大调到社科院研究生院，协助他写《鲁迅

传》。1986年张恩和就晋升教授，在他们那个年龄段的现代文学学者中，是比较早的。我认识张恩和，也就是他在社科院研究生院当教授那时。有时北大中文系开会或者研究生答辩，会请张恩和老师过来。我也去参加过社科院的答辩。那时社科院研究生院在西八间房，就是现在望京的东南边，当时还是郊区，比较偏僻，孤零零的就那么一间学校。张老师好像挺喜欢这种冷清，正好可以安静做他的学问。果然，他的学术研究就如潮涌一般，在西八间房那几年达到高峰，一连出版了好几种著作，包括《鲁迅与郭沫若比较论》《郁达夫研究综论》《郭小川评传》《鲁迅诗词解析》，等等。

我和张恩和老师有更密切的交往，是1998年前后。当时我担任北大出版社总编辑，想在北大出版新的《鲁迅全集》，作为北大百周年校庆的礼物。就请一些专家组成编辑班子，其中有朱正、孙玉石、陈漱瑜，还有张恩和。那一段我们经常一起聚会。张老师的工作很投入。他负责哪一卷的注释，记不起来了，但记得为了某一条注释，张老师翻来覆去和别人讨论，非常认真。可惜因为版权问题，这套"北大版"《鲁迅全集》未能问世。后来人民文学出版社编辑出版新的《鲁迅全集》（2005年版），所聘请的编辑班子有好几位是原来参与过“北大版”的，也包括张恩和老师，“北大版”的积累当然也就转移给了人文版。

张恩和老师研究过郭沫若、周作人、郁达夫、郭小川等作家，都有论文或者专书出版。但他学术上贡献最大的，还是“老本行”鲁迅研究。1981 年他就写出了《鲁迅旧诗集解》。鲁迅旧体诗是个诱人的课题，关注者不少，但当时这方面的专著还罕见，而且对于鲁迅旧体诗的解释也多有分歧。张恩和这本书采用的是集解的方式，系统梳理各家相关研究的成果，并提出自己的研究心得，推进了鲁迅旧体诗的研究。张恩和乐此不疲，后来又编写了《鲁迅诗词解析》一书。学界认为该书对鲁迅诗歌的注解仔细而稳妥，阐述也不乏创见，学风严谨，在同类研究中是拔得头筹的。

张恩和另一本重要著作是《鲁迅与许广平》，2008 年出版，那时他已经退休。这又是一个有趣的题目，不只是同行学者，就是一般读者，这本书都可能会引发他们的阅读兴味。该书对鲁迅与许广平的爱情与婚姻的研究，特别是其中对许广平学识、性格、气质的研究与描写，以及鲁许二人曲折而隐秘的婚恋心理，都有细腻的分析，所谓“十年携手共艰危，以沫相濡亦可哀”，给人的印象很深。该书用的是类

似传记的写法，可读性很强。我想，张恩和写这本书是过了一把“作家瘾”的。这本比较通俗、平易、好读的书，其实处处都埋藏有扎实的学理考证。

《踏着鲁迅的脚印》(2014 年)是张恩和鲁迅研究的第三部论作，收有他关于鲁迅思想、生平和作品研究的文章 30 多篇，大致呈现他在“鲁研”领域的建树与特色。他刚“出道”时写的《对狂人形象的一点认识》(1958 年)，发现“狂人”形象的多义性，现在看来不算什么，但在当年却是大胆的突破。难怪张恩和非常珍惜这篇“少作”，半个世纪后(2018 年)，在纪念《狂人日记》发表 100 周年时，他还参加纪念会议，重提这篇旧作。

这本论集不全是旧文汇集，也有一些新作，其中几篇回应新时期以来鲁迅研究偏向的文章，给人印象颇深。张恩和的基本观点是，过去对鲁迅的研究太“政治化”，简单地把鲁迅当作为政治服务的工具，显然是一种偏差。但现在强调“人间鲁迅”，把鲁迅看成一般的人，只关注他的琐屑生活，又是一种偏误。张恩和坚持的是毛泽东对鲁迅的评价，即认为鲁迅是“伟大的文学家、思想家、革命家”，他的“骨头是最硬的”，“没有丝毫的奴颜和媚骨”。鲁迅是顶天立地浩气长存的“伟人”，是“民族的脊梁”。张恩和的坚持是有他的道理的。

张恩和老师年轻时期就有“文学梦”，后来没有搞创作，主要工作都是文学史研究，但还是经常“手痒”，要写点作品，便利用学术研究之余，在散文创作方面施展才华。他出过三部散文集，即《国门内外》（1996 年）、《深山鹧鸪声》（2000 年）和《灰羽随风》（2015 年）。我在报章上读过其中一些，感觉他晚年写的一些游记和怀人之作非常好，语言干净通畅，娓娓而谈，是有才情的美文。他的杂文也写得好，切中时弊，辩证说理，尖锐泼辣，常展现思想的锋利。大概也和他终生研究鲁迅，受“鲁迅风”的熏陶有关吧。

10 年前，青岛的冯济平老师编了一本书《第二代中国现代文学学者自述》，我曾受命写过一篇序言，论说“第二代学者”。我想把一些意思抄录于此，用来纪念和理解张恩和老师。我认为，中国现代文学学科从建立到现在，有 70 多年，前后大致有 4 代学者。通常把王瑶、李何林、唐弢等宗师，看作是奠定现代文学学科的第一代学者。他们主要活跃于五六十年代。第二代学者则兴起于八九十年代，充当了学科复苏与发展的生力军，起到承上启下的重要作用。接踵

而来的是第三代学者，基本上是“文革”后上大学或研究生的。而第四代学者多是“60后”或“70后”。斗转星移，一代有一代之学术，现在学术的主力军已经是第四代。

张恩和老师属于“第二代学者”。他们那一代求学的青春年代，经历了频繁的政治运动，生活艰难而动荡，命运把他们抛到严酷的时代大潮中，他们身上的“学院气”和“贵族气”少一些，使命感却很强，是比较富于理想的一代，又是贴近现实关注社会的一代。马克思主义的世界观与方法论从一开始就支撑着他们的治学，他们的文章一般不拘泥，较大气，善于从复杂的社会历史现象提炼问题，把握文学的精神现象与时代内涵，给予明快的论说。上世纪90年代之后他们纷纷反思自己的理路，方法上不无变通，每个人形成不同的风格，但过去积淀下来的那种明快、大气与贴近现实的特点，还是保留与贯通在许多人的文章中。

“第二代学者”中很多人毕业后就分配做现代文学研究，专业意识很强，目标明确，毕生精力基本上就围绕这一学科。而且普遍都很执着与认真：他们都非常自信地以现代文学作为自己的整个学术生命的依托，他们的生活与学术往往是融为一体的。他们大多数都对学术抱有真诚与尊敬，注重史料，不尚空谈，学风严谨扎实。

张恩和老师一生有很多苦难，但学术上是比较顺的，他充分体现了“第二代学者”的特点。张老师的现代文学研究满足了他所属时代需要，他那种坚韧而丰沛的学术精神，已经留给后人。

大概在 1992 年秋季的某一天，我在北大五院（原来中文系所在地）的走廊里，遇到张恩和老师，两人站着聊了一会。那时他的女儿张洁宇刚上北大，选修我的现代文学课。他嘱托我帮助他女儿学习。张洁宇聪明大方，现在可有出息了，在鲁迅《野草》研究和现代诗歌研究等方面卓有成就，成了中国人民大学的一名教授。在张恩和老师生前，我几次和他说，您多幸福呀，有子传父业。他总是满脸堆笑。这一定是张恩和老师最感欣慰的吧。

温和背后的坚守

——忆张恩和师

· 曹惠民

张恩和教授是我1964年刚进北师大读书时任课教师之一。他1958年大学毕业，1961年就参与了由周扬直接主管的国家文科教材《中国现代文学史》的编写工作。当时高教部组织编写组，主要成员有唐弢、王瑶、刘绶松、刘泮溪等前辈学者教授。作为青年学者中的少数佼佼者，张老师的参与，证明了他超群的专业能力。我们读书时，《中国现代文学史》是大一年级的主课，用的是校内铅印的大开本"讲义"，15年后（1979年）才由人民文学出版社正式出版。张老师执笔的是很重要的鲁迅后期（上海时期）等章节，可见主编唐弢先生对他的赏识。我还知道，他在1963年写出的第一篇研究鲁迅的论文《对狂人形象的一点认识》，发表在同年《文学评论》第3期，《文学评论》是权威性学术刊物，青年教师能在那上面发文章，当时是很少见的。这篇文章就成了他的成名作，也是其代表作之一。

20世纪60年代的北师大中文系教师阵容很强，一级教授就有黎锦熙、钟敬文、黄药眠三位。黎老是当代语言学界泰斗级的人物，在湖南一师时教过毛泽东，遗憾的是我们进校后没有机会见到他老人家。此外，穆木天、陆宗达、刘盼遂、俞敏以及启功先生等也都是名师，但都已经不给学生上课了，老先生中只有时任系主任的肖璋先生还上课，他讲的是古代汉语。我们64级（三个小班）在教二楼217一起上课，是教二楼二层最西边的那个大教室吧。前几年回师大还特地到教室里看了看，拍了张照片。其他的老先生大都是只知其名未见其人。那时候，系里的老师都是上完课就走，课上、课后也几乎没有师生互动的机会。教文学概论的卢志恒老师，"文革"刚开始时就在临汾分校投河自杀，以示抗议。教古代汉语的邹晓丽老师、教写作的刘锡庆、齐大卫老师，曾任二年级辅导员的冯维素老师……前些年陆续离世，近年

仍健在的老师已是屈指可数。

在当时北师大中文系，张老师邹老师夫妇是众人口中的才子才女组合，天造地设，佳偶天成。一个是温文儒雅，一个是秀丽端庄，教学与研究出类拔萃，对学生和蔼可亲，很得同学们的钦佩喜爱。邹老师比张老师低一级，后师从语言学大师俞敏先生。“文革”中老师都下到班级，所以对俞先生还比较熟悉，他对方言颇有研究，据说只要听你说几句话，就能说出你是哪里人。邹老师的《基础汉字形义释源》《古汉语入门》《咬文嚼字红楼真味》等专著，都是她作为古代汉语博导出版的代表作，很有特色与见解。著名红学专家周汝昌先生曾作诗称赞她“咬文嚼字见深思”“凤毛麟角少同行”(《读邹晓丽教授新著感赋二绝句》)。张老师的科研成果很多，著有《鲁迅旧诗集解》《鲁迅与郭沫若比较论》《鲁迅与许广平》《郁达夫研究综论》《郁达夫小说欣赏》《周作人散文欣赏》《郭小川评传》和散文集《深山鹧鸪声》《国门内外》《灰羽随风》等。

读书时，我和老师基本没有一对一的个别接触，工作以后见的次数也很少。记得那是1981年吧，我正在华东师大读研究生，为了准备写硕士毕业论文，到北京叶圣陶先生府上拜访请教。这是从1972年大学（延期）分配离京后首次回京，自然就会回母校北师大看看。那次到张老师家拜访，可惜邹老师不在家，没见着，和张老师聊聊就走了。不久就听说他调到中国社会科学院，以后回京到师大，基本上也没再去老师家了。90年代后因为参与教育部专家组的工作，几乎一两年就要到北京，却因来去匆匆没能再去看望老师，好好聊聊，实在愧疚！

前些年，张老师虽已80多岁高龄，还到四川、陕西、云南、江西等地做讲座、开会。我大学同班同学郭芹纳（现为陕西师大教授、博导）告诉我，他们见过几次面，张老师听说了我和陶然的近况，很是高兴……我向芹纳要了张老师的电话号码，当即就给他打了过去，那是2018年10月2日，这个日子我记得很清楚。我们在电话里谈到不少老同学的情况，那以后，就主要用微信联系了。他曾把他回忆的当年文学史编写各章节的分工，写了个名单用微信传给我，十分珍贵，这是出版物上没有注明的重要史料。印象最深的一次，是我把我们学科建设的一个PPT传给他看，意思是汇报一下这些年我在学术上做的一些事，很快就收到他的微信，说用了整整一天时间，认认真真地把资料看了，自然都

是肯定加鼓励，没想到张老师还说了几句让我意外的话，他说："我想了想，在我教过的学生中，有人比你有权、比你有钱，但你在学术上取得成绩最突出最优秀，好像还无人超过你……"我知道这是张老师对我的鼓励，却不禁觉得很是惭愧。同学中专业做得好的也不少，就以张老师教过的老五届毕业生来说，研究现代文学的也有两三个人，如华侨出版社的金宏达、社科院文学所的张梦阳，都做得很有品位。

在电话与微信里，我一再和老师说，当年读大学时的任课老师还几乎没有没来过苏州的，非常欢迎他到苏州来玩。

去年（2019）5月下旬，他在江苏师大王强教授陪同下终于来到苏州，分别了30多年的师生终于重又见面了。王强兄一口一个"老爷子"，他是90年代初到社科院师从张老师做高访学者的。我则习惯了称张老师，叫了55年了。他们抵苏的当天中午，我和太太请他们和陈丙莹老师（苏州科技大学教授，张老师大学同班的好友）在明楼一起餐聚。陈老师是熟人，但也多年没见了，还是20世纪90年代前期江苏省现代文学学会在南通开年会时认识的，两次送过我他的大作《戴望舒评传》《卞之琳评传》。明楼是个庭院式的餐馆，离他们入住的苏大东吴饭店也不远，很清静，我很喜欢那个地方，一个用餐室里只有一张圆桌，菜肴也很可口。第二天上午我陪他们去了沧浪亭和对面的可园（苏州图书馆的前身，张老师担任过中国社科院研究生院图书馆的馆长，对图书馆当有别一番感情），拍了好几张照片，边玩边聊。我告诉他，2018 年 9 月我到中国社科院开会时，曾向社科院一个年轻朋友打听他的电话，却未能得知。那次我还回师大做了讲座，他听了很是高兴。还有一件事也很巧，4—5 月间，正好我一个博士生（她是在职教师，没有求职的后顾之忧，论文就拖下来了）的博士学位论文写完了，我请张老师担任答辩委员会的主席，他一口答应。事后想想，过了半个多世纪，一个耄耋之年的老师为他当年的老学生指导的最后一个博士生主持答辩，真不知是巧合，还是冥冥中有一只奇妙的手做的安排，也堪称美谈了。次日他为苏大研究生作了讲座，下午他还特地光临寒舍，一起在家里用了个简便的晚餐，按老师的意思，喝小米粥，可谓“君子之交淡如水”了。内人真的熬了小米粥，准备了咸蛋、酱菜、黄瓜等下粥的菜，老师吃得津津有味，不断地说，“很好，很好。”临走的时候，我顺便把新上市的一盒碧螺春和一把折扇送给他，他却怎么也不肯收茶叶，只收下了折扇。

去年，老师曾寄赠两本《张恩和书文专辑》给我。一看才知道，张老师的书法很好（大学时并不知道他在这方面有特长），而且对书法艺术有他独到的会心。我不懂书法，不敢轻言他的风格为何。但突出的感受是既有启老的韵味，又另有一种灵动潇洒。《专辑》附录是他女儿张洁宇写启功爷爷的一篇文章。张洁宇这名字我并不陌生，最早应该是在人大复印资料（现当代）还是哪家大学的学报上看到这个名字的，印象里是北大的研究生，很欣赏她的文章，却没想到是老师的女儿！从本科到博士，洁宇一直在北大攻读。如今洁宇也成了人民大学现代文学专业的博士生导师，在当代学界，像这样一家三位博导大概很少见，至今没听到第二例。另一本《张恩和书文专辑》，张老师要我转交陶然，可惜的是，还未等到 2019 年和陶然见面，3 月初他就匆匆走了！后来，11 月间张老师也走了！天下还有比这更让人无法接受的事吗？

张老师给我们的印象，一直是温和儒雅的谦谦君子，后来看了他寄给我的两本散文集（《灰羽随风》与《国门内外》），才知道，其实在张老师温和风范的背后，有他个人理念的坚守，坚守的是他的治学的、也是做人的原则和信念。

对于一些社会现象和学界文坛的事情，他都有自己的看法，不含糊，不取巧，不跟风，不会随大流，更不会趋炎附势，有时甚至相当犀利，观点鲜明。他的这一面，我们做学生时了解很少。他研究鲁迅，有人说他是一个铁杆“鲁党”，事实上，他精神世界里，确实继承了鲁迅先生“横眉冷对”的可贵精神！对文化学术界诸多不良现象，他是横眉冷对，在他的学生面前则永远是“孺子牛”的温柔敦厚。

2020 年 3 月 15—25 日

悼张恩和先生

· 陈子善

今晨惊悉恩和先生昨晚逝世，享年 83 岁。恩和先生是中国社科院文研所资深研究员，在鲁迅、郭沫若、郁达夫、郭小川等现当代重要作家的研究上都卓有建树。他在书法上也颇有造诣，曾作文对我的作家签名本研究有所指点（他的《唐弢的书法》一文收入拙著《签名本丛考》，大为增色），我至今感激！我当年指导的硕士而今是他女儿的开门博士生，也是现代文学研究界的一件巧事、美事。没想到恩和先生这么快走了，只能祝愿先生在天国继续随兴读书，尽情挥毫！

2019 年 11 月 11 日微博

永远的老师

——回忆张恩和先生对我的教导和鼓励

· 商金林

记不清是1976还是1977年大年初一的傍晚，我到严家炎先生家拜年，严先生住在蔚秀园，刚刚进门张恩和先生就来了，说是“拜年来到第二家”。我当时并不认识恩和先生，是严先生介绍才认识的。恩和先生说他先去了王瑶先生家，聊得时间有点长，来晚了，算是“拜个晚年”。从那以后，每次见面恩和先生总会热情地招呼我，让我感到亲切和温暖。

说实话，那些年，我是见了名人就躲着走的。“大环境”对像我这样的“小字辈”很不利，心里充满了委屈，牢骚话

说得最多的是长身体的时候赶上“三年自然灾害”，长知识的时候赶上“文革”，“文革”结束已到了“而立之年”，可一无所有，“家务”和“业务”的压力都很大。“小环境”还好，系里的老师对我还是很爱护的，但也被“补课”、“进修”和“承担任务”压得喘不过气来。校外的老师最关心也是“补课”、“进修”和“成果”，虽说都是热心肠，但听来都是压力。1978 年秋天，樊骏先生来北大参加《中国现代文学史参考资料》选编的研讨会，住在北大招待所，见我就住在招待所东侧的 12 公寓，就到我家里小坐。他知道我已经成了家，说他知道自己不能成为一个称职的丈夫，更不能成为一个称职的父亲，就不敢有恋爱结婚的念头；知道我已经给学生开过课，问我有何体会，说他从不敢轻易上讲台，就怕学生知道得比他还多。后来知道我已经招收硕士研究生了，就问给研究生开了哪些必读书目、开过什么课程，以及研究生的论文题目，说他就是不敢招研究生，也没有带过。原因是他脾气不好，有点固执，又看重性情。性情合得来的，即使不好也另眼相看；性情不合陶的，再怎么好也合不来，要是招了个性情合不来的研究生可就麻烦了，干脆不招。这番话说得再真诚不过的了，可时至今日，回想起来还是让我如坐针毡，觉得自己太无知和冒失了，也就成了我见了“名人”就躲着走的理由。

可在恩和先生面前很难躲得了。他总会热情地招呼我，说得最多的是“不要太累”“不要太紧张”“我看你可以”，大多是宽慰和鼓励的话。虽说“宽是害，严是爱”，可在当年像我这样的“小字辈”更需要的反倒是像恩和先生这样的宽待和鼓励。有一次到北师大看亲戚，进师大北门就遇到恩和先生，原来恩和先生和我的亲戚是邻居。恩和先生住在丽泽6楼，我的亲戚住在丽泽5楼。恩和先生邀请我抽空到他家坐坐；我的亲戚知道后每次去的时候也问今天去不去张先生家。

与恩和先生见得多了，也就无话不说。我没有读研究生，有一段时间心里有些焦虑。恩和先生劝慰说，读研究生有导师提携引路，入门快。不读也没有什么大不了，北大有“重学术”的传统，学术氛围比较自由，又有那么多权威学者，只要虚心好学，持之以恒，还能站不住？没有拜导师又有什么关系呢，只要把教研室的老师都看作是自己“导师”，多方请益，“博而不专”，岂不更好。又说我是有基础的，鼓励我潜下心来走自己的路。恩和先生这番话使我想起了一则名言：

书籍为吾侪之最良教师，不鞭挞我，不斥责我，亦不请求金钱衣服于我。试与之接触，和蔼可亲。我有所质问，彼则倾筐倒箧以出之。我有所误，彼则惟示其所当示，毫不讪笑。我之智识浅陋，彼则尽其指导之责，绝不轻视。书之度量，抑何宽宏乃尔。

要成长发展，想做学问，排在第一位的当然是要多读书；想有所作为，靠的还是自己的修炼和努力，恩和先生提倡走自己的路，不要东张西望，不要作无谓（无聊？）的攀比，更不要试图去走什么捷径。他说有位老师总觉得受压抑，特地跑来和他商量，想组织一个协会，聚集同好，拧成一股力量，挑战“权威”；还说“协会”的名称已经想好了，就叫“面条协会”，大家的工资都很微薄，聚会完后吃碗面条，“面条协会”由此而得名。恩和先生反对这么做，说是另立“山头”，不可取。2000年郭沫若研究会酝酿第四任会长时，有人提议邀请某部部长当会长，说这样学会就有了知名度，经费也就不用犯愁了。恩和先生“串通”几位理事不同意，反对把学会变成官场，后来改选林甘泉先生当会长。恩和先生平易谦和的另一面是明辨是非，刚正不阿。

恩和先生学富功深，卓有建树，是著名的中国现代文学史研究和鲁迅研究专家，他的《鲁迅旧诗集解》《鲁迅与郭沫若比较论》《鲁迅与许广平》《郁达夫研究综论》《郭小川传》等诸多学术著作让我拓宽眼界，学到读书和治学的方法，令我感激不尽。更让我铭感于心的是他一次次面对面的指导。10 多年前写过一篇题为《阿 Q 对吴妈有过性骚扰吗？》的小文章，存心跟我很尊敬的朱正先生“唱反调”。朱正先生在一篇文章说“阿 Q 对吴妈性骚扰”，依据是“我和你困觉”。我以为阿 Q 对吴妈说的“我和你困觉”，是要吴妈“嫁给”他，只是“说”，并没有做什么，算不上是“性骚扰”。阿 Q 说完就“对伊跪下”，直到吴妈嚷着哭着跑出去了，他还只是“对了墙壁跪着发楞”。恩和先生跟我说“性骚扰”并不一定要有“动作”，“语言”也能构成“骚扰”。去年 7 月，在威海举办的“郭沫若与新中国”学术研讨会上，我作了个简短的发言，题为《郭沫若〈爱祖国爱人民的诗人屈原〉的两个版本》。郭沫若的《爱祖国爱人民的诗人屈原》，将近 1900 字，1950 年叶圣陶将这篇文章编入初级中学《语文》课本第二册时，删减了 800 多字，题名改为《屈原》。郭沫若的《诗

的宣言》和《我想起了陈涉吴广》共60行，1956年叶圣陶将这二首诗编入初中《文学》课本第三册时，文字改动竟有30处之多，标点的增改多达14处。在一般人的心目中，郭沫若似乎是很傲慢的，可看了课本让我意识到郭沫若也有很谦卑一面。会议休息的时候恩和先生对我说，本想接着我的话展开来说的，主持人没有空出时间来，他说那个年代社会风气比较正，可以开展正常的批评和自我批评；容不得批评、“老虎屁股摸不得”大多是“反右”乃至“以阶级斗争为纲”之后的事。类似这样的点拨还有很多，让我意识到提高“思辨”能力的重要性，文学研究要紧密地贴近社会。

北大中文系对毕业论文的要求，向来以“严苛”著称，尤其是博士论文采用匿名评审和“一票否决”制，铁面无私，有好几位“名师”的学子都未能过关。

至于现代文学教研室对毕业论文的要求就更严了，使得我自从招博士生那天起就战战兢兢，如履薄冰，总担心名下的研究生过不了关，毁了他们的学业和前程。向恩和先生请教“如何带研究生”时，他讲到他的一位朋友与研究生交往中的几件小事。这位朋友觉得他的一位博士研究生字写得难看，就要求他练习写字，作为“作业”，定期交给他审查。

这个要求本来也无可厚非，可作为导师他在公开场合多次讲到这件事，使得这位研究生很难为情。另一件事是某报刊聘请他的一位博士生课余主编一个学术专刊，这位研究生有才华，也很努力，把专刊办得有声有色，不料他的那位朋友知道后很气愤，公开批评是“不务正业”，必须撤出来。还有一件事是这位朋友的博士毕业后写了一本学术专著，满心喜悦地送给导师看，请导师写篇序。不料他的那位朋友更生气了，居然说是为了评职称来“逼”他写序，话说得很难听，《序》也写得不那么像《序》。其实，这位博士生相当优秀，是现代文学学科教学和科研队伍中的佼佼者。恩和先生说的这几件事情可让我长了见识。当导师的岂能这样做？即便自己的弟子真有这样那样的不足，也要讲究方式方法，“关起门”来批评，话说得重一点无所谓；“大庭广众”之下就不能太任性。

著名教育家夏丏尊先生在《〈爱的教育〉译者序言》里，把办学校比做挖池塘。他说，自清朝末年创办学校以来，老在制度上、方法上变来变去，好像挖池塘，有人说方的好，有人说圆的好，不断地改来改去；而池塘要成为池塘必须有水，这个最关键的问题反而没有人注意。他认为办好学校的

关键在于感情，必须有爱；而当时的学校，所短缺的正是感情和爱，任凭是方的还是圆的，都成了没有水的池塘，一个个干涸的土坑。夏先生认为理想的教育要建立在感情的基础上，爱的基础上。研究生特别是博士研究生虽说都是“大人”了，但在“导师”面前也还是学生，对他们的教育和指导也必须建立在“爱的基础上”。叶圣陶先生也是这么认为的，他在《朱佩弦先生》一文中说，“像朱先生那样的教师实践了古人所说的‘教学相长’，有亲切的友谊，又有强固的责任感，那才自然而然成为学生敬爱的对象。”提倡当“导师”的要像朱自清先生那样把“强固的责任感”建立在“亲切的友谊”之上。叶圣陶先生还多次说到，“教育工作者的全部工作就是为人师表”，当教师的贵在“身教”和“示范”；而不是一味地“说教”和“管卡”。因为有了恩和先生的提示，我和研究生相处得还算好，他们也都顺利地完成学业，找到了比较理想的工作。也正是有了恩和先生的提示，促使我更理性地看待教育，看待青年。即便在退休多年后的今天，每当听到社会上的名家名师对青年学生有“酷评”时，心里总有一种强烈的反感。青年是祖国的未来，青年强则祖国强，对青年人一定要“关爱”多于“批评”，“批评”也要源于“爱”，我的这个想法与恩和先生的影响有关。

去年2月的一天，接到恩和先生的一则微信，说是张大明先生写的《文学所现代室搞的集体项目》一文标为“历史现场”，其实记忆有误。文章刊登在2017年的《新文学史料》上，是哪一期记不起来了，要我帮查一查。因为大明先生谈的是唐弢先生主编《中国现代文学史》的事，恩和先生觉得有些事情我大概也是知道的，于是就说给我听。3月9日他把文章发给我了，题为《我知道的〈中国现代文学史〉（唐弢主编）编写的一些情况》。此文作为恩和先生的“遗稿”，刊登在《新文学史料》2020年第1期。大概是编辑在发稿时作了一点删减，登出来的文章与原稿在文字上有出入，尤其是“附记”（编辑改为“附笔”）改动得还比较多，现将原稿中的“附记”抄录于下：

附记：写作此文前，读到中国社会科学院文学研究所研究员张大明研究员的文章《历史现场1张大明：文学所现代室搞的集体项目》（文章写于2014年，发表于《新文学史料》2017年第4期，恕我消息闭塞，最近才由朋友转知）。张文将《中

国现代文学史》(唐弢主编)列为文学所完成各项集体项目之第一项。且不说这本文学史算不算文学所的集体项目,(《中国现代文学史》出版“前言”开宗明义说:“本书系教育部统一组织编写的高等学校中文系教材”),张文对这本文学史编写的背景起因和编写情况亦毫不了解,凭主观臆测说是出于“周扬1959年形成的一个思想:中国人要编写一套中国自己的高等学校文科教材”,以改变高校文科教材“基本上全是翻译的”“充满教条,是欧洲中心的”现状。对于编写组成员和具体编写情况,也基本上是靠片言只语、一知半解凑成。这必然导致后来的人对唐本《中国现代文学史》的茫然和误解。作者当时尚未到文学所工作,不在“历史现场”。不明情况,情有可原。但写作文章前,完全可以且应该向现代室参加了编写工作的樊骏、吴子敏、徐廼翔等同志打听探问,至少也应该阅读早已出书的《中国现代文学史》前言。看来作者这些基本准备工作都没有做。作者以资料研究见长,平时相当仔细严谨,写这篇文章又标出是“历史现场”,

结果如此，令人费解。作者是我多年朋友，退休后也时有聚叙。但为了历史真相，我思考再三决定写出此文，读者当能理解。

恩和先生和大明先生是多年的朋友，“退休后也时有聚叙”，但在学术上有错必纠，这种的爽直与他那总是面带笑意，淡定从容、侃侃而谈的鸿儒风度判若两人。这让我想起恩和先生的大作《郭小川传》，封面的设计有点特别：左半面是诗人的黑白照片，右半面是《团泊洼的秋天》中写“战士”的五节诗：

战士自有战士的性格：不怕污蔑，不怕恫吓；
一切无情的打击，只会使人腰杆挺直，青春焕发。

战士自有战士的抱负：永远改造，从零出发；
一切可耻的衰退，只能使人视若仇敌，踏成泥沙。

战士自有战士的胆识：不信流言，不受欺诈；
一切无稽的罪名，只会使人神志清醒，大脑发达。

战士自有战士的爱情：忠贞不渝，新美如画；
一切额外的贪欲，只能使人感到厌烦，感到肉麻。

战士的歌声，可以休止一时，却永远不会沙哑；
战士的明眼，可以关闭一时，却永远不会昏瞎。

恩和先生在书中说：“这些铿锵有力、掷地作声的诗句，唱出了一个战士对革命的忠贞信念，唱出了他面对迫害不怕牺牲的浩然正气，可以说由表及里，从内到外，活画出一名无产阶级革命战士无私无畏的高大形象，是一曲地地道道的无产阶级革命的正气歌。”这五节诗也可以看作是恩和先生为人的“取向”和“自述”。恩和先生的人生遭际，其实很坎坷，是他所崇尚的战士的性格和品质支撑了他。也正是有了这种性格和品质，他为人坦坦荡荡，一身正气，有所不为；做学问敢于直陈己见，不迷信前人，不害怕孤立，不随风使舵，不曲学阿世，求真求实，泽被后学。恩和先生的这些高风亮节值得我们永远的景仰和怀念。

2020年6月6日于北大畅春园寓所

我国现代高等教育发展中的一批关键人物

· 董晓萍

张恩和先生离开我们了快一年了，在这期间中国和世界都发生了很大的变化。一场新冠疫情改变了世界的格局，但在损毁和破坏之际，所有理想的、美好的历史经典和曾经参与创造经典的人们，反而倍受欢迎，于是生生不息的社会记忆会自发自在地恢复他们的面貌，在往者、忆者与现实之间，进行有关“人”的普遍意义的文化转场，对他们的回忆也不再是少数人的精神活动，而转为必要的价值化过程，张恩和先生和他们那一批学者就在这样。他们在我国现代高等教育事业中的角色，由于定位清晰，角色凸显，即便人已离去，也不会形象褪色，更不会风化，乃至不知所终。

一、迈向新思想和新世界的一代人

2017 年的一天，我来到俄罗斯涅瓦河畔的十二月党人岛，在岛上的绿地、塑像与络绎不绝的瞻仰者之间徜徉。这里被叙述的人物，都早已成了革命的石头，不入时尚，但也从不售卖，然而俄罗斯和整个世界都从未忘记他们。他们是一批精神贵族，受到 17 世纪以来欧洲启蒙思想运动的影响，在俄法德的跨文化圈中，在哲学、文学与艺术的峰巅，曾经呼啸而出，震惊一时。他们最早反对沙皇专制，传播先进人文学说，并为之英勇献身。百年后，社会主义革命在俄罗斯取得成功，列宁说“他们的事业没有落空”。200 年来，俄罗斯涌现了无数文学、文化和思想巨匠，产生了新的文学精品和理论，其中都有他们的思想遗产。他们不是领航历史的革命导师，也不是创造历史的人民大众，但他们却创造了一种让人记住的方式，即从崇高的精神理念中，以及为之付诸行动的社会实践中，体现某种文化的重要性，或者社会的重要性。他们的爱情、人生和事业的故事也由此被到处传扬。他们所从属的欧洲跨文化圈，包括俄罗斯的革命与文艺、法国的思想与艺术、德国的哲学与教育，也都给我国现代高等教育带来了巨大的影响。

张恩和先生上世纪 50 年代从北京师范学毕业，那时在他们的老师中，颇有一批学术大师。大师们经历五四运动，本已国学功底深厚，又在不同程度上受到俄法德跨文化圈的熏陶，再出国留学，返回后创建中国的现代学科。他们学问好，人格魅力大，广大青年学子被他们强烈地吸引，张恩和先生就是这批学子之一。等他们学成毕业后，所选择的研究方向和认定的事业岗位，也几乎都与这批大师有关。张先生所选择鲁迅研究就是一个例子。在我国现代文学界，鲁迅研究，是五四至新中国前期高校现代文学界的前沿研究和难点研究，张先生走上此路不会轻松；鲁迅本身也是一个跨文化人物，更添一重研究的难度；但张先生是新思想和新世界理想的虔诚信仰者，一旦选定鲁迅研究，就不曾改变，终成一代名家。

张先生也有挫折，但这不是个人所致，而是整个国家特殊历史时期的原因。这个挫折期直至改革开放时结束。现在 40 余年过去了，我国新时期高校人才积累已成规模，但也要承认，在 40 年前重启高校招生之初，有一种特定的中国现象是老师少徒，在高校学术传承的链条上有一条巨大的裂痕。

然而，不足10年，此裂痕弥合，新型人才梯队搭建成功，这中间正是张先生他们这批人物发挥了关键作用。他们曾是大师们年富力强时代的受业者，比起恢复高考后入学的新生，他们在思想气质和学术训练上，都与大师们更为接近。但他们也都在40岁上下，气息新锐，思想活跃，也更容易与青年学生接近，于是他们历史性地成为老师少徒的中介。中介不是简单地传话，也不是机械地架桥铺路，而是以他们自己的学术成果，阐释大师们的学术史，也解释当时汹涌传入的西方思潮与中国传统文化之间的关系，是一个“独立阶层”。我的导师钟敬文先生也是鲁迅研究者，张恩和先生怎样在钟老和我之间起到中介作用呢？这么说吧，他给我看他发表的鲁迅研究的文章，再跟我谈钟老的鲁迅研究的特点，我能从他的分析中看到从钟老学问中从前看不到的东西，也看到了他的治学理念和方法的高明之处。他如此传承前辈和辅导后辈，我就很服气。

张先生还有一个了不起的地方，就是他的外语能力。当时国门大开，他们这一代人要捡拾因长期封闭导致荒疏的外语，用双语上阵，与前辈和后学并肩作战。他后来出国讲学，就是运用外语自己给自己帮忙。捡回外语的过程一定很辛苦，但在他口中都是愉快的故事。有一次，他跟我说，“念外语要找规律。英语中的‘蝴蝶’是‘butterfly’，不好记，但你吃黄油吧？那就是‘butter’；你要起飞吧？那就是‘fly’，你记住‘黄油飞’，那就是‘butterfly’。他还有别的小窍门，说了一个又一个，让你脸笑心也笑。我们在学术大师帐下习惯了严肃的教学，现在他把轻松的思路带入对话，又像吹气一样把各种障碍吹到外面的大地上，一样地开花，一样地长草，就是不紧张。

我们这批研究生中的一些人在入学前已有职称和家室，在读研期间也遇到单位的职称晋升、分房和子女入学等实际问题。其实张先生比我们也大不了十几二十岁，也应该有类似的问题。当然他们是老师，地位比我们高出一大截，但当时高校资源并不平衡，很多优惠都不会落到他们这批中年教师的头上，然而他们却有不一样的境界与作为。面对晋升名额的紧张，他们会放下自我，为后继乏人的学科抒危解困，对有困难的后学倾囊相助，乃至为学生的子女入学到处奔波。张先生在北师大的“老同学”王宁先生和程正民先生等也都是这样的人，他们“老吾老”与“幼吾幼”，这让他们在老师少徒中间广结善缘。当然这种奉献与牺牲也是有底线

的，但这个底线是中国优秀知识分子的集体底线，故可以集体传承。

二、张恩和与钟敬文

张恩和先生与我并非一个专业，我们之间也没有直接的师生关系，但他与导师钟老的交情很深，我又给钟老当助手，所以我们之间也少不了来往。他在北师大的住宅与钟府的小红楼距离很近，这也让我们时不时就能碰上。上世纪80年代，他调往中国社会科学院，听说社科院有不少分房机会，但张先生始终没有搬走，大概与他的夫人邹晓丽教授也在北师大任教有关。天下无巧不成书，我认识邹晓丽教授，还是在张先生之前。1984年的盛夏的一个下午，我去钟老府上，远远望见有位女性在钟府旁边的十字路口拐弯，绿丝绸的上衣，修长的身材、白皙的面庞，微风一吹，好像天上掉下来的美人。我忍不住看见钟老就问这是谁，钟老猜是邹晓丽。邹教授是我国著名语言学家俞敏的女弟子，俞老与钟老的关系很好，对彼此门下的弟子也都耳熟能详。长话短说，邹教授后来与我成了朋友，我还在她家得到两本签名著作：

《甲骨文字学述要》（岳麓书社，1999）和《红楼真味》(辽宁人民出版社，1997)，可惜张先生都不在场。钟老对张恩和和邹晓丽教授夫妇都很器重，所以我不管从哪头论，都感觉与张先生很近。这世界上的联系真是千丝万缕。

张恩和先生与钟老忘年学术交谊的核心是鲁迅。钟老无论从生活的时代、留日的经历到进步的思想，都更接近鲁迅。钟老还见过鲁迅，与鲁迅的日本弟子增田涉也很熟，还翻译过增田涉的书。钟老与日本研究鲁迅的名家竹内好保持了半个多世纪的交往，两人讨论的问题是超国界的，所以钟老研究鲁迅的特点，是一种跨文化的、社会史的、人类学体验式的、民俗学的综合性研究。钟老撰写和出版鲁迅研究的专著，如《关于鲁迅的回想与论考》，从书名上，就能看出方法论的特点。张先生是非常敬重钟老的，但张先生的鲁迅研究如何与钟老共鸣？如何默契？我看是在对鲁迅思想的社会史意义的理解上，张先生产生了高于他的同辈人的独到见解，因而得到钟老的赏识。张先生在《我的鲁迅研究》中写道：

在我看来，与封建主义的斗争，是鲁迅一生中最重要的斗争；对封建主义本质的揭露和批判，也

是他最重要的功绩。我的观点是：由于中国的封建社会历史特别长，为世界所罕有，封建制度和它的思想体系发展得最完备最顽固，加之帝国主义的侵略使民族矛盾有时上升到主要地位，掩盖或冲淡了人民大众与封建主义的矛盾，致使封建主义得以保存实力、延长统治，这些因素使得中国人民的反封建斗争变得非常复杂和艰巨。特别是，长期的封建制度对于人的精神束缚和思想统治的力量是极为强大的，因此在中国数千年的封建社会的历史上，尽管有多次改朝换代，尽管有局部的调整或改变，但总体上，封建主义的思想体系始终没有很大变化，封建的意识形态总是处于统治地位[①]。

在人类学和民俗学中，研究人类社会的模式史是历久不衰的经典课题。从鲁迅作品去追溯社会史，是一个现象库和问题库，可惜研究者至今少之又少。前人的鲁迅研究，宏观也好，微观也罢，都对这个领域很少触及。张先生却已来到

① 张恩和《我的鲁迅研究》,《上海鲁迅研究》2019 年第 1 期，第 232 页。

这里开荒下锄。我们还能看到，他对五四精神和中国社会文化改革的整体联系也有系统思考。他的鲁迅研究，不满足于跟随，不做重复劳动，而是向前推进。

我在认识张先生之初，我就想过，我们看钟老的治学如登山，看山近而爬山远。学术的海洋无边无涯，下海易而过海难。我们应该先看看张先生怎么走，再去找钟老问功课。张先生的经验是书山之径、行船之帆。

据钟老跟我讲，张先生颇得唐弢先生的欣赏，用钟老的话说："唐弢看上他了。"张先生那时还很年轻，就参加了唐先生主编《中国现代文学史》的工程，在治学思想上师从唐弢。后来张先生和钟老都曾进入《鲁迅全集》编辑组，在一段时间里从事相同的专业工作。钟老曾与唐弢、季羡林、金克木、杨宪益诸位书信往来，讨论鲁迅使用印欧语系的单词和西方文化史的词语的原意，以便选择最切近的字词进行注释，张先生在这种环境下，跟大师们一起学习和工作，比起我们这些当时的博士研究生，他的学习效果和成果的质量不知要高出多少倍！ 张先生一生出版了多部鲁迅研究著作，如《鲁迅旧诗集解》（1981）、《鲁迅与郭沫若比较论》（1989）、《鲁迅 · 许广平》（1995）、《鲁迅诗词解析》（1999）和《踏着鲁

迅的脚印》（2014），还出版了多部相关的现代文学研究著作，如《周作人散文欣赏》(1989)、《郁达夫小说欣赏》(1989) 和《郭小川评传》(1993) 等，都展示了见识之高和学问之富。张先生他们这批人从不肯浪得虚名，他们的学术实力源于他们的时代，他们的累累硕果源于他们的勤奋耕耘。他们实打实地干出了一片新天地。

2015 年张先生送我他的新著《踏着鲁迅的脚印》，让我感慨良多。以前他出了鲁迅研究著作都是要呈送钟老的，钟老故去后他就送给我。这是一条老规矩，他是一个守规矩的人。

2010 年我承担部委重大项目，组织编纂《钟敬文全集》，其中有一卷是关于钟老研究鲁迅研究的著作的，王宁先生就提议请张恩和先生来编。张先生无疑是最佳人选，但当时出现的一个新情况是，邹晓丽教授已卧床不起，需要张先生照顾，同时编书也很累，我担心他能否接受。但张先生就是张先生，事情的结果是什么都没有发生。张先生爽快接受了邀请，并提前完成了任务。张先生还写了一篇长长的《编后记》，与另一个世界的钟老再续前缘。限于篇幅，我在这里仅谈两件小事。

一是编辑标准。开工之初，张先生写电子邮件问我：

“钟老的（鲁迅研究）这两册，是完全按照《钟敬文全集》的体例编？还是参考《鲁迅全集》的体例编？”我明白，他是把《钟敬文全集》的重大项目与多年前参加的鲁迅著作编译的重大工程历史性地连在一起认识的。没有那种举大事的学术能力，就说不出这个话，提不出这个问题。这就是张先生做事的格局、境界与内行之处。

二是补充史料。张先生所写的《编后记》，内容难得，我把它抄在下面：

> 为纪念和弘扬著名学者、诗人、现代民俗学学科奠基人钟敬文先生的学术成就、学术思想和学术精神，高等教育出版社决定出版《钟敬文全集》，这是理所当然的事。而让我来编全集中关于鲁迅研究的两册文集，在我则颇有些意外。钟老生前已出版过两本鲁迅研究的著作，或是在别人的协助下编辑出版，或是完全由别人代劳编辑出版，应该说这些同志对钟老的鲁迅研究工作是了解的，熟悉的，请他们再操刀一次也是顺理成章的事。而这回让我在原有著作的基础上，再搜集其他一些未刊出的文

章、讲义、笔记、资料等，编出两册内容较前丰富也稍显庞杂的文集，我想，除了因为我一直从事鲁迅研究，恐怕更多是考虑我与钟敬文先生接触较多，几十年来从未间断，对钟老的工作、研究以及生活等方面的情况比较熟悉吧。

我自 1954 年考入北京师范大学中文系即成为钟敬文先生的学生。那时，钟先生是系里赫赫有名的三位一级教授之一（其余两位是黎锦熙先生和黄药眠先生）。钟先生教的是民间文学，好像还在学校教务方面负点责，平时见面不多。钟先生的夫人陈秋帆先生教我们“现代文选及习作”，不但讲课，还批阅作业，接触就要多些。1957 年，钟先生夫妇均被划为“右派”，钟先生辛苦创建的全国高校唯一的民间文学教研组随即被撤并到现代文学组，“民间文学”课也被取消。我毕业后留校，分到现代文学组，就和钟先生成为同事。那时，钟先生被剥夺了教学的权利，只能在组里做点资料工作（而他的夫人陈秋帆先生干脆被罚到资料室当资料员）。这样，我们的接触就比较多，经常就一些专业问题向他请教。一直到“文化大革命”时期，他被打成“反动学术权威”（有意思的是当时他“当仁不让”地承认自己是“学术权威”，但不承认“反动”），从原住的教授楼赶到我们青年教师住的筒子楼，我们又成了邻居，接触就更多了。特别是钟先生的哲嗣少华世兄和我年龄相近，和我交往比较密切，我和钟先生夫妇的关系就更亲近了，说话也比较随便。筒子楼原是学生住的单间宿舍楼，学校为照顾青年教师结婚暂时转用，故曾被戏称“鸳鸯楼”。“文革”时，钟先生这样一批“革命对象”被罚赶出教授楼而住进筒子楼（美其名曰“接受群众监督”或“与群众共甘苦”），因此又被戏称为“牛鬼蛇神楼”。我曾笑对钟老夫妇说，你们老夫妻住进“鸳鸯楼”倒也“情可以堪”，可我们成了“牛鬼蛇神楼”住户就有点“情何以堪”了，说完我们自是苦笑。这样近距离的接触一直持续到唐山大地震前夕调整住房。在这么长的时间里，我从钟先生那里知道许多现代文学史上的故事，学到许多学问和为人之道，对我以后的生活工作大有裨益。

说到钟先生的鲁迅研究，他开始写关于鲁迅的文章是在上世纪20年代，《记找鲁迅先生》一文即作于1927年2月，之后零星也写有一些，但更多的文字是写于半个世纪以后的七八十年代期间。这里面为什么会有如此大的时间跨度呢？原来他早年作为一位文学青年，一开始就对鲁迅充满尊敬和仰慕。1927年，鲁迅刚从厦门到广州，他就急着寻访鲁迅，写了《记找鲁迅先生》，编辑了《鲁迅在广州》。但由于和鲁迅先生的一点小小的误会，更由于他的志趣原就在民间文学和民俗学的开创性研究，无暇他顾，后来就一直潜心于自己的这块园地，并且在这块园地里获得丰收。如果不是50年代开始后接连不断的政治运动，他本应该在这一领域中取得更多更大的成就。可从反右派斗争到“文化大革命”后期，整整20年间，对钟敬文先生来说，基本上“无所事事”（不让他做事，限制他做事），真正是“蹉跎岁月”。这对一位真诚的学者不啻是极大的精神折磨。

历史的转机出乎钟敬文先生的意料——“文化

大革命”后期，毛泽东主席号召全国人民“学点鲁迅”，各高校文科自然闻风而动。为落实“最高指示”推出两大举措：一是在北京成立“鲁迅研究室”（一些省市则成立“鲁迅研究组”），一是由人民文学出版社牵头重新注释出版《鲁迅全集》，注释工作分由一些高校有关教研组负责。北师大中文系立即设立有工人、学生参加的“三结合”（与“工农兵”相结合）注释小组，教师和工人、学生一道开展注释工作。其实，工人师傅有的连鲁迅是谁都不知道，一首诗连原文都读不下来，可还强调要尊重工人师傅的意见！现在看来，那真是很不严肃地在做一件很严肃的工作！当时，北师大中文系分到的是注释《鲁迅全集》第七卷，其中《集外集》收有鲁迅一些旧体诗，诗中不但有许多典故，更有一些日文以及与日本人有关的人和事。钟先生不但古文好，为年轻教师所不及，更留学过日本，懂日语，且和有些诗中的日本人熟稔，注释工作就不可避免地要倚仗他老先生。就是说，此时钟敬文正好派得上用场，反过来也可以说正好是钟先生发挥自

已专长优势的时候。但因为他的“摘帽右派”的身份，他只做具体工作，不算注释小组正式成员，对此他并不计较。别说他担任的所有注释、考证等工作都是默默奉献，就是由他独立翻译完成的增田涉《鲁迅的印象》最初出版时，译者也不能署“钟敬文”的名字，而是署名“现代文学组”译。他对此并不介意，只是实实在在埋头苦干，努力完成交给他的所有工作。实在说，此时的他也顾不上计较，好不容易遇到可以让他做学术工作的机会，赋闲了近20年的心迹近死寂，现在生命之火能得复燃，又可一展身手，而且是为他素所景仰的鲁迅先生的著作做注释，他又怎能不心存感念（并非对某些个人，而是对时机，对鲁迅）？

现在回过头来看，就可以理解钟先生这段时间的鲁迅研究为什么会较多集中在鲁迅的旧体诗以及一些史实的探索和考证，再就是一些教材讲稿的编写，那是和当时交给他的任务有关。而在“四人帮”垮台后，到他恢复民俗学民间文学的教学与研究前，他在前段做鲁迅作品注释工作时的热情基础上，又写成了几篇文章。现在想来，钟先生之所以能在那样特定的历史时期和社会环境中对鲁迅研究作出如此贡献，我认为，除了其他一些原因，最主要，也最根本的是出于他对鲁迅的深刻认识和真挚的热爱。他说："鲁迅，决不是什么一般的作家、学者，他是一位刚毅的战士，是中华民族的脊梁和精魂！鲁迅，是中国历史上少有的文化魁杰，也是世界上不多见的文化英雄！我从年青时代起，就是鲁迅的崇敬者，是几十年来从他的言论和行动中得到滋养和启发的学生。"（《寻找鲁迅·鲁迅印象·序》北京出版社 2002 年版）正此之故，在他精神上备受折磨、研究工作以至生活上最困难的时候，他都因为有鲁迅作支撑而能挺立住，而在这时意外获得做一些研究鲁迅的工作，能够与鲁迅作精神上的对话和交流，又怎能不充分体认和感受到心灵深处的愉悦呢？

"文化大革命"结束后，钟先生的处境得到根本改善，他首创的民间文学组得以重建，就像失去多年的亲生孩子重新回到自己身边，他又可以继

续进行热爱的专业研究，其心情是可想而知的。他曾说过，关于鲁迅研究，还有许多想法，还考虑了不少题目，但已顾不上了，只能心存遗憾地全身心地转到他原来为之辛劳了多年的、最热爱的民俗学和民间文学专业。不过，即便如此，他在此前短短的三四年里，他在鲁迅研究方面因为其特有的条件（和鲁迅相识并有交往，和鲁迅一样留学过日本，精通日语并和鲁迅的一些日本朋友有过接触，等等）而取得的成绩已十分可观，就是现在编辑而成的两册文集。这些成绩鲁迅研究界都十分重视，十分宝贵，而钟先生本人也因此跻身于包括唐弢先生、李何林先生、王瑶先生等在内的老一代鲁迅研究专家之列。

回想和钟先生的交往，以及我亲见的他在“文革”结束前后几年的鲁迅研究，我感慨万分。是的，钟先生此时的鲁迅研究是时情使然，政治运动使然，在他是有点身不由主，而在我则因为他这段时间的鲁迅研究和他走得更近，且获益良多。就在他重新从事他热爱的民俗学和民间文学研究工作，开始培养这一专业的研究生时，我因工作调动离开了北师大，但我仍然和他保持联系，有时清晨还会在师大校园里和他漫步一程。1986 年，我所在的单位中国社会科学院研究生院为纪念鲁迅逝世 50 周年举办小型学术讨论会，领导让我主持并提出外请学者名单，我首先想到的就是钟敬文先生。开会那天，单位派出一辆红旗牌轿车，由我亲自接送钟先生。当时红旗轿车只供中央领导乘坐或作礼宾用车，没有进入市场，没有大众化；接送钟先生的那辆是上面换代淘汰下来划拨到我们单位的。我和钟先生坐在虽不簇新但仍华丽宽敞的车厢里，看到他很舒适、很满意的神态，心想这次能乘开会之机让他老人家也高兴一回，我心里感到十分慰藉。现在，又让我编辑《钟敬文全集》的鲁迅研究部分，我自然兢兢业业不敢稍懈，希望他老人家在天之灵感到满意。[①]

① 钟敬文《钟敬文全集》董晓萍主编，总第 17 册，《第九卷 鲁迅研究文存》《第一册 关于鲁迅的论考与回想》，北京：高等教育出版社，2018，《编后记》第 287 ~ 292 页。张恩和先生这篇《编后记》落款时间为 2104 年 11 月 2 日。

《钟敬文全集》的编纂与出版，历时8年，最终完成16卷30册的鸿篇巨制。倘若没有张先生的援手，哪怕只缺1册，全集也无法竣工。没有张先生这样高水平的专家对钟老的鲁迅研究做再研究，鲁迅研究的学术史和钟老的思想史都会多少失色。我该怎样致敬张先生？言语无力，心碑常在！

都说学者研究什么像什么？确有几分道理。张先生常年研究鲁迅，他的学问特征、思维方式和生活风格也都被“鲁迅化”了。鲁迅的学问是扎根学问，把魏晋传统、明清思潮、“五四”改革、阶级领袖、意识形态、国际交流都化合在一起，资料系统巨大、思想体系庞大。在鲁迅身上能找到做人的信条、做中国学问的信条，借鉴外国东西的信条。张先生是领悟到鲁迅的这些信条的，并能继往开来。他有一点跟钟老很像，就是将学术研究与艺术创作融通，自己又写学术著作又写散文。他在理论研究、文艺创作和社会实践中，都在化用鲁迅的这些信条又发挥开去。我们看他自己看重的研究鲁迅的论文，都有对应的散文。他的论文《鲁迅——伟大的反对封建主义的战士》是谈鲁迅批判封建主义的深刻性的；与之对应，他的散文《叔叔的婚事》也写了新旧思想结合的复杂感情生活。他研究鲁迅的《我们现在怎样做父亲》

和《我之节烈观》的论文，是谈鲁迅批评“父为子纲”、“夫为妻纲”的观念，讨论鲁迅如何从家庭入手观察和描写自由平等的社会生活；与之对应，他也在散文中谈家庭观和子女观，写女儿小洁的出生和成长带给他的巨大惊喜，写他与孩子相处的平等与欢乐。他的散文《我爱大公共》与鲁迅坐人力车的《一件小事》心有灵犀，都描写了车厢社会。他的杂文《戴安娜之死和“帕帕拉兹”们》批评西方记者纠缠戴安娜是不尊重女性的做法，笔端扫过鄙视的冷峻疾风。我听过他在学术会议上的发言，与他在杂文《“讲话”与“发言”》中批评官僚作风[①]，绝对言行一致。张先生是悟性极高的人，又持节不改，故格外令人尊敬。

张先生爱憎分明，又心地非常善良，他把这种思想品格传下去，教给子女要学会善待别人。女儿小洁写过一篇在启功爷爷家辅导弟弟章正，后来弟弟也上了大学，姐弟同乐的动人故事。此文被他收入自己的书文札记中，可知他无比珍视孩子们的童贞之善之乐。小洁考入北京大学，完成了硕士

① 张先生的散文很多，发表于上世纪八九十年代和 21 世纪的不同时期，以上散文都被张先生收入他的散文集《深山闻鹧鸪》中，详见张恩和《深山闻鹧鸪》，福州：福建人民出版社，2001。

和博士学业，毕业后成为大学教师，走上了父母的道路，“报得三春晖”，这让张先生十分欣慰。他是把鲁迅研究、学问人生和家风世训都做成了扎根学问的人，“横眉”与“俯首”是他的人生上下联。

三、研究生教育与出国讲学

上世纪90年代末，张先生很客气到找到我，要我参加他指导的博士研究生郭银星的博士学位论文答辩会，并撰写评语。郭银星研究我国现代文学史上的著名女作家张爱玲，论文写得才华横溢、思想深刻、文笔优美，极富创见，颇有乃师之风。张先生很年轻的时候就成为唐弢主编《中国现代文学史》的九员大将之一，指导弟子的论文游刃有余。但张爱玲很早就移居美国了啊。由张先生指导门下弟子做张爱玲研究，就算本事再大，放在一般的博士生导师身上也会回避的，因为他指导鲁迅研究的博士学位论文是轻车熟路，换了别的求稳图省事的博士生导师就不会让学生拐到张爱玲的身上。我曾请教张先生是何道理，他表示尊重弟子的兴趣选择。看得出，张先生十分欣赏和信任这个弟子，而他的开放教学则根植于他的学术自信。

那次我第一次随他去了中国社会科学院研究生院，还顺便参观了他的宽敞明亮、清洁优雅的办公室。他的办公条件要比北师大一般教授舒服得多，我们就聊起人才竞争的优点，说到高兴处，我说人人都应该争取流动，不料他听了却拉回话题，诚恳地对我说："你给钟老当助手，这个工作要稳定。钟老那么大的学问，从日本回来后还吃了很多苦。学了外国的东西，不等于回国就顺利了，但是他始终坚持做中国学问，你要学习钟老的这种精神。"我在给钟老当助手期间，接触过学校的多届领导、很多不同专业的教师，看到过各种地位和各种需求的人。但能给我这种指导的人不多，张先生是其中的一位。他说这个话，不是为了个人的需求，而是为了大师们的学术传承，为了后学能把学问进行到底，所以我一直没有忘记。

改革开放后，张先生有机会出国讲学，踏上了跨文化的新旅程。在那些鲁迅见过或未见过的大世界里，他写下了《穿越阿尔卑斯》《在梵蒂冈上天入地》《洛桑风情》《美丽的莱芒湖》《走进历史——雪霁访新圣母公墓》《吃吃喝喝的中西文化》等一批优美的散文，记录了他的感受。文章写得天

宽地阔，又温情脉脉。

张先生是那种对个人的研究、创作和教育工作都要求很高的人，但他待人处事又是十分宽厚的人，这两个特点统一到他的身上，就成为一种特有的温情。谁都可以接近他，谁也不会被他的灼灼才华所吓倒，但谁也不要以为他“即之也温”就失去原则。他的温情是一种极高的修养和风度。

四、电脑、电邮与手机微信

张先生和我们都生活在信息化时代，对电脑、电子邮件和手机样样通。他这个年龄段的学者不是都能做到这个程度的，但是他能。他始终保持积极的心态和乐观的人生态度，面对现代社会日常生活的快速变化，从容不迫，从不掉队。我们之间通过不少电子邮件、手机短信和微信，我随便找出几条抄在下面，读者从中可见他的日常交往既认真负责，又充满了乐趣。

（一）2015年回复张先生惠赐大作《踏着鲁迅的脚印》的电子邮件

From: dongxpzhh@hotmail.com

To: zhaenhe@aliyun.com

Subject: thanks!

Date: Thu, 22 Jan 2015 14:11:05 +0000

恩和先生：

感谢大作！这是我在看您的散文之后第一次看论文，感到有一种特殊的思想力量。

说实话，我还没看完，这两天还在带学生继续调查，只能晚上回来看。不过已经看了3篇了，挑着看的，目前最喜欢在瑞士洛桑大学演讲的那一篇。您拿鲁迅去跨文化不容易，到了20世纪末更不容易，但用您的思想方法和研究成就却能做到容易，而且比较得有趣、可比，在比较中充满了智慧和善意。

先写这些并祝好！

晓萍　上

（二）2016年致张先生关于《钟敬文全集》的电子邮件

From: dongxpzhh@hotmail.com

To: zhaenhe@aliyun.com

Subject: 感谢

Date: Fri, 27 May 2016 05:49:04 +0000

恩和先生：

今早9点，返回《钟敬文全集》四卷，已全部送到高教社，其中包括您校阅的《鲁迅研究文存》（第二册）。您发现了关键问题，如鲁迅引文的落段与误写年代“2011”，都是小青年的硬伤，然而逃不过你的火眼金睛。经您高手操刀，“火中取栗”，消除了隐患，还救了青年责编一把，真是高水平！四卷之中也包括其他诸卷，唯鲁迅卷请您看，这里面除了专业的原因，还有我所认识的您的原因：是您让我看到和体验到您对钟老夫妇的深彻感情。女娲神话中说有“四维”擎天柱子，放到现在说，应该是钢筋铁骨承重柱，您是最核心的砥柱之一，让我最放心地依靠。其他返回的三卷是：《总目卷》《报刊文章卷》和《学术书信卷》，我都包了，已反复校。我昨夜给高教社写了一封信，借用冼星海参与创作的延安歌曲《二月里来》的歌词说是“加紧生产”，创造明天。我跟在您等前辈的后面，把钟老学术文化遗产还给社会，交给未来，为此吃什么苦我都不怕，永不赋悔。其实高教社对做这种大型工程有点拿不动，但他们态度好，想干事，我们就共同努力。

编委会，您提的建议对，要重组。但原则是什么？我还没想好。十数年前，安徽教育社出《钟敬文文集》，编委班子就是编者班子，当时钟老在，什么都能摆平，现在不同了。不过有些基本的东西还是要坚持。您有无万全之策？尚望赐示。对已故童庆炳先生是否加框？我有点拿不准。据我所知，法国学术界对往者都不加框，就按原样放着，一直放下去，我觉得也挺好，物质上的人有生灭，精神上的人能续存，您信吗？

杨绛走了，我很难过。这种奇才，中国不会再有了。可惜得诺奖的不是她，这就是我和我的时代。

衷心感谢与祝好！

晓苹 上

（三）2016年张先生回复关于《钟敬文全集》的电子邮件

Date: Sat, 28 May 2016 22:00:37 +0800

From: zhaenhe@aliyun.com

To: dongxpzhh@hotmail.com

Subject: 回复：感谢

小萍先生：

信刚看到，迟复为歉。你总是不吝点赞我，夸奖我，为我说好话。因为是你，即便显得太夸张，我听了也很受用，心里美滋滋的。

其实你才算得是钟先生真正的嫡传弟子。看得出来，你对老先生情深谊长，他老先生带出你这样一个弟子就不枉教了一辈子书，就值了。可惜我无缘得一你这样的学生朋友，奈何！

编委会事我也就那么一说，既已定型，再调整就不合适了。又不是进中央委员会，没有实在利益，何苦又让被剔除的人不痛快呢？最多是有点对不住钟先生他老人家——让一些人空挂名；不过他老先生已经不会提出异议，顾不得了。其实原是很简单的事：让真干事能干事懂业务的人进编委会即可，不必考虑关系平衡；真要让一些人挂名，可另列顾问（或顾问委员会）亦可也。

至于童名字加不加黑框，更不是问题。你说的也有理，可不加。（在中国，好像规矩是要加）我提出是同一页面童的名字两出，一加一不加，似应一致才是。

你是一位聪明能干、肯干求精的女学者，业务能力强，性情也好。和你打交道十分愉快，也是三生有幸吧！

祝好！

老张

5-28

（四）2017年末张先生发来微信贺片

2017年12月22日圣诞节前，张恩和先生通过手机微信，发来一张带有中国民俗风的庆贺圣诞图片。

（五）2017年末回复张先生的手机微信贺片

2018年12月22日当天，收到张先生的微信图片。并无任何文字。这是一张图片的内容是关于西方圣诞节的，但图片中没有圣诞老人，而是被换成了中国古典小说《三国演义》中保驾护主的武将关云长，后来又变成中国民俗中的武圣关老爷。西方的圣诞老人在平安夜里送平安，中国民俗中的关老爷也有保平安的功能。这幅圣诞图把圣诞老人换成关老爷，颇有西俗东渐的意味。张先生把它寄给我，不著一字，也博一笑。我赶紧写了四句打油诗，回复张先生。

西边老爷中国造，
东方汉笔著羊毫。
又见美髯关云长，
一把青龙偃月刀。

——谨以此“顺天游”

敬复张先生。晓萍 上

五、张先生的书法作品《独坐敬亭山》

张先生多才多艺，书法是一绝。北京师范大学院里不少教师向他求字，有的还把他的字装裱起来，挂在墙上，尽显名士风流。2018 年 11 月，我也得到张先生的一幅字，大喜过望。说实话我不找任何前辈写字，生怕给他们增添劳累，但《钟敬文全集》出版后，不知怎么，有一天我头脑一热，向张先生求字，想留个纪念。张先生一口答应，次日送来书录李白五绝《独坐敬亭山》的天下名篇。

众鸟高飞尽，
孤云独去闲。
相看两不厌，
只有敬亭山。
李白诗
晓萍教授雅属
张恩和书

张先生绝顶聪明，又境界高尚，他把要说的万千话语都写进这幅书法作品中。在我看来，他要表达的事物至少有两件：一是把他编辑《钟敬文全集》的“鲁迅卷”比作重游“敬亭山”，在悠远幽静的精神世界里与钟老再度相遇；二是他也来到人生的晚景，对钟老晚秋岁月仍为中国民俗学事业奋斗不息，有了前所未有的同感，于是他托语天边的孤云，为钟老稍信，捎去他的致敬心意和他对忘年友情的矢志不渝。但是，我百分之百地没有想到，一年后，这幅作品竟成绝笔。张先生他把个人与广大后学两代人对钟老的“有情”记忆，都留在了黑白水墨之间，化作了永恒的非物质文化遗产，从此“相看两不厌”。他就是这样一个让人毕生不能忘怀的教育家和思想奉献者。

张先生是在83岁时辞世的，其实人到80就是风险年龄，发生任何不测都应该被接受，但对张先生这样的学者的离去就让人难以接受，甚至不想接受。这不是丧失理智，也不是单纯的感情用事，而是在潜意识里告诫自己利他者永生。高等教育是国家历史的强大链条，张先生和他那一代人中的佼佼者是这个历史链条中的坚固环节。我在开头用了十二月党人作比附，我知道并不能面面相比，但以优秀中国知识分子所选择的信仰、人生、事业和社会贡献而言，偶尔作这种比附也未尝不可。如果再拿到跨文化的更大圈子里去比较，我们还可以看到诸多类似的历史个案。在中国现代高等教育初建与转型的两个时期，张先生和他们那一批人，都是发挥关键作用的个体和群体，是中国式师生关系模式的忠诚建设者。历史就是历史。历史不是可以随意扯裂和随意接续的布条，历史是滔滔不绝滚滚不停的时间洪流。张先生投入其中，任乱云飞渡，而穿山击石，汇入主流。

思念张恩和先生

· 张　杰

2019 年 11 月 11 日王得后先生来电话告知：“恩和先生昨日与世长辞。”我旋即给恩和先生的女儿张洁宇打电话，得知详情后，受洁宇委托，分别通知孙玉石、朱成甲、阎焕东、周楠本、王骏骥、赵存茂诸位师友。拨打和接听的过程并不随心所愿，凡有通话更难免惊呀、感叹和唏嘘。放下电话，心情瞬间空虚，随即更有一种难以名状的心绪无处排遣。

最大的感受是突然。实在是太突然了。恩和先生一向健康，至少没有夺命的疾病。逝世前 1 个月，即 10 月 10 日，他只身回家乡南昌省亲。我至今依然保存的当月 29 日的微信是：“等您返京后相聚”。他回示：“定 31 日返京。到时再约。”考虑到先生年事已高又车马劳顿，加上我当时被杂事所牵，相约聚会的安排并不紧凑。可是谁能想到，突如其来的竟是阴阳两隔呢？其次的感受是老天无眼，天公不公。在家庭生活方面，恩和先生堪称半生坎坷。他原本儿女双全，诸事顺遂。不想30岁的儿子竟然夭折，夫人邹晓丽中年时患类风湿关节炎，导致行动不便。记得最初到先生府上拜访，邹晓丽教授出见，竟是扶着带有角轮的架子来到客厅，清瘦的双手手指弯曲变形，令人不忍直视。其时恩和先生的爱女张洁宇还是学生，邹晓丽先生的生活起居及所有家务，只能由恩和先生一人承担。而更加艰难的人生还在晚年。在恩和先生70岁之后，邹晓丽先生骨折手术后昏迷不醒，几近植物人。我获知消息后打电话给恩和先生，征询前去探望的时间。他说邹老师没有知觉，看望毫无意义。不容争议地谢绝了。当时谁也想不到，邹晓丽先生丝毫没有清醒的征兆，以致缠绵病榻竟达9年。其间，我多次询问情况，回答总是一如既往。大约在邹晓丽先生昏迷三四年之后，一次我向恩和先生问治疗的进展。他说几天前一位专家级医生朋友来访，一同去医院病房看望，趁护士不在（医院禁止外院医生听诊），为邹晓丽先生听了心肺功能，然后说，比你的心脏

还好呢！恩和先生问我：“这种情况，你说是好是坏？”我一时语塞后思忖，恩和先生的心身疲惫已近极限了吧，尽管如此，他对邹晓丽先生的恢复，依然持有渺茫中的乐观。邹晓丽先生工作的北师大中文系的几位同事老大姐，特意相约一同劝解恩和先生：这些年你对邹晓丽的照顾和感情，我们都看在眼里，你已经尽心尽力了，再继续坚持治疗，恐怕已没有意义，还是放弃吧。然而恩和先生自己无论怎么艰难困顿，怎么焦灼纠结，怎么辗转反侧，最后还是陪同邹晓丽先生自然而然地走到人生的终点。对于这样一个半生坎坷，并陪伴病床上的终身伴侣超过9年而不离不弃的人，轮到自己，从发病到离世的时间，竟然未超过一周。天不假年何至如此？天公不公啊！

承受着巨大、沉重精神负担和折磨的恩和先生，在工作中和与朋友交往中，不仅从未流露出由于不幸而留下的消极和消沉，反而是积极地、乐观地面对生活、工作和朋友。这一点是所有与他有过接触的人，都能感受到的。在朋友聚会时，谈话常常由他掌控，尤其重要的是，话题中的冷嘲热讽、插科打浑，一般情况下轮不到别人。据我观察，他的这种习惯和谈话风格，既有利于活跃气氛，也有利于融洽朋友关系。更有甚者，与恩和先生具有同样心态和口才的朋友，无意间与他还形成“对手”，凡有会面，必有“交锋”。能有这种资格的，一个是沈阳的张毓茂，另一个是天津的李福田。据说有一次恩和先生到沈阳开会，张毓茂先生邀请他和几个朋友聊天，地点就在自己的办公室。其时张毓茂先生已居副省级，配备的办公桌是刚刚流行的班台。刚一进门，恩和先生就故作惊讶：“我们这些北京小地方来的孤陋寡闻，怎么还有拿床板当办公桌的？”回怼的玩笑多来自李福田先生。恩和先生的书法一向为朋友所看重，一次李福田先生替朋友的饭馆求写牌匾，说“朋友的小饭铺需要个牌匾，你给写写吧”。恩和先生照办。后来聚会时，有人问起牌匾是否制作挂出，李福田先生说：“本来人家买卖挺火，恩和写的牌匾一挂，饭馆黄了。”诸如此类的机锋，自然会引起哄堂大笑，而潜在的则是朋友们的一团和气，其乐融融。从中我也瞥见了恩和先生的另一面。

恩和先生的学术上的业绩和贡献，自然使我受益良多。记得最早读到的是他发表在《文学评论》1963 年第 5 期上的《对狂人形象的一点认识》一文，那还是 1976 年我刚刚调到鲁迅研究室，真正从专业角度认真阅读《鲁迅全集》及

相关研究著作的时候。当时研究室初创，资料匮乏，“文革”前的一些学术刊物的合订本却较为完备。在选择不多的资料中，《文学评论》上有关鲁迅的文章，我全部阅读。恩和先生的文章，在论述之前，有对研究状况和不同观点的梳理，对我当时研读的引领让我难忘。再后来阅读的是天津人民出版社出版的《鲁迅旧诗集解》，是与周振甫、张向天、倪墨炎的同类著作一并一篇一篇读下来的，因有比较，易感异同、优劣与是非，也因此印象深刻，收获也大。与恩和先生相识之后，我才知道上世纪60年代初开始编写的《中国现代文学史》写作组成员，唐弢、王瑶、刘绶松、严家炎等先生之外，还有恩和先生等几位初出茅庐的青年学者。在一定意义上，恩和先生是参与过现代文学学科奠基的人。恩和先生出版的著作，如《鲁迅与郭沫若比较论》《鲁迅与许广平》《郭小川评传》以及最后的论文结集《踏着鲁迅的脚印》，散文集《国门内外》《深山鹧鸪声》《灰羽随风》，我都收到先生亲笔签名的赠书。虽然有关的阅读已不似早年那样仔细，留下的印象也不像以前那样深刻，但这些著作毕竟都是我的阅读史上重要的“曾经”，犹如我吃过的美食一样，早已溶入了我的成长。对于恩和先生以及曾经给予我精神滋养的所有作者，我一直怀着敬意。

恩和先生之于我，还有别的学者所不及的一面，这同样让我受益匪浅。具体的内容不是做什么，而是不做什么；或者说不在“行”，而在“止”。在《鲁迅与许广平》和《郭小川评传》完成之后，恩和先生即毅然搁笔。太平无象，不再有所为，大多是在无声无息中进行。恩和先生自然也循此例，既不声明，也不声张。可是时间一长，总有人察觉，我就是其中之一，曾经郑重询问。他的回答有两点让我记忆深刻。当时洁宇还在北大中文系读博，闲谈时告诉恩和先生说，孔庆东曾问起“你父亲真的金盆洗手了”？恩和先生对洁宇说：“你告诉他，我连脚都洗了！”另一件事是有关他的一个笔名。他说他有一个笔名叫“因禾”，我问含义，他说从“恩和”二字脱出，无非无心无口之意。记得谈话之后，出现瞬间的沉默，有关的话题也不再继续。我这一面的无言，恰恰是基于无须多言的深深的理解。在我，相关的情况已见识过先例。我在回忆周海婴先生的文章中，记述了鲁迅研究室8位顾问中的一位前辈学人的情况：“有一位顾问，因编辑鲁迅著作而与鲁迅相识，以致过从甚密，曾发表过很重要的回忆文章和研究文章。解放后一直埋头《鲁迅全集》

的编辑和注释，却鲜有著述。这种现象，作为老一代学者中的一种类型，或可引人思考。不过，有一点不可否认的事实是，他的学识，在解放后只限于在职务之内的工作中发挥，职务之外，几近浪费。”这位前辈就是杨霁云先生。虽然没有行动，却有类似的心境的还有孙玉石先生。那是在北京大学举办的17卷的《孙玉石文集》的首发式上，在这个不亚于洞房花烛、金榜提名的时刻，孙先生发言，其中一句是：“我也常常想，我写这么多，究竟有什么用？”其实，鲁迅的“文章如土欲何之？”的感慨，无异于精确的概括和无奈的展望，延及到恩和先生也算不得意外。然而这种无言的震动，或许会超过白纸黑字的千言万语。

恩和先生逝世后，在对他的思念中，我曾搜索枯肠地回忆与他的初见，但至今无果。所得的是许许多多、零零碎碎、无关紧要的记忆碎片，我想择其要者而不能，又想提纲挈领理出头绪仍不能。这当然是由于我的笨拙，另一个原因应该是我接触的恩和先生，大多不是工作忙碌中的他，而是业余闲暇中的他。我无缘听他讲课，也很少听他的讲座，与他的接触除了文字就是闲谈。而恰恰是那些无关功利、无须装点、不必掩饰的闲谈，才更容易显示出人的真性情。在我心目中，恩和先生最大的特点是真诚。最早让我认识到他这一点的，是他对虚伪的恶感。有一次朋友聚会，世家兄随口称赞一位大家都十分熟悉的知名学者为人真诚。恩和先生当即反驳说，你的识人真成问题，你问问大家，他为人处事最大的问题是不是虚伪？当时，我看到的恩和先生的神情，当然针对那位知名学者，说到底则是对虚伪的蔑视和鄙夷。令人印象深刻的还有一次学术会之前的争吵。会址在南方的一个风景区，会议主办人邀请恩和先生提前到会并一同游览。待我们报到时却听说，恩和先生因为会议主办人未能邀请一位先生出席一个活动而勃然大怒，并表示自己也拒绝出席。由于事情刚刚发生，也由于双方与我们刚刚报到的几个人都十分稔熟，即分别向我们叙述事情原委、解释缘由，也因此而导致我至今对此事依然记忆犹新。在我看来，恩和先生的勃然大怒，完全是真诚使然。假如其中有一点点私心，一点点虚伪，刀切豆腐两面光的处理，在他并非难事。

恩和先生晚年，以上网和书法自娱，并称这是他的两个情人。事实上他的性情和艺术天赋岂止书法？对不少艺术门类，他都十分爱好，并且有相当的艺术修养。一般情况下，作为学者，在艺术方面最集中的体现常常是审美和艺术鉴

赏，却往往羞于表现。在艺术鉴赏方面，恩和先生无论是专业，还是日常生活，发表的评论，每每都是由表及里而一矢中的。在日常生活中，他喜欢唱歌，歌厅里不乏身影。记得一次学术会的告别宴会在绍兴的孔乙己酒店召开，主办者安排节目助兴，司仪报出独唱《青藏高原》，演唱者张恩和时，会场一时轰然。恩和先生从容登场，一曲高歌字正腔圆，结尾的高腔之后仍然气定神闲，全场自然掌声雷动。对于书法，他是真正从心底喜爱的。他的字体清秀、俊朗、飘逸，写来如行云流水又浑然严整，酷似启功体，因而博得许多人的喜爱。有一次学术会，求字的人太多，他特意找会务组借了一个大房间，集中在一个晚上偿还笔债。我去看热闹，只见办公桌对面的强英良抻着纸，恩和先生正奋笔疾书，墨迹未干的条幅铺满了一地。还有一次学术会议在江西进贤召开，当地是仅次于湖州的毛笔产地，书法风行。会议期间，东道主特设几个书案，备了上品的文房四宝请与会者挥毫泼墨。恩和先生成为了当场的明星，求字的人排起长队，人数超过其他几个书案人数之和。先生给我留下墨宝，还是在近30年之前，其中极为自谦的题款中有“张杰学弟属”。这也是我不敢将墨宝示人的原因。

在我心目中，我将恩和先生与我的关系定为师友之间，更为重要的是，他是我可以畅所欲言的师友，甚至是可以没大没小地开玩笑的师友，也是对我无所顾忌地加以批评的师友。相隔不足一年，世家兄和恩和先生先后远行。留给我们的，是深深的与日俱增的寂寞感。

“他的笑容照亮天堂”

——生活和交往中的张恩和先生

· 张铁荣

这个题目，是从张恩和先生女公子张洁宇教授那里移过来的，记得她在一篇纪念启功先生的文章中，用的就是这个题目，给我的印象很深。现在用来纪念恩和先生，我觉得也是合适的。

2019 年“双十一”上午，听到的第一个令人震惊的消息是：张恩和先生于 10 日晚 8:25 时走了。网上立刻发出强烈的反响，各种的悼念表示纷至沓来，令人应接不暇。我所加入的微信群均是如此。一时间心里很乱，恩和先生的音容笑貌立刻浮现在我的面前。他是一个乐观的人，高雅的气质、学者的风度以及幽默风趣的谈吐，都顷刻出现在我的眼前。学界都知道他是鲁迅研究界的“老帅哥”，这不完全是指他长得白净漂亮，主要还是指他的学术品格和儒雅风度。

想来时间过得真快，我与恩和先生相识还是在20世纪70年代末期，那时候他在北京师范大学中文系任教，后来他写了一本《鲁迅旧诗集解》，这是一册严谨的学术书，注释解析都很到位，是那个时候我学习鲁迅诗词的入门书。1979年我在北京鲁迅博物馆研究室跟随李何林先生进修，就曾与恩和先生见过面。后来我协助王世家兄编辑《鲁迅研究动态》，与恩和先生接触就更多了，他是这个刊物的作者，写过不少严谨的文章，有时候也来编辑部聊天，我们成了很好的忘年交。他为人谦和，有一件事给我印象极深。记得强英良兄刚到北京参加编辑工作的时候，恩和先生来编辑部看我们，闲谈中我请他给刊物写稿，他爽快地答应了。这个时候英良兄半开玩笑地对他说，就是你的稿子来了我们也要严格审查，当时我觉得这话说得有些重了，特别是对于恩和先生这样的作者，但是他并不以为意，还是依旧和我们轻松地聊天。这次谈话给我留下了很深的印象，我觉得像他这样的涵养和胸怀，非常值得我学习。

再后来他的文稿来了，每一篇都是有理有据，学风严谨，论述得当，文字漂亮。编辑起来十分省力，而且受益匪浅。一两年之后，我回南开了，他也调到了中国社会科学院研究生院任教，但是彼此友好的关系始终未断。他陆续出版了《鲁迅诗词解析》《鲁迅与许广平》《鲁迅与郭沫若比较论》《郭小川评传》《深山鹧鸪声》《灰羽随风——张恩和散文》《张恩和书文》等。这些书他都是随着出版顺序依次寄来，在书的扉页上写着漂亮的题字："铁荣小弟雅正"，或者是"铁荣老弟正之"，并加盖他所喜欢的"张恩和"小篆印章。据说他的家庭负担很重，夫人长期有病需要照顾，他为此牺牲了许多宝贵时间，取得这样的成绩真是不容易，但是他从来不对外人言此。每每收到他的书对我都是一种鞭策，我想我不能太笨，我一定要努力，将来写出书来送给他。

我们之间的通信应该是不少的，现在找出来的就有很多，每一封上面都是漂亮洒脱的字体，真是很好的艺术精品。他的字和启功先生的非常相似，尤其是毛笔字我以为可以乱真，但是他却极力改造，使之增加了动感，这是最令人佩服的。他的学术地位和书法造诣自然会有公评，而且还会很多。现在大家纪念他，我只想说说生活和交往中的恩和先生。

我们除了一起参加鲁迅研究方面的学术会议之外，他和北京的朋友们经常到天津来，天津人民出版社的老编辑李福田在世的时候就更多。我和天津师大的王国绶兄是必不可少的参加者。这样的聚会持续了很多年。那个时候的聚会当然主要是谈天说地，海阔天空，无所顾忌，侃侃忘我，至今想起来还是觉得难以忘怀。其中谈锋最健者当然是李福田，我们都叫他“福公”。他经历复杂，见多识广，掌故也多，自谓“四朝元老”。他一旦聊将起来，就独霸话语权，其他人是很难说话的，就是他说错了别人也很难纠正，因为你根本就插不上嘴。对于这一点，恩和先生可能体会最深，因为他始终保持着谦和的态度，细心聆听，并且不止一次的事前事后提出“抗议”，表示对于不能插话的相当“不满”。曾经有一次“福公”说，在天津我就培养两个人，一个是师大的王国绶，另一个是南开的张铁荣。恩和先生听了以后说，你是怎么培养的，说说方法？“福公”根本就不接这个话题，继续着聊他的内容，其他人一点办法都没有。这个时候恩和先生依旧笑着，不时努力着，十分有趣。

记得一次谈及他们去四川开会途经西安时，没有买到有座位的票，于是乎就到卧铺车厢补票，大概还有两张卧铺

票，列车长已经同意将票补给他们，因为“福公”穿风衣还拄着拐杖派头十足，很像是一位来头不小的“高干”，恩和先生也是戴着眼镜风度翩翩，还有社科院的王骏骥等人。就在这时来了两个带着新疆刀的新疆青年，一个挤过来也要补卧铺票，另一个干脆就坐在了卧铺的座位上。说时迟那时快，恩和先生冲了过去，一把就抓住那个已经在座位上的小伙子的衣领，把他从座位上提了起来，大声斥责说：“你给我排队去！”当时真的把他们震住了，吓得这两个人惊慌失措，无奈离开。我们听了以后，便知道恩和先生有他侠肝义胆、金刚怒目的一面。这个故事在后来的谈话中还有了各种不同的版本，这样恩和先生就成了一个大侠。因为许多人跟着添油加醋，越说越神奇，每每谈起大家总是笑声一片。

福田先生去世时，恩和先生也与北京的朋友们专程来津，为“福公”送行，他是个很重情义的人。“福公”走了以后，大家还是来天津聚会，这个时候恩和先生成了年纪最大的人，他幽默地说，我终于可以自由说话了。再聊天的时候张杰兄就说，这一次该轮到你独霸话语权了；恩和先生却说：“我是有话语权，但是我民主，和福公不一样。”我们都知道这是他的幽默。他始终保持着知识分子的良知，看问题很有深刻的一面，语言丰富，条理清晰，分析问题有鲁迅的立场，切中要害，立场鲜明。他对于鲁迅的尊敬是属于上一代学者那样的，他说过研究鲁迅和其他作家是不一样的，那是一种敬畏和继承。

王世家兄生病的前两年他们来天津的次数就少了，于是乎我对国绶兄说，北京的朋友们都老了，那样的聚会想来变得珍贵起来了。

现在世家兄与恩和先生都走了，我们这些人感到十分寂寞和悲痛。再读他的书，他的音容笑貌又变得鲜活起来。我觉得“他的笑容”一定会“照亮天堂”。

张恩和先生印象

·周楠本

恩和先生书法作品中有不少录鲁迅诗歌，他曾送我一幅《悼杨铨》，运笔颇有创意，“何其泪洒江南雨”的“雨”里面多点了两点；“又为斯民哭健儿”的“哭”字，两眼下也多点了一点，读之如雨泪下，笔墨里深含着感情。

我特别欣赏他为友人名字的题字，贴切而富寓意，如《题孙玉石夫妇》：“人淡如菊，毅坚如石。”前一句是指玉石先生夫人（其夫人名字里有一菊字），后一句则是赞誉孙先生。又如《题王观泉》：“慧眼识清流。”其时观泉先生因视网膜脱落，双目几已失明，然观人间世事透澈如明镜。真可谓字副其名，名副其实。

我也曾痴想请他题句，却未敢开口，自知这未免太轻狂了。后来，2017年春我回到故乡居住，他与我约定在南方最好的季节同游张家界。他说张家界虽然去过几次，如1995年去张家界武陵大学开会，我们都参加了，但一群人嘻嘻哈哈地走马观花，没有真正好好游览。他希望我们俩老表（湖南人和江西人互称老表）再去畅游一次，真正的到此一游，今后就可以不再去了。当秋天黄金季节即将来临时，我便给他发微信，邀他南下一游。我还特约了我的二弟做向导，他是位摄影家，湘西是他经常跋涉的景区。我想这是一个难得的机会，也许还可趁机请赐墨宝呢。可是万没料到，他的夫人不幸刚刚去世了，他回信告我这个哀伤消息，因而无法赴约了，并对我记得我们的约定表示感谢。当时我即电邮发去唁函——

张老师：

邹老师走得太早，确实是很不幸的事情。尽管昨日早晨惊悉噩耗，虽然并不特别意外，但依然很震惊。您失去了双翼齐飞的伴侣，而我们至为惋惜的是她连同她尚未发表的学术成果都一起带走了。在这哀伤的日子里望您及小张老师都多保重，节哀顺变。你们健康愉快的生活，将是对逝去的亲人最

大的慰藉!

我这次回长沙也是为母亲送行，老人家于5月10日辞世，享年92岁。这段日子我常想，如果她地下有知，一定不是想着我们烧纸钱，而是希望我们过得顺心如意，健康愉快（因为她生前经常念叨挂记的就是这些）。所以我应该好好生活，不辜负她的遗愿就是最好的报答孝敬。

我本月中旬回北京，回来后一定去看您。

（明年春天或秋天我还会回湖南，以后一定找机会陪您去湘西一游。）

楠本敬上　2017.9.2

他回电邮说——

楠本：

……邹晓丽在医院卧病近10年，情形非几句话能够说清；我的生活也非一般人可以想象。佛说，人生本身就是痛苦。我们承受的可能比一般人要更多更重一些吧，但什么事总会有尽头。邹晓丽总算熬到尽头，也可以说是苦修完成了，算是解脱了。此时此刻我的心情想许多朋友也可以理解。逝者已矣，我们生者还需要正视现实，还要好好地活下去。有机会能和你湘西一游，亦为人生快事。到时看情况吧。令堂仙逝，亦请节哀！

张恩和　2017.9.3

当时我想这对于他并非大不幸，毕竟走出了尽头。我曾问过他：邹老师卧病10年了还有没有醒来的可能。他肯定地说没有可能，“从医疗上说已经毫无办法，惟愿能发生奇迹，忽然看到她醒过来，这就完全由上帝安排了，非人力可以做到的。”

多年来恩和先生每天都去医院看看她，他说医院离师大很近，每天下午散步就到她那儿去了；并非抱着希望看她醒来，就是去陪一陪她。他不能去的时候，平时也交待了保姆去照看。他说好些朋友劝他放弃，说这对她也是解脱。他说道理虽是这样的，他也想过这个问题，但这个事情无法很理性对待；其实放弃也很容易，只要把各种监护仪器、输氧和输液管抽掉就行了，但一想到她的心还在跳，她还活着，就无论如何不忍心这么做了，所以这么多年来一直维持着。

他说：“佛说，人生本身就是痛苦。”他夫人“总算熬到

尽头，也可以说是苦修完成了”。其实他是与她一同完成了“苦修”。此时我完全理解他说“我们承受的可能比一般人要更多更重一些吧”的心情。我想，这就是生死之交啊！

中秋后我去看他，他把他出的新书和新近发表的文章拿给我看。之前在长沙已收到他赠我的《张恩和书文》，于是聊书和文、人和事。他聊师大往事，讲钟敬文先生、启功先生的故事，还谈到他调社科院研究生院的原委。告辞时他跟下楼，说送到后门口吧。路上他说：“我有时考虑是不是像钱理群一样住到养老院里去。好的养老院条件不错，贵是贵一些，经济上倒不算大问题。不过也有诸多不便之处，起码朋友相聚就很难了，最主要的是很难想象要舍弃自己的老窝。当然这事还没到提到议事日程来的时候，但最后总要走到这一步的，这是自然规律。时光很快，一晃就过去了。前几年还没有感觉，一过80就不一样了，有时不免想到这个问题。”我谈了我的看法：“我觉得还是找个保姆在家好。”那时他只请了个钟点工。“可以请一个长工。现在当然不需要。到90岁以后，只要自己头脑清醒，能够指挥人，不必去养老院。况且北师大地理位置这么好，校园环境得天独厚。”走到校后门，话就结束了。平时谈笑风生、诙谐风趣的他，像这种低沉的交谈，我印象里就这一次。

平时他的确是一个很有趣的人，与他聊天总是很开心。有一次聊到多年前孔子铜像事件。我说把一个硕大的孔子铜像竖在天安门附近长安街边实在不伦不类，确实有碍市容。他告诉我去年孔夫子铜像据说被当地居民砸烂了，原因大概与孔夫子铜像有碍景观差不多，运气却没有孔夫子好，因非政府行为似也无从追究；此事传媒开始时高调跟踪报道，被砸后哑了，无下文了……

我说："从美术的角度看并不可惜，人们必定不会容忍这种无艺术价值的东西长期刺激公众眼球。"

他说："罗丹把巴尔扎克塑成了一个赤身裸体像，却丝毫不损巨人形象。"

我说："是啊。不过，如果把孔夫子塑成裸体像呢？"

他说："我看不到半裸（半成品）就会砸了，无须全裸。其实构思时就会毙掉，胎死腹中。"

我们颇为开心，仿佛真有其事一般。

《鲁迅研究动态》杂志是启功先生题签，改刊名为《鲁

迅研究月刊》后“鲁迅研究”四字原来仍保留启功墨迹，“月刊”二字则用印刷体。从装帧上看这是一个缺陷。

一次我问恩和先生：“您的字很像启功的字，假如当年请您补写上‘月刊’二字，能不能够乱真？”

“我跟你说，还真可以。”他知道我是就临摹而言，用不着谦虚，说：“有过之而不及。”

“就是比启功还启功啰。”

他笑着点点头。那样子好像问：“你能造假吗？”

有时也聊些网上的俏皮话。

“老人有五老，晓得吧？”他问我。

我摇头，说：“好像听人讲过，不清楚，愿闻其详。”

“一，要有老窝，就是要有房子，有自己的住宅。”

“哦，就是要有一个寿终正寝之所吧？”

“不错，就是这意思。”

“那第二老呢？”

“二是要有老底。”

“这怎么讲？”

“就是要有经济基础，有积蓄，有本钱，要有足够的养老金。这就叫有老底子。三是有老伴。四是……"

后面的我记不清了，他一口气说完，并作讲解。现在我也只记得这三老。他问我五老是否齐备，我表示还差点儿老底，仍须努力。

越剧《孔乙己》刚上演时，他问我看过没有。我说没看，但已看到介绍了。我表示不赞成这么改编，我认为这对原著损害很大。他说："我看了，觉得不错。开始我也是持怀疑态度，看过之后倒觉得还是有意思的。"我说："这么改编就不是鲁迅作品了。"

他说："这个戏肯定会有争议。我也并不是说如何如何的好，只是觉得有意思，可以看一看。改编名著要有所突破，不妨多一些尝试，越剧《孔乙己》就是一个大胆的尝试。西方名著也不乏改编得很离奇的。"

我因为没看过这个戏，没有发言权，就没有继续讨论了。当时我觉得他的看法有些奇怪，怎么会对这么一个"荒诞剧"感兴趣。我曾看过越剧电影《祥林嫂》，觉得比电影《祝福》好，以为改编就应这样。

这是10多年前的事了，因印象比较深，所以一直记得。

不久前在电脑上忽然搜索到三集越剧电视剧《孔乙己》(2003年拍摄)的录像，便想到当年恩和先生的介绍，当时即一口气看完了。我注意到剧名字幕写的是“取材于鲁迅《孔乙己》等小说”，才知道原来并不是根据一篇小说改编，而是吸取鲁迅诸多作品中的一些元素进行组合再创作的，不过主角用了孔乙己的名字而已。既然并非鲁迅作品，又没署据鲁迅小说《孔乙己》改编，这就不存在我所要质疑的问题了。我不懂戏曲，无法评价这个故事新编剧，但现在认同恩和先生说的意见，这个戏是一个大胆的尝试。

恩和先生在《鲁迅研究月刊》上发表的文章，我印象最深的是《鲁迅的初恋》(载月刊2007年第8期)。这个题目就具有探索性和挑战性。我记得在同一期封页内还发表了画家裘沙、王伟君夫妇表现这个题材的绘画，画中的少年鲁迅与表妹琴姑就如同宝玉和黛玉一般俊秀靓丽。恩和先生说他的这篇新作花了些心力，觉得有点新意才愿意拿出来发表。显然他愿意听听作为第一个读者的意见。我说最有新意的是对于《自题小像》的新解意译。于是我念一句原诗，又对照读一句他的翻译：

灵台无计逃神矢，

［我的心实在躲避不了丘比特的神箭，心中一直把她（琴姑）挂牵；］

风雨如磐暗故园。

［故乡还紧张地在为我安排婚事（朱安），真的是雨骤风狂，夜气如磐。］

寄意寒星荃不察，

［我把心意告白于寒空的星星：他们（母亲及亲人）又是那样地不理解我；］

我以我血荐轩辕。

［我只能不管个人的事，决心为祖国把鲜血和生命贡献。］

他说：《自题小像》普遍理解是一首抒发爱国情怀、表达政治理想抱负的诗，过去自己的研究和教学都是这么解析的。但诗无达诂，诗无定解，还有别种解释认为这是一首表达失恋苦闷情绪的爱情诗。既然鲁迅母亲曾经与琴姑父亲（鲁迅的小舅舅）有过提亲议婚的事实，而《自题小像》正是写于废弃前约重订婚事之时，诗的开头又是用了一个爱情

典故，如果沿着这个思路去分析解读是否会更接近事实，更切合鲁迅的心思呢？

恩和先生对于史料的论证以及对作品《阿长与山海经》《在酒楼上》的细致分析都是有力的，很具启发性的。我希望这个被湮灭了的暗恋得到学术界的认同。虽然对于这首诗我依旧偏于政治意义的解读。他说："这当然是一种理解，一种阐释（按：指传统解读），不应该也不必要对之采取否定态度。"可见恩和先生也认为两种阐释是应该并存的。

2019 年是恩和先生生活节奏极快的一年。下面是我微信里留下的他的部分活动印迹。

4 月 23 日接到他的短信，说："今天在山西省长子县干部大会上作学术报告。"我很奇怪，问："县干部听得懂学术课吗？是讲党史还是讲文学？"他说讲"五四新文化运动的发生及伟大意义"。

"哦，这确实很有近代史普及教育意义。这个县衙很有水平，竟然邀请到了您。"因我去过平遥，便问这个县离平遥远不远。

他说："离平遥远，在晋东南。我明天去太原，后天从太原回京。这次到长子，是我一个老学生（北师大 1966 届毕业，早年分在长子工作，1990年调到太原师院，与长子一直有联系）邀请我去的。1965年我曾在长子邻县沁县参加四清，也想趁机重访旧地。”

我说：“原来有此渊源。说到太原师院，最近我在《太原师院学报》发表了一篇文章《我编〈多余的话〉》，也是别人约的。”他马上回了一个微笑表情，并连举两个大拇指。

我想他这次去山西有一些日子了，之前一定还去了曾经参加四清的沁县，旧地重游。一路劳顿，回北京后必定会歇一阵子。然而不久他又到南方去了。5月24日收到他发给我的在无锡惠山古镇等地参观游览的照片。6月25日收到他下一站的照片及短信：“我现在江西官山国家自然保护区小住，也小尝到自然景观，今与你分享。”可惜这组微信照片和录像当时没有保存，已打不开了。7月（大概中上旬）他转回北方，去山东威海参加“郭沫若与新中国”学术研讨会。当月26日竟又收到他从云南建水县发来的信息：“昨晚在建水。”并看到他在强英良先生家作客的照片。英良兄多年没见了，见到照片颇感亲切。我没问他去云南参加什么活动，但可以肯定访亲会友不过顺道，不然不至于匆匆从山东黄海之滨飞往云南边陲之地。

10月17日收到他的山中题照：“身在深山绿水中，远离尘嚣忘忧翁。”看着照片便想到他说“有机会能和你湘西一游，亦为人生快事”的话，心里便一紧，不由自问：何时才能兑现邀他湘西一游的承诺呢？明年吧。我想，明年一定选个合适的时间邀请他来，说不定还可以组织一个文学和书法讲座呢。

……可他说何须待明年呢。……一天果然他就乘高铁从南昌赶来了。我陪同他游览岳麓书院，在青翠的庭院里他饶有兴致的指点书院的匾额楹联。他说上世纪90年代曾来此地，承蒙颜雄先生招待，但那次因行色匆匆没多留意细心观赏，今番到此没想到还这么让人流连忘返。我说隔江而望的城南书院本也可一观，可惜……话没说出，便一觉醒来，眼前的场景随梦而逝。我真无法想象他已不能等待明年；可是现在，却已清楚地知道从此以后我与恩和先生就只能寄托于梦中的神游了。

2020年2月记于长沙

总思先生音容貌

——沉痛哀悼张恩和先生

· 杨剑龙

著名学者张恩和先生不幸于2019年11月10日晚因脑溢血逝世，享年83岁。张先生在学界严谨治学，堂堂正正，声名远播。张先生江西南昌人，我在江西师范大学求学任教多年，与先生有亲和感，与先生有多次接触，为先生的去世甚感悲痛，拟此诗表悼念之意。

秋叶飘零传噩耗，
先生仙逝云亦嚎。
谦谦君子是楷模，

诲人不倦成妖娆。
研究鲁迅铸经典，
评说小川建高标。
再听深山鹧鸪声，
总思先生音容貌。

（张恩和先生有学术著作《鲁迅与许广平》《鲁迅与郭沫若比较论》《鲁迅旧诗集解》《鲁迅诗词解析》《郭小川评传》《深山鹧鸪声》等。）

2019年11月11日于沪上

悼念正直儒雅的张恩和先生

· 黄大地

去年 11 月，突然得知张恩和先生去世的消息，深感悲痛，同时又十分惋惜。太突然了，因为一个多月前我们还和师大其他一些老校友在师大北头儿的白鹿餐厅一起欢聚过一次呢。他虽然已是 80 多岁的人了，可是没有一点老迈的样子，言谈举止完全像一个 70 岁左右的人，怎么说走就走了呢？

说起来我跟张先生也算是忘年交了，他要年长我十六七岁，也算是长辈了，但他总是把我当小老弟看，从来不摆长辈的架子。我之所以能和张先生有缘，主要是因为他思想解放，比较聊得来。我编写家父黄药眠的文章需要材料，他慷慨地向我提供了“反右”时北师大中文系学生办的文艺刊物《蓓蕾》，上面有郭沫若寄来的贺信和家父撰写的发刊词，

以及其他许多材料，包括当年大学生办的油印刊物《底层之声》和中文系著名学生严景煦的发言等，都让我十分震撼。

这些年网络信息发达了，张先生也和我建立起了微信联系，我和张先生之间总会有最快捷的“小道”信息交流，并时时发表评论。正是这种思想感情的交流，使我和张先生走得越来越近了。

去年9月底，有一个师大的老校友，师大物理系六四届的赵惠中先生从上海来京，他也是《师劫》的作者之一，大家想借此机会聚一聚。《师劫》的主编丛立新女士把民刊《记忆》的主编启之先生和原师大中文系的方延曦先生请来了，我把张先生也请来了，我没对他说都有谁来，只是说有一些老校友他也可能认识，张先生二话没说就欣然答应了。那天我还把当年头一个给林彪贴大字报反对搞个人崇拜的伊林、涤西中的涤西——张立才等人也叫来了。大家在一起聊得非常高兴。没想到张先生跟方延曦先生早就认识，还没等我介绍，他们自己就已握上手了，张先生握着方先生的手就说，那会儿你还给我做过一个小木匠活儿呢！要知道那个时代，大家生活都很困难，能给别人打个家具已是很大的事情了，方先生当时确实会木匠活儿，但他给人做的活儿太多，自己也记不清了。总之他们俩坐在一块对当年那些事是越聊越热乎。席间有人提议为《师劫》的出版举杯庆贺，也有人提出《师劫》是否还能再出续集，因为毕竟北大、清华关于“文革”的书已经出了好几本了。我说我还能再写几篇文章，方延曦先生则说当年师大造反兵团的好多事他都曾在幕后参与，但因他出身不好，所以他没有出头，而是让王颂平出头，说他也可以从他们的角度来写一写。后来，我就问张先生，我说，张老师，您是中文系的老人了，对师大中文系的旧事如数家珍，可算是中文系的活字典了，能不能也写一写？即便从自身经历的角度来写也是很有意义的哦！张先生听了微笑着点了点头，说，看看吧，这意思似乎是同意了，但又似乎是说，我再想想看，或者是，我先写写看，总之没有拒绝我们……

那天餐后大家愉快地在白鹿餐厅门口合了一个影，但没想到这竟成了我们同张先生的绝照。张先生您走得太急了！关于“文革”时期的回忆文章没能及时写出来，这的确是我们的一大遗憾和损失，甚是可惜！

正直、儒雅的张先生，您一路走好！

如师如父廿八年

——追忆恩师张恩和先生

·王　强

在我既往的人生当中，2019 可谓是一个不祥之年。说它“不祥”，主要是因为在这一年里，我竟先后痛失了几位师友，特别是失去了可亲可敬的恩师张恩和先生。

我是 1992 年 9 月到恩和师门下做访问学者的，从那时起，到他 2019 年 11 月 10 日在京病逝，我跟他总共学习和交往了 28 年，受到他 28 年如师如父般的关爱和教诲，并从他身上学到了很多做人与做事的原则和道理。

记得当年到京不久，中国社科院近代史所的丁守和先生便邀我加入了由他具体负责的《瞿秋白文集》（政治理论编）

编辑小组，让我具体承担该文集第5卷的编辑任务。当时，由王士菁先生负责的《瞿秋白文集》（文学编）总共6卷，80年代末就已由人民文学出版社全部出齐，而由丁先生负责的该文集“政治理论编”总共8卷则由于各种原因而进展缓慢：除1、2、3、7四卷已出以外，其5、8两卷实际上还尚未编辑。为此，守和先生甚是着急。

然而，如果接受了丁先生交给的任务，那就意味着我跟恩和师访学的时间将被严重地挤占，甚至会使“访学”变为“干活”，这是我和恩和师都始料未及的事情。当时，恩和师听了我的汇报以后，稍加考虑便以“大将”乃至“元帅”的口吻告诉我说：“这是好事啊，应该去干！不要说瞿秋白的事情应该去干，而且这也是你访学的课题‘鲁迅与中国左翼文人’中的重要内容之一呀！”然而，恩和师当时没有想到的却是：他这一大度而灵活的“恩准”，却使我从此便开始了在中共中央文献研究室、党史研究室、中央党校、中央档案馆、中国革命博物馆、人民出版社和中国人民大学等单位与机构间的辗转奔走，并使我的学术兴趣和研究领域，从此便由“中国现代文学”基本上转移到了中共党史和国际共产主义运动史上。

后来，1995年6月中旬，我到北京开“瞿秋白就义60周年纪念暨学术研讨会”期间，中共中央于6月18日在人民大会堂江苏厅召开了“纪念瞿秋白英勇就义60周年座谈会”。会上，我所编辑的《瞿秋白文集》（政治理论编）第5卷，由于收录的都是瞿从1927年“八七”会议到1928年中共“六大”结束期间的著述，也就是说，都是瞿在中共最高领导岗位期间的著述，所以便被作为唯一的“纪念礼品”发给了与会的全体人员。该纪念座谈会规格很高，出席者中不仅有中共中央政治局的两位常委和党和国家好几位“副国级”的领导人，而且还有两三位战功赫赫的开国上将。至此我才突然明白，人民出版社出什么书和什么时间出书，都是跟其他出版社不一样的，其中最为重要的一点，就是“政治纪律”的考量。

跟恩和师访学时经历的另一件难以忘怀的事情，就是参加郭沫若诞辰100周年的一系列纪念活动。

郭沫若是新中国地位最高的文化巨人。1992年11月2日是郭的百岁生日。按照规定，中国社科院等相关部门，当时在京举办了一系列的纪念活动。由于恩和师和黄侯兴老师都是“纪念郭沫若诞辰100周年国际学术研讨会”会务组的成员，故我虽然没有提交参会论文，却也得以参加了这次会议。记得出席讨论会的大约100位中外学者分别来自20多个国家和地区。其中，给我印象最深的境外学者就是俄罗斯、法国、越南、韩国、日本以及来自宝岛台湾并有“台湾的郭沫若”之称的尹雪曼（光荣）先生。来自俄罗斯的一位先生在苏联解体前也曾是国家科学院的主要领导，不知是国家的改变给其命运和地位带来的改变过于巨大，还是由于其他原因，他在会上发言时竟激动得几次抽泣哽咽，以致几乎讲不出话来，给全体与会者颇为不小的刺激。来自法国的瓦格纳先生身材高大而风度文雅，他的发言主要是把新中国以来郭沫若和田汉的剧作加以比较，并以此区分两位剧作家人格的不同，给我的印象亦非常深刻。

除了大会，研讨会还按“文学”和“历史”安排了分组研讨，以便让更多的出席者能够有各抒高见的机会。此外，研讨会还安排观看了两场纪念演出：一是由中央六大文艺院团联合献演的歌舞晚会，一是北京人艺为此次纪念活动而专门排练和演出的郭沫若代表性剧作《虎符》。两场演出的场面都非常震撼，尤其是瞿弦和先生的主持和朗诵，以及陈小艺扮演的如姬夫人，给我留下的印象更深。

开会和观看演出之外，此次研讨会还安排与会者参观了北京的郭沫若故居和宋庆龄故居，位于北京前海西街的郭沫若故居，原是新中国成立后为宋庆龄安排的临时住地，宋搬走后才分配给郭居住。1992年郭诞辰100周年时，其故居虽已作为纪念馆对外开放，但宋庆龄位于北京后海的故居却依然是保密的地方。所以，当时能到宋的故居实地参观，大家无不心情激动。而参观之后，大家更是感慨良多。有人甚至当场就私下里表示：如果能让自己也享有如此的政治待遇和生活待遇，自己也会百分之百地拥护新社会的，而且也决不会有任何的不满之言。

根据安排，此次研讨会最后一项活动，就是到中南海怀仁堂参加中央为郭诞辰100周年召开的纪念大会。而且，在代表们抵京报到的时候，就分别领到了各自的邀请函和入场券。并且那装有邀请函和入场券的每一个信封都是恩和师用秀气的小楷行书分别写上各位代表的尊姓大名的。然而，计划赶不上变化，当时由于要在纪念大会上代表中央发表讲话的中央领导人突然到三峡那边视察即将上马的三峡工程去了，故郭的纪念大会因此而延期，而且开会的地点也由原定的中南海怀仁堂改成了位于北京西城的全国政协礼堂。如此一来，许多外地和境外的代表，便失去了出席纪念大会的机会，只好带着遗憾而各自打道回府了。而我则由于“有条件出席会议”，便再次领到了开会的入场券并如期出席了纪念大会，且因此而有了宝贵的见闻和更多的感慨。

1993 年 7 月，按照规定，我跟恩和师“访学”的任务已经完成。而且，中国社科院研究生院也如期给我颁发了“国内访问学者证书”。但是，由于瞿秋白的原因，我却未能如期离京，而是在北京度过了一个炎热而紧张的暑假。

离京之前，我带着匆忙中编就的《瞿秋白文集》（政治理论编）第 5 卷的底稿首先去跟丁守和先生汇报和道别，告诉他我在中央档案馆查档时虽然又发现了新的线索，可以追索到更多的瞿秋白的讲话或文稿等等，但我本人是没有条件继续干下去了，只能算是带着遗憾地完成了他所交给我的任务。然而丁先生却没有怪我，而是对我表扬了一番，并安慰我说：“天底下哪有多少十全十美的事情？很多都是带着遗憾的。”

从守和先生家出来，我接着又赶到恩和师家里去跟恩和师和师母道别。饭后临别时，恩和师又对我说了一番勉励的话，并把为我写好的一幅墨宝赐给了我，从此，我便非常荣

幸地成了他认可的“学棣”。

由于成了恩和师的“学棣”，所以从那以后，除去开会，我每次到北京出差办事，都选择住在北师大内部或者是附近的招待所里，以方便看望和向恩和师讨教。交往多了，我更加发现了他老人家随和而又刚正的人格美德，并受到他更多更深的教诲和影响。

成了恩和师的弟子以后，恩和师也曾多次来过我校。我大学时的老师吴奔星先生也是北师大中文系毕业的师大校友，所以老爷子跟恩和师之间也有着特殊的关系和称谓，我大学时的老师李圆生老师既是恩和师在北师大的同班同学，她小女儿又是我大学时的同班同学。加上又有了我这位弟子，所以恩和师对于我们学校，自然也给予了更多的关心和支持。

最近几年，由于我也走下了三尺讲台，所以便陪伴恩和师多走了几处地方。去年 10 月 31 日晚上，由于苏州大学的汪卫东教授委托我向恩和师落实一下，看他是否能够如约出席即将在苏大召开的一次全国性的鲁迅学术会议，我跟恩和师通了最后一次电话，并相约于 11 月 13 日一起去苏州开会。万万没想到仅仅隔了一天，恩和师便突然出了问题，并于 11

月 10 号晚上，走完了他 83 岁的人生。

我曾多次跟家人谈起，说恩和师为人随和大度，性格开朗，而且既不抽烟，也不喝酒，没有不良嗜好，加上又喜欢写写书法，所以，活过 100 岁应该是不成问题。对此，我也当面跟恩和师讲过。记得有一次在无锡，恩和师见我食量惊人，而且酒量也可以，便跟我开玩笑说："你们说我能活一百，照这样子，你小子少说还不得活一百二吗？"然而，我怎么也不会想到，他老人家竟这么突然地"走了"。所以，去年 11 月 16 日上午在北京八宝山殡仪馆送走恩和师之后，我至今仍未能从这一悲痛中彻底走出。我只能祝愿他老人家在他现在所在的地方，依然能是快乐地生活，幸福地度日，并不时地发出爽朗的笑声！

2020 年 6 月 24 日写毕于徐州

从两张照片说起

——怀念张恩和先生

· 刘福春

2019 年 11 月 10 日张恩和先生突然离世，这不幸的消息是第二天李怡告诉我的。我马上用微信给张先生的女儿张洁宇发了短信：“洁宇：突然收到不幸的消息，真是不敢相信。我和徐老师本想给你打电话，又怕你不方便接。李怡把情况告诉我了。信不用回，请多保重。”洁宇还是马上回了我：“谢谢刘老师徐老师！”徐老师就是我夫人徐丽松，她与洁宇也很熟。

今年 1 月初，洁宇转我一份约稿函，说她爸爸的一个学生要编一本纪念文集，希望我写一篇文章，我一口答应了。

马上答应的原因和洁宇约我写文章的理由是一样的，洁宇是我 20 年来走得最近的好友，而和她爸爸更是已有 40 年之久的故交。我和张恩和先生相识于 1980 年年初，他叫我小刘，我称他老张。他叫我小刘和其他人不大一样，别人是“刘”拉得长，他是“小”字多了一拍儿。这样的称呼想想都十分温暖，可近些年如此喊我的越来越少，如今又走了一位。我称他老张这在当时是的标准称呼，不像现在见面就称老师。这次写这篇文章为显得郑重改称先生，也是对故人的尊重，我想他听到了也会理解。

40 年的交往，可写的往事真还不少，可到底从哪写起，写哪些更有意义，却一直没有想好。不久我从成都返北京，没想到几天后疫情突发，被困在了家里，除了买菜去过几次附近的超市就没敢出过家门。计划全部改变，加上疫情的压抑，心里总是静不下来。为找点事做也是为了逃避，我把没有带到成都的几大包旧物翻出来，开始一点点整理。一天，一包老照片中的两张旧照让我眼睛一亮，这就是 1980 年 5—6 月间唐弢先生南方之行的留影，张恩和先生也在其中，我一下有了写作这篇文章的思路。这次南方之行，不仅事关张恩和先生，也事关唐弢先生，事关唐先生的《鲁迅传》，应

该有些意义。为把事情说得清楚，我利用网络资源查找相关信息，所获多是零散的讲述，完整的记录没有发现。张恩和先生回忆唐弢先生的文章没有谈，《唐弢研究资料》等书中的《唐弢年谱》也失记，这让我更觉得有写一写的必要。

需要说明的是，唐弢先生与张恩和先生的这次南方之行我并没有参加，但和我却有很大的关系，否则我也不会得到这两张照片。也就是这一次的南方之行，开始了我到文学研究所的第一项工作，也开始了与张恩和先生的 40 年之交。为了叙述准确，我将我 1980 年的流水账式的日记翻出，事情就从我吉林大学毕业后去文学研究所报到说起。

我是 1980 年 2 月 28 日到中国社会科学院文学研究所正式报到的。3 月 12 日分配到现代文学研究室，第二天现代文学研究室主任马良春和我谈工作，让我给唐弢先生当助手。我和唐弢先生第一次见面是 3 月 19 日，在文学研究所，谈了一些工作情况，我送唐先生回家，顺便认识了家门。这之后唐弢先生交办的第一个工作，就是到北京师范大学联系张恩和先生协助唐先生工作一事。3 月 22 日下午，我带着唐先生的信去北师大中文系见到了杨占升先生。查社会科学文献出版社 1995 年 3 月出版的《唐弢文集》第 10 卷，其中收有

1980年3月21日唐弢致杨占升的信，应该就是我带去的那一封。信的全文是：

占升同志：

多日未见，深以为念。

关于张恩和同志的事，我问了文学所政工组，说师大的信，至今没有收到。王平凡同志病了，进了医院，也不知是不是他个人收了没有交出（政工组认为不大可能）。此事烦您再了解一下如何？

如无问题，我想于三月底四月初，邀集张恩和、罗慧生、张晓翠及新来的大学生刘福春四位同志一起开会，商量传记进行之事。我近来身体极坏，绞痛频繁，而今年任务又重，非抓紧不可。

匆匆

敬礼

唐　弢　80.3.21

信中“关于张恩和同志的事”一语有注为：“指北师大中文系选派张恩和到唐弢那里半工作半进修一事。”实际上

进修只是一个名义，主要还是协助唐弢先生撰写《鲁迅传》，也就是信中说的“传记”。唐弢先生撰写《鲁迅传》的准备很早就开始，正式成为他的一项研究课题是在1970年代后期，1981年列入国家社会科学研究“六五”规划的重点项目。当时协助工作的有信中讲到的罗慧生和张晓翠，罗慧生是许寿裳的女婿，张晓翠与我同在文学研究所。我给唐先生当助手也主要是做这方面的工作。

我去北师大办事，当天的日记所记是“很顺利”，于是很快就进入了工作。4月7日我给张恩和与罗慧生二位先生写信，寄去了《鲁迅传计划草案》，紧接着就是筹划去绍兴等地考查一事。5月8日上午，唐弢先生召集我们到家中，这也许就是唐先生在致杨占升信中说的“想于三月底四月初”邀集我们四人一起开的会。罗慧生和张晓翠二人是否都参加了已经不记得，张恩和先生出席是一定的，这也是我们第一次见面。开会讨论的是撰写《鲁迅传》和去南方考察这两件事。最积极的应该是我了，当天下午我就写成了一份经费申请报告，晚上送到研究室主任马良春家。5月12日所里开会研究，结果是要减少一个人，原因是经费紧张。我年轻，又是刚刚参加工作，被减掉的只能是我了。

南方考察的第一站是杭州，乘坐的是火车，但四人不是同时出发的。罗慧生我是15号晚上送去的火车票，张晓翠出发是17日，我送的站。唐弢先生与张恩和先生同行，确切的时间我的日记失记，查到的资料中也没有线索，估计是18日。

唐弢先生一行在杭州考察的情况不是很清楚。据《唐弢文集》第10卷，1980年6月15日致谷斯范信中有“杭州站匆匆一面”，1980年6月12日致张颂南信中说：“此次到杭，弄得你们三位天翻地覆，感激之至。”谷斯范为中国作家协会浙江分会副主席，张颂南是杭州大学中文系老师。至于另外两位，书信没有注明，我想应该有郑择魁，他也是杭州大学中文系的老师，与唐弢先生多有联系。

唐弢先生等4人是5月24日到绍兴的。绍兴鲁迅纪念馆的裘士雄作为主要接待者，在《名人书简一束（三）》一文中记述了4人在绍兴的考察活动。此文发表在上海鲁迅纪念馆编的《上海鲁迅研究》2015冬卷，上海社会科学院出版社2016年3月出版。裘士雄讲：

> 我们有幸接待唐弢先生是1980年，他的绍兴之行是为纪念鲁迅诞生100周年和创作《鲁迅传》做

准备的。5月24日，他与张恩和、罗慧生（许寿裳之小女婿）和张晓翠等4位先生莅绍，在本馆池边的几间清静的小平屋小住了几天。我们陪同唐弢先生一行考察访问了安桥头、皇甫庄、小皋埠等地。江浩、崔琴华等绍兴地、市文化局领导来馆看望唐弢先生一行，又一起邀请鲁迅的族弟周锡三、表侄女郦玮珍和陈惟于、朱仲华、沈定庵、阮庆祥、梁大中等鲁迅亲友，“老绍兴”参加座谈，内容比较宽泛，有商议鲁迅诞生100周年纪念活动，有关于鲁迅文物资料的征集、陈列和研究，也有根据唐弢先生的提问和启发，谈鲁迅生活年代的风俗习惯，重大历史事件、人物等。唐弢先生也是浙东人，老家镇海离绍兴不远，他对浙东的民俗风情等是相当了解的（如堕民等），但他听得很认真，不断地记录，给我留下了深刻的印象。在绍期间，唐弢先生两次应邀为我馆举办讲座，除了介绍海内外鲁迅研究动态、信息外，他现身说法谈自己学习、研究鲁迅的心得体会。当时，我馆新进职工较多，唐弢先生自学成材的经历给了大家很大的启发和鼓励。

裘士雄的记述很详细，但文中所讲“绍兴之行是为纪念鲁迅诞生100周年和创作《鲁迅传》做准备”不是很准确，就我所知，此行与纪念鲁迅诞生100周年没什么关系，目的只是为了撰写《鲁迅传》。此外，文中将张晓翠误写成了“张晓萃”。

5月28日唐弢先生写信给我，信中说：“我到杭州后曾给家里去过一信，要我的孩子打个电话告诉你，我们日程紧极，不能给你另外写信。我们于24日从杭州来到绍兴，日程仍然排得很紧，但看目前情况，可能还要住几天，并顺到附近地段一行。因为有些材料，互相牵连，也许回程须从宁波转上海回京，在那两地访问几个有关的人（知道鲁迅早期生活的人），才能完成此行任务。”唐先生4人到宁波是5月30日，《宁波师专学报（社会科学版）》1980年第1期曾刊出署名劳力的简讯《著名学者、作家唐弢来我校作学术报告》，记录了在宁波的活动，全文如下：

> 我国著名学者、作家唐弢最近因公来浙江。我校学术委员会特邀请他举行学术报告会。唐弢同志等一行四人，于五月三十日由绍兴抵达宁波。

三十一日上午即应邀来我校作报告。唐弢同志从明年是鲁迅诞辰一百周年，国际友人都极为关心我们的纪念活动说起，围绕“研究鲁迅、纪念鲁迅”这个中心，介绍了当前国内外研究鲁迅的动态；并就鲁迅研究中的一些问题，提出了自己精辟的看法。同时，还就目前国内文艺界争论的一些问题：政治与艺术的关系，现实主义等，联系鲁迅研究作了扼要的、深入浅出的论述，指出早在三十年代，鲁迅先生就对这些问题作了很好的解决，还在创作实践中树立了光辉的榜样。唐弢同志最后强调：研究鲁迅应该从根本问题着手，要实事求是，合乎科学。

唐弢同志的报告给与会者以深刻的启发和教育，有力地推动我校的教学工作与科学研究，受到文科全体师生和到会同志的热烈欢迎。

参加这次听报告的，有宁波师范专科学校中文系、科全体师生及宁波、镇海、鄞县、慈溪、余姚、奉化、宁海、象山等市县部分中学语文骨干教师。中共宁波地委宣传部副部长徐峰、宁波师专党委书记戴竹馨、副校长赵帝江、徐季子等也参加了听讲。

三十一日下午，唐弢同志由徐季子等同志陪同，探望了阔别五十多年的家乡——宁波市北郊公社畈地唐大队。他对故乡社会主义建设的新面貌，感到非常高兴。六月一日，他参观了我国有名的现代化新港——北仑港建设工程及著名古刹天童寺。六月二日，唐弢同志结束了在宁波的工作，乘轮船离甬经沪返京。

这篇简讯不但有助于了解唐弢先生一行在宁波的考察情况，也让我确认了所保存的两张照片拍摄的具体地点和日期，从照片的背景看，是宁波北仑港不会错，时间就是6月1日。

唐弢先生一行6月2日乘船离开宁波去上海，在上海应该是去了上海鲁迅纪念馆。1980年6月12日唐弢致张颂南的信说："我经过上海，又被迫揽了一大堆工作。主管鲁迅纪念馆的文化局副局长方行同志，计划明年出6种有关鲁迅材料书籍（包括重印《自由谈》全部在内），全部要我作序，我坚决谢绝，还是被迫接受了两种。"

6月6日唐弢先生与张恩和先生乘飞机从上海返回北京，

我去机场接机。洁宇说，这应该是她爸爸第一次乘坐飞机，而我第一次乘飞机也是陪同唐弢先生，那是一年之后了。

唐弢先生 4 人的南方之行应该是很有收获。6 月 11 日，唐弢先生又一次召集在家中开会，研究撰写《鲁迅传》问题。张恩和先生、罗慧生先生和我参加，中午唐先生还在家招待我们吃了午饭。至此，南方之行考察活动结束，《鲁迅传》的写作开始进入了另一个阶段。

1983 年，为了更好地协助唐弢先生工作，张恩和先生由北京师范大学正式调入中国社会科学院，但没有到文学研究所，是去了研究生院。1984 年我因为种种原因，不再做唐先生的助手工作，因此与张恩和先生的联系就不再那么密切，然而有些学术的会议还是一同参加的。1997 年，我们一起去徐州参加中华文学史料学学会年会。一天晚饭后大家来了兴致到歌厅，张恩和先生的一曲俄罗斯歌曲《三套车》让我吃了一惊，而之后我才发现的他的书法才能更是令我钦佩。可惜我一直没有开口求得一张墨宝，觉得以后机会还多。没想到的是，一向说话慢声慢语的张恩和先生，这次走得竟是如此匆匆。

2020 年 8 月 19 日于成都

与恩师在绍兴饮黄酒

· 赵晓笛

我与张老师的师生缘，可以说始于绍兴，我从绍兴考入恩师门下；亦曾与恩师漫步绍兴城，同饮绍兴黄酒；在恩师指导下撰写《鲁迅与绍兴文化》毕业论文。每当有人提及绍兴，我就会回忆几十年前报考和就读恩师门下的往事，很自然的联想，且心中感动。

一、在鲁迅故居考研

1982年，我于北京师范大学本科毕业。按当时的大学毕业生统一分配制度，我被分配到江南文化名城绍兴工作。当年毕业生分配制度的一条所谓原则是：哪里来回哪里去。我

不是绍兴人，父母都在杭州，但从京城的角度看，分配到绍兴就算回到浙江原籍了。好在绍兴离杭州不远，再说绍兴是钟灵毓秀之地，人文荟萃之所，本人有意去体会一番绍兴文化。我分配去的单位是绍兴师专，属于大学专科，后来升为本科大学，即今天的绍兴文理学院。我在绍兴师专中文科任助教。应该说，绍兴是一座很有文化底蕴的城市，我喜欢在绍兴工作的日子；但为了学业继续深造，我还是打算考研回北京。

考研比较容易成功的是考回母校，我曾经想考北师大现代文学专业的研究生，但后来看到中国社会科学院研究生院招生简章，上面有张恩和教授招两名现代文学专业研究生的信息。我对学识渊博的张教授早有耳闻，入其门下是一大荣幸。另外，我对社科院研究生院也有所了解。中国社会科学院研究生院成立于 1978 年，是我国最早成立的研究生院。其最早开学时，尚未有校园，于是借用了北师大的教室和宿舍。我本科就读北师大时住的宿舍西南楼，就常见社科院研究生院的学长出出进进，其中一位还被师大聘任为我们的英文老师。张老师于 1983 年从北师大中文系调到社科院研究生院，第二年即开始招研究生，我很运气赶上了报考的机会。

记得1984年考研的情景，专业课考试在绍兴鲁迅故居内进行，考卷由社科院研究生院的两位老师随身带来绍兴，由他们监考并面试。张老师长期研究鲁迅，与鲁迅故居的领导颇为熟悉，而负责专业课考试的老师也与鲁迅故居的领导认识，于是借用了鲁迅故居内一间厢房作为考场，考生就我一人。

绍兴鲁迅故居，位于绍兴市内东昌坊口新台门内。祖居约建于1810—1813年，原为鲁迅家早年的住处。故居前面是一条街，街旁有一条河。当时，鲁迅故居不像今天这样修缮得那么新，故居还有些幽深的感觉。故居内作为临时考场的厢房，临近天井，陈设简单，光线不是很亮。我按监考老师的指示，打开封条，开始答题。试卷中好几道题属于鲁迅研究的范畴。笔试进行了3个小时，后来监考老师又进行了简单的面试，整场考试用了大半天时间。借鲁迅故居的光，我的答卷获得良好成绩，我有幸进入张教授门下，成为恩师早期的研究生。

二、恩师授课亲切而严谨

1984年初秋，我回到北京，进入中国社科院研究生院学

习。当时的研究生院已经从北师大迁出，搬到了北京西边沙窝一带。院部借用了北京十一学校的房子，研究生的宿舍则借用了解放军总政学院和总后学院的军营。我们这一届新生被安排在总后学院，该学院隶属解放军总后勤部。我们平时在总后学院与军人同吃同住，一起打篮球。有课时，则赶到社科院各研究所上课。文学系的公共课和我选修的课基本上都在建国门社科院大楼内上。而张老师的专业课，则一般是在张老师家的书房上。那一年，张老师招了两个研究生，我和师兄冯奇。每次张老师授课，就我和师兄两人听讲。

张老师的书房摆满了书籍，临窗的书桌上也堆着书刊。老师讲课时背靠书桌，面向我们两人，侃侃而谈。窗外阳光照射进书房，老师讲课时的音容和手势，显出大学者儒雅风范，才气横溢，神采奕奕。老师属于博学且健谈之人，授课时语言若江水滔滔，生动流畅，同时也注意与学生对话互动，传道而随时解惑，可谓“谆谆如父语，殷殷似友亲”，让学生感到十分亲切。

张老师教导学生的一个重要理念，就是做学问要讲究证据。他重视理论创新，要求学生与时俱进，大胆设想，争取多发表有新意、新观点的研究论文；但他同时也要求学生脚踏实地，提出新观点，必须有充分的经过考证的证据。他推荐学生选修现代文学资料学，多研读原始文献，注意考证，以掌握第一手资料，这样才能做到言之有物，论有所据。张老师的这种治学理念，是对北师大前辈大师学术传统的承传。老校长陈垣先生，是中国史学大家，与陈寅恪并称为“史学二陈”。他对基督教、佛教、伊斯兰教传入中国的历史研究，是中国近现代宗教研究的重要成果。陈校长在研究历史文献的时候，非常注重于研究目录校勘和工具书的使用，注重考证。可以说，文献学在陈校长的学术生涯中，占有重要的地位。他为近现代历史文献学的建立奠定了基础。他在版本、目录、校勘等领域的著作，成为我们研究中国古代文史的重要参考书目。后来北师大文史学科涌现的一批学术大家都继承了陈先生注重考证的理念，各有建树。所以说，做学问，重证据而不天马行空，是北师大的优良传统，我们从张老师的言传身教中深深体会到了这一点。

去张老师家上课的次数多了，与张老师的家人也就熟悉了。师母邹老师，是北师大中文系教授，古汉语学家，与张老师是北师大的同学，大学时代曾是跑步健将，在学校运动会上出人头地；而张老师则是埋头学习，公认的才子，两人

曾被誉为中文系的金童玉女，传为佳话。在当年政治运动频繁的时代，两人都远离“犯官儿迷的人”，而一心钻研学问，为中文系的前辈所称道。著名语言学家俞敏先生曾经在邹老师著《基础汉字形义释原》的序中肯定了这一对后辈的品行，并对两人在当时非常简陋、阴冷潮湿的住房条件下依然刻苦钻研学术的精神表示赞赏。不幸的是，长期的劳累和较差的住房条件，使得邹老师得了严重的类风湿病。还有一大不幸，是他们的儿子得了一种不治之症，需要定期打一种昂贵的针剂，医疗费用不菲。亲人患病的沉重一直压着张老师和这个家庭。然而，每次我和师兄到张老师家上课，看到的都是张老师和邹老师满面春风的笑脸，交谈的内容都是学术上如何如何，让我们弟子深感老师对学术的执着，对弟子的亲切关怀。让张老师宽慰的是，他的女儿小洁，聪慧懂事。当年初见时，还是个腼腆的小女孩，20 多年后见到时已经是北京大学博士、小有名气的人民大学教授了，她继承了张老师和邹老师的专家学者之路，是张老师的骄傲，有其父有其女。

三、与恩师在绍兴饮黄酒

绍兴是名副其实的中国黄酒之都，自古以来无处不酿酒，无处无酒家，不论城镇与乡村，不论达官贵人与市井小民，都与酒为朋。有人称之为一座浸在黄酒中的城市，十分形象。比较今天的新貌，上个世纪 80 年代的绍兴仍保留一些陈旧感。出了火车站不远，是一条河，河边堆满了酒坛，酒糟散发出来的味道，弥漫古城，既不好闻也不难闻，说不出的味道。绍兴的文化深厚久远，而香醇的黄酒则似乎可以看作绍兴文化的一种解释。

我曾经陪同张老师在这座古城的酒楼里品绍兴菜，饮绍兴酒。1986 年秋季，我们社科院研究生院 84 级文学系 10 多位硕士研究生赴外地实习，绍兴是实习的最后一站，实习的目的是参观绍兴历史上文学大家的故居，体会这些文学大家生活的文化和自然环境，实地感受文学作品与文化环境的关系。当时文化热初起，绍兴是文化名城，大部分同学没去过，于是选择绍兴作为实习的重点城市。同学们兴冲冲来到绍兴，游览会稽山水，瞻仰名人故居，感受兰亭流觞曲水，体会魏晋风度。碰巧，张老师出差绍兴，于是一天傍晚，我

陪同张老师漫步这座古城街道，浏览两旁略显昏暗的街景，黑白颜色的房子，幽深的河道，古老的石桥，典型的江南水乡景观。当街灯亮起时，我们选了一家临街二层酒家，在二楼靠窗位置选了桌子。酒楼是古色古香的木头建筑，虽然陈旧，但很有特色。绍兴菜多腌制的食品，如酱鸭、鲞、腌肉、酒糟醉鸡之类，味道很重，我怕张老师不习惯这类菜，就点了口味平常的菜，如笋、东坡肉、家常豆腐这类，自然少不了茴香豆和黄酒。古城河边、老桥老酒楼、若干戴毡帽的食客、味道浓重的绍兴菜和黄酒，特别的气氛下，不由得想到鲁迅笔下鲁镇的酒店和孔乙己：鲁镇酒店的格局，都是当街一个曲尺形的大柜台，柜里面预备着热水，可以随时温酒。孔乙己一到店里，就会给所有喝酒的人带来欢笑，他点两碗酒，要一碟茴香豆的样子，窃书不算偷的辩说，茴香豆的茴字几种写法，等等描写，很生动，也有感慨。我和张老师在老酒店就餐，也算是对鲁迅描写旧时绍兴酒店和普通人群生活的一种实地体验。

张老师酒量不大，但那天兴致很高，他一边品酒一边畅谈对绍兴文化、鲁迅及作品的见解；小酌几杯后，即满脸通红，话语更为洪亮。我当时已经在准备硕士毕业论文的提纲和收集素材，选题为“鲁迅与绍兴文化”。我借“现场”的机会向先生请教了几个关于鲁迅研究的疑难问题，和撰写毕业论文的注意要点。张老师一一作答，让我再次感受“师者传道授业解惑者也”的意境。

第二天，张老师继续去其他城市作学术交流。我们研究生在实习结束后返回北京，我特意给张老师捎上了一坛鉴湖牌黄酒。此后，我回浙江过年，返京时都会给张老师带上黄酒作为礼品。

岁月如梭，一晃已过去 30 多年，恩师已然驾鹤西去。在清明节之际，我仰望夜空，眼前浮现的是恩师栩栩如生的音容笑貌，依然那么亲切。我举起一杯酒，向先生致敬，并问先生：在天上学府依然不当祭酒，只传道教书？夜色默默，我不禁心中伤感。

2020 年清明节于北京

率然之笔　无累之心

· 孙　郁

2019 年年底，王得后先生来电话，告诉我张恩和先生离世的消息。记得恩和先生前几日还答应到苏州去，一同出席纪念鲁迅研究会成立 40 周年的活动，现在却天各一方，永失重聚的机会。想起熟悉的前辈在者日稀，很有古人所云“流年仅为一瞬”的感觉，除了无奈，复何言哉。

我这些年多病，很少去拜访熟悉的前辈。不见恩和先生已经有几年了，知道他的身体还好，总觉得还会有见面的机会。从朋友那里时常听到关于他的消息，偶尔能够在出版物上看到他的题字，都很亲切。老而不衰，趣亦本然，能够感到其晚年宁静里的惬意。

年轻的时候，读过他多篇文章。我上大学的年代，正是恩和先生这代学人思想最活跃的时期，他在北师大和社科院的口碑很好，一些文章被同行所关注。上世纪 80 年代来京工作，最早认识的前辈就有他。那时候我与高远东跟随王世家先生编辑《鲁迅研究动态》，他是经常来往的学者之一。印象里他与李福田、孙玉石、王骏骥、赵存茂、朱成甲等常常结伴而来。编辑部在鲁迅故居旁的西小院，王世家的家也挤在一边。他们的到来，院子里就热闹起来。最能侃的是李福田，有他在，别人不能插嘴。孙玉石与赵存茂不太说话，旁边敲边鼓的是王骏骥与张恩和两位。谈天中，关于时局的话题最多，其次是学界的趣事。言谈间，无所顾忌，出言不逊的时候也是有的。这个圈子里的人，是我见到的最率性的一族，他们指点江山，笑傲江湖的样子，像似带出了民国文人的某种风气。

王世家周围的朋友分布各地，有许多都很有风骨。比如王观泉虽是上海人，但通体是东北人的爽快，儒雅里也含豪气；孙玉石生于辽南，言谈却有江南才子的味道，那么喜欢与野性的朋友往来，说明内心带有六朝人的遗韵吧。来往中还有云南石屏的强英良，喜欢篆刻，考据文章写得颇好，样子也是不拘小节的那一种。天津的张铁荣温文尔雅，他的同

伴王国绶则敦厚老成，思想呢，自然也属于异端者流。恩和先生与这些人关系都很密切，彼此无话不谈，他们在一起的时候，很多的花絮，想起来都值得入《新世说新语》的一些章节。

我因之有了很大的感动。原来一些活跃的学者，都是有一点野气的，他们和呆板的报刊风形成对照，有蒸腾的热气在。那时候恩和先生行文既无理论腔，也非象牙塔语，乃个性精神的承担与发扬，每每有出格之音。他谈天的时候，思维较为活跃，有时候含有幽默的句子。慢条斯理中，讥世之语深深，又能蹦出笑料，说是温和的异端也并非不对。一般的鲁迅研究者，词语是紧绷的，蹙眉怒目的时候居多，他却不紧不慢，笑看着什么，散淡里透出冷思。文章也非排山倒海地呼啸而来，而是细流涓涓，曲直各显，不过也是滴水穿石，自有其内力在的。

近几日重读他的遗文，觉得七八十年代写下的文章，都可珍藏。那些文字乃清理极左思想的突围，反八股，讲人道，重个性，在他那里成为主要的调子。学术应怎样走，自己是有一把尺子的。那就是还是鲁迅所云的“尊个性而张精神”，建立为人生的人道主义的文学。1981 年问世的《鲁迅与辛亥革命》《论鲁迅早期“为人生”的文艺思想》，都是有很强的问题意识的文字，看得出其理解鲁迅之深。1985年，他写下的《鲁迅——伟大的反对封建主义的战士》与王富仁的博士论文的主题几乎一致，就是说，他与青年人一起，加入了新启蒙的合唱中。在王富仁、钱理群没有出现在人们视野之前，他与孙玉石、王得后等人的学术思考，已经拉开了学术转型的帷幕，虽然他们后来并不是学界最走红的学者。

改革初期走在学术前沿的人，多为政治风云里没有趴下的强者。他们能够脱颖而出，至少说明“文革”未能毁其精神，还保留了读书人的本色。恩和先生在回忆文章里说自己是一个思想散漫的人，反右时差一点跌入深谷。他和那些右派学者有天然的亲切感，黄药眠、启功、钟敬文落难的时候，彼此还保持着良好的关系。他后来参与到唐弢现代文学史的写作组，对历史的真伪有了明辨的目光。在其思想深处，知道应珍惜什么，唾弃什么。而那时候有价值的存在，正在一点点消失，他的焦虑和忧思也在文字里可以见到。在80年代能够果敢地参与思想解放的运动，也在释放多年被压抑的激情。他的学术思考，乃对于早期经历的反思，经由自己的经验，冷观民族的历史，使他的学术研究带有了浓厚的

个体印记。

因为有史的观念，看人看事，就不那么线条简单，解析作品，知人论世的时候居多。他的写作，宏大叙事甚少，注重细节的文字，见出他的卓识。早在上世纪60年代，他写的《对狂人形象的一点认识》，就已经让人刮目，说出了学界没有说出的文本内蕴。面对《狂人日记》，不是从内在逻辑里简单归类，而是从鲁迅知识背景出发，寻找精神的逻辑点。他认为《狂人日记》存有尼采《察拉图斯忒拉如是说》的影子。原因有多点，一是此小说写作前，鲁迅译介过《察拉图斯忒拉如是说》的序言，二是在主人公的自白里，带有相近的气韵：

> 尼采这篇著作，是“用箴言（sqnueche）集成”，鲁迅的《狂人日记》也是由“冷隽的句子”构成它的主要特色；这些句子概括凝炼，凌厉峭拔，使读者透过它的表面感到真理的闪光，从它深蓄的含义得到启发。

这是很重要的发现，作者的洞见中流动着情思，与鲁迅的文本搅动在一起，温情般扑面而来。那时候的作者才27岁，但鲜活的艺术感受力和反流俗的审美意识，犹如打开文本的一把钥匙。这种感觉，在研究郁达夫、郭沫若、郭小川时也表现出来。他对于材料的发现和细节的把握，都有个人的特点，也纠正了读书界某些流行的观念。

在诸多的研究中，他常常是热点之外的沉思者。他的《鲁迅旧诗集解》《鲁迅与郭沫若比较论》都不是当时学界热闹的题目，但从寂寞之地听到地底的轰鸣之声，也是他给读者带来的惊喜，有些文字也有改变风气的力量。在审美观念上，他没有王富仁、汪晖那代人新，但思考的问题和所得结论，有许多是彼此交叉的。他去世后，我才接触了他的几篇旧文，忽发现有许多卓识，是自己过去没有注意到的。就研究的方法与境界而言，他是那个年龄中最有水平的几位学者之一。在思想解放之初，不是靠理论的新打开精神之门，而是从文本的细节里，寻出新文学的亮点，在别人忽略的角落，看到存在的隐秘。

他在70年代末发表的《鸡鸣风雨　斗志弥坚——对鲁迅诗〈秋夜有感〉的理解》《谈鲁迅两首和屈原有关的诗》《〈湘灵歌〉探究》等文，细读里面的古今对照，知识趣闻背后的

情思点染，都有别趣。在文本的缝隙里寻觅精神线索，先验的概念就消失了，这在方法上不同于流行的苏俄审美意识，为鲁迅研究脱离本质主义的窠臼，起了重要的推动作用。他们那代人，受知识限制，还不能从理论深层上寻找进入文学世界的更丰富的参照，但通过文本的爬梳，以传统的方式凝视远去的遗产，就避免了伪道学的思路，精神的天空有了明快之色。他的许多发现都是自己苦读的心得，比如从鲁迅苦涩的文本，绝望的句子里，领悟到其梦幻之色。《论鲁迅小说的理想主义》阐述的就是其文本背后的存在，在他看来，仅仅注意现实主义审美原则，而没有看到超越现实的精神灵光，可能不会丰富地把握对象世界的整体性。这种认知方式，与当时的普遍性的认知惯性是有别的。他的许多文字都有针对性，不随波逐流，每每与时风反对。比如《鲁迅小说中的天候描写》《鲁迅为何提前离开厦门》，都是以小见大，在枝节里看到主体血脉，有时让人耳目一新。那是有着他的才气的文字，性灵之泉流溢，聪慧之思起舞，在学术的漫笔里，也看得出其锋芒所在。

前人曾批评学界“速于成书，躁于求名”，没有对学术的敬畏之心，思想是不能站立起来的。恩和先生是遵循学问之道的人，他的论文不多，但讲究质量，绝不去滥竽充数。也由此，对人对己，要求也较为严格。其内心一直有一个恒定的意识，就是不要丧失自我的话语逻辑方式。历届运动遮蔽了许多东西，淹没了许多作家，但被不幸污染过的存在，不都是没有价值。他注意到学界的思想变化，在鼓励创新的时候，对于那些非历史的审美态度是持警惕的态度的。他一直主张要系统、立体面对文学遗产，不能简单化处理文学文本。在反对“神化”鲁迅的思潮里，一些人试图否定鲁迅“革命家”的价值，可他依然坚持这种观点，辨析之语，有深的学理的支撑。他对于熟人的文章，有好说好，有坏说坏，追求一种精神的纯正。1994年，我编辑出版了《被亵渎的鲁迅》，引来读者的一些注意。恩和先生写了一篇评论《骂不倒的鲁迅》，在肯定此书的价值的时候，也提出了一些意见，其中说道：

总的来说，这本书的编选是很有水平的，编选者确花费了不少精力，从许许多多材料中爬梳精选出一些有代表性的文章，基本上让人们看到鲁迅生前身后遭受到的批判、贬损、谩骂、攻击。这对广

> 大读者认识鲁迅以及研究者研究鲁迅都是很有意义的。不过其中周作人几篇，虽然编选者是据某位专家的意见当作影射鲁迅收入书中，但我总觉得有几分牵强。我无意为周作人辩解，事实上有些问题也有待进一步辨析、探讨、研究。我的意思是最好少让一般读者去从微言中寻大义，从字里行间去听弦外之音。在这方面，过去我们实在有太多的教训。

警惕简单化，模棱两可，有他的理由在，“文革”的记忆对于他是难以忘却的。而他的学术思考，许多都基于此点，这也是使他成为坚守精神底线的人。纵观他的文章，不趋时，远媚俗，乐独思，于是字里行间流动着鲜活之气。他有着鲜明的是非感，记得有一年我们同去普陀山，在船上与周海婴等人神聊社会风气，他批评一些文学现象的表情，看出内心始终不变的东西。在深处，他有点以鲁迅的是非为是非的，但又不迂腐气，语气是绵里藏针的。

现在的学者很少有文人杂趣，面目日趋单一。恩和先生不是这样，他是江西人，那是出文人的地方，唐宋以来那里文人颇多，余风至今不绝。细细说来，他也染有故土的才子气，喜欢笔墨之情，把玩文章的本领很高。他自己也写一些散文，辞章讲究，感觉丰沛。我当年编副刊，他是重要作者之一，在我编辑的《流碑亭》上，写的多为游记，或者杂文，看得出对于世界的好奇心，和敏感于现实的忧患意识。记得所写的欧洲游记，透出清新的笔意，对于文明观的体味，牵引着凝重的思绪。他善于古今对比，中西互感，文体疏散着五四式的低语。这些文字才有其思想原貌，精神漫游之际，会心于物，坦然其思，性情、爱好、人品皆朗然纸上。

读过恩和先生许多文章，清爽的调子背后，不是逃逸什么，自我满足着什么。在回溯往事的时候，不掩事实，直面难题，讲心里埋藏的话，是很难得的。比如那篇关于60年代初返乡的故事，于萧索、苍凉处，见出百姓之苦，时代风致尽入眼底。而勾勒北师大50年代的知识分子的悲剧，亦写得冷气彻骨，空白里流出几多幽怨。他成长的年代，恰是知识人蒙羞的苦岁，这些不仅没有使其沾染奴性，而是保持了良知，且学会了独立思考。所以，看他写过的作品，没有京派的冲淡与隐逸，却溢满着忧患的感觉，新文学最为重要的传统是被一次次激活的。这种写作一直保持到了晚年。那篇《圆明园沉思》，是一篇代表作品，多年前我曾经在《中华读

书报》写过一段短评：

读这一篇关于圆明园的文章，能看出他一贯的立场，审美喜好都历历在目，鲁迅的影子多少有一些的。

他的文章很平淡，不是故意取巧的那一类。随意而谈，不迎合什么，也毫无自恋的东西。雪日游废园，一定是沧桑的流转，或是别的什么也未可知。能感到他的寂寞，对残败的古迹，人间冷暖都会流淌此间的。一个人的漫步与思考在这里，没有士大夫的雅兴，那只有着现代人的苦梦无疑。我猜想这和他的职业有关。远离道学，亲近新学，虽也多笔墨闲情，旧儒的酸气是没有的。凡到圆明园，拒绝民族主义的人不多。在失败的记忆里还能清醒地抵触古魂的泛起，是知识分子的品格才有的闪光。我记得赵园有一篇谈圆明园的文章，也是类似的意思，那篇肃杀的小品文，不知怎么，至今还记得。

圆明园的今昔是近代以来的伤心标记。张恩和不喜欢凭吊者的老朽气。顾炎武那么有学问，到了十三陵还要感伤不已，有亡国之苦，根底还是奴性。圆明园不过皇族的奢靡之地，固然是文化遗产，但深层给人的记忆，却是黑色的吧。经历了五四，如果读书人还在顾炎武式的怀旧里，那无疑没有出息，毕竟，皇权的遗存，辐射着一个民族的痛史，审美价值与生命价值之间，铺着一条血路。有的人忘记了那里的血腥，还以为是圣洁之地，岂不可叹也夫。

作者之评价圆明园，借用了鲁迅对长城的印象，真是悟道之言。他的这篇游记的要义大概就在这里。鲁迅是不喜欢长城的，原因是把人们囚禁在什么地方。鲁迅的感叹有诗人气，也似尼采式的决绝。张恩和以为好，我也心以为然。他能这样写圆明园，没有遗老气，真的不易。

与恩和先生结识30余年，交往也是断断续续，有些片段至今难忘。2008年，我策划了《鲁迅与书法》的会议，地点在江西进贤。那次请他与郑欣淼、孙玉石、刘涛、杨子水、高远东、刘德水等先生来，一时群贤毕至。研究鲁迅的

人，没有几位懂书法的。会议中他很引人注目，所到之处，对方都希望留下墨宝。恩和先生的字，差不多是最受欢迎的。进贤离他的家乡不远，回到那里，心情大好。他的字有一点启功的影子，仿照前人又能保留己意，有几分“妙在能合，神在能离”的意思。据说进贤书法博物馆后来常请他回去，看得出其在故乡的影响力。我至今保留着他写过一幅作品，行文飘逸、清秀，张弛有度，满是温润的样子。他称自己习字，不过玩玩，不可当书法艺术看。我却在这游戏笔墨里，看出其本色来：率然之笔，无累之心。他的为人、为学之道，说起来都不寻常。我想，关注鲁迅研究史的人，对于这一代人，总是不该忘记的。

2020 年 6 月 26 日

匆匆别去说鸿儒

·朱寿桐

每当想起张恩和老师、张毓茂老师等，头脑中出现的关键词就是“鸿儒”二字。我所理解的鸿儒与博学鸿儒们理解的可能并不一样，我认为鸿儒的主要标志就是会谈笑，要不怎么说“谈笑有鸿儒”呢？而且谈笑中显得博学有趣，所谓的“博学鸿儒”列入科举开科项目，一定有他的道理。中国现代文学研究的前辈学者中，术业精深，造诣高深者有之，著作等身、学富五车者有之，但能够被称为我上述意义上的“鸿儒”者，却不是很多，我印象中，张恩和先生、张毓茂先生，还有李福田先生应该属于这样的学者。

毫无疑问，这样的学者除了学问好，就是非常性情，每到一地，都谈笑风生，每一张口，必妙语连珠，属于那种既

有学问又有趣的学者。特别是休闲时刻，聚到一起，常常海阔天空地狂聊，古今中外地神侃，聊得昏天黑地，侃得有天没日。有一次在北京开会，好像是郭沫若诞辰100周年的1992年那次会，在北京东郊的新万寿宾馆，一天会下来，晚上进入神侃状态，自然形成的主持人似乎一般都是张恩和老师，这次比的居然是谁最能坚持到最后，同时还要求参与者积极介入话题，不能光听不说。据说这场神侃大会最先败下阵来的是刘再复先生，而后是孙玉石先生等，表现最佳的就是张恩和先生、张毓茂先生和李福田老师，另外还有一个唯一得到他们认可的小字辈，就是高远东。他们戏称：如果说有一个“嘴力劳动者协会”，那么非此莫属，张恩和老师便是会长。

我喜欢聚众打牌，一般不会加入这样的狂聊神侃，但有时候也会稍微陪张恩和老师、孙玉石老师聊一会。记得那次他们聊了很多他们大学时代的往事。孙老师和张毓茂同班同学，又都是从辽宁来的老乡，两人一直关系很好，常常形影不离。一次到校外活动，回校很晚，孙老师戴着校徽，也带了学生证，张老师却什么都没带，两人到了传达室才发现这个问题。孙老师本分老实，就说你拿着我的学生证过传达室吧，我反正有校徽，但张老师多个心眼：学生证上有照片，万一查验，岂不说我冒用？你应该将校徽给我戴上，你拿着学生证过门岗。孙老师觉得有理，就取下校徽，看着张老师戴上，而这一切就是在传达室外的灯光底下进行的，看门师傅一直看着他们，并且还跟他们打招呼。张恩和老师插科打诨，评点说：一场弄虚作假居然做得如此堂而皇之，这堪称是北大经典！

印象中的张恩和老师是这一班谈笑鸿儒中的组织者，同时又是非常称职的点评人，更多的时候则是孙玉石老师、张毓茂老师调侃的对象。特别是张毓茂老师，说任何故事都要拿张恩和老师调侃，他的口头禅是“哪像咱们恩和……”恩和老师总是笑着，应承着，一面在转动脑筋寻机反击，那反击常常是机智而锋利的，所谓机锋一词，应该是对张恩和先生谈笑技巧的一种概括。

张恩和先生长期研究鲁迅，无论是神聊还是讲演，都经常有鲁迅式的机锋。前些年我请他到澳门来开会，顺便做学术演讲，在演讲的提问阶段，有学生提出澳门为什么不能出现鲁迅式的文学家这样的问题，张恩和先生笑笑，说这个问题应该问朱老师，他对澳门文学的情况比我熟悉，应该是他

说了算。不过既然问我，我不能撂挑子，得说。台湾是有鲁迅式的文学家，以批判特别是批判国民性见长的，如赖和、柏杨、陈映真等。香港澳门真没听说有鲁迅式的文学家。如果现在没有，不等于以后没有，可以寄希望于未来。实在没有也不要紧，因为鲁迅至少并不希望中国长期有鲁迅式的文学家的，所以他希望自己的文章“速朽”。他都速朽了，再有一长串鲁迅式的文学家出现，岂不会让他很扫兴？他对香港澳门文学并不十分了解，却用四两拨千斤的方式非常精彩地化解了问答环节可能出现的尴尬，而且幽默风趣又很有深度、力度，这样的回答自然赢得了满堂彩式的效果，由此我深深佩服张恩和老师机敏的反应和机锋的话风。

张恩和老师“嘴力劳动”能力超强，手中功夫也非常了得。这不仅仅指他做学问，写文章，他还是一个非常勤奋的书法家。他在北师大的宿舍离书法大师启功先生住处不远，与启功先生又有数十年的过从交往，书法风格也明显受启功先生的影响。他的启功体行草在圈内已经成为人们争相收藏的佳品，特别是他写的鲁迅《赠画师》一幅，已经达到形神俱佳的境地：洒脱、飘逸、灵气、优美。他的这种传神的手中功夫说明他并不是那种“光说不练”的“耍嘴头”的“嘴力劳动者”。他是一个博学而多艺，有才又有趣的真学者，一个“鸿儒”级的师长。

张老师亲口允诺，并向他的学生王强兄提起，要给我写一幅字。我也说到北京一定记得去他府上催讨这个“文债”。总以为来日方长，机会甚多，因而并未抓紧登门求字。奈何天不假年，张老师匆匆别去，遽归道山，于个人固然为未得佳品而遗憾，更为学界又少了一位可称为“鸿儒”的学者而悲叹：谈笑者常有，像张恩和先生这一辈“鸿儒”式的谈笑者则非常难得。

魅力天成化作雨

——怀念恩师张恩和先生

·刘　勇

我相信所有熟悉张恩和先生的人，都不会也不愿相信他去世的消息，那是因为他的开朗、豁达，大度和从容，也因为他举手投足显示出来的康健与悠然，还因为他辛苦了一生刚刚迈开些许轻松的脚步。上天真不遂人愿，很偶然也很突然地请走了张先生。人们常说，一个人去世了，他的音容笑貌依然留在人间，但这句话对张先生来说，绝不只是说说而已，而是一种真真切切的表达。张先生的魅力天然而成，一旦出现就永难消失。张先生的魅力不是那种耀眼的、光芒四射的，而是自然质朴的，是毫不张扬的，你接近他，熟识他，就能感受到他是一种令人非常舒服的存在。他的这种魅力化作雨露，滋润着所有与他接触过的人和知道他的人。我称张恩和先生为恩师，说起来有点惭愧，我还称不上他的门下弟子。但我并非出自单纯的尊敬，而是在我人生和学术道路上的几个至关重要的节点上，都有张先生对我的极其宝贵的提携和恩泽，我发自内心深处把张先生看作是我的恩师。

一、终身难忘的一堂课

作为一个老师，没有比讲课更能深入学生人心的了，哪怕是一堂课。幸运的是，我遇到了这样的一堂课。

我是 1979 年 9 月进入北京师范大学就读中文本科专业的，第一学期的主干课就有《中国现代文学史》，当时这门课课时很多，分量很重，总共一学年，两学期，每周三课时，共 108 课时，系里先后安排了四五位主讲老师授课。当时的环境与氛围，讲课的老师们不但很严谨，而且都很严肃。有一次上课之前，大家像往常一样坐在座位上等待上课的老师，这时一位中年老师从容地走进教室，走上讲台，高高的个子，风度翩翩，大家都不认识他。他坐下后微笑着对

大家说，他本来没有我们的课，因为别的老师临时有事，他来暂代一次课，然后就开讲了。我非常清楚地记得，那天他讲的是夏衍的话剧创作，重点讲《上海屋檐下》。与曹禺剧作善于把日常生活构造成紧张剧烈的戏剧冲突不同，夏衍的剧作更善于把戏剧性的冲突还原为琐细普通的日常生话，夏衍的剧作挺不好讲的。张先生此前与大家并无交流，更谈不上熟悉，他似乎在自顾自地讲着，他完全沉浸在夏衍剧作的世界里面。他并不关注我们的表情和反应，也不提问，甚至都不怎么看我们，声音不高，常常是自言自语，自问自答，话语中自然而然地飞出许多幽默与独见。我至今都记得张先生在课堂上所说的一句话和他说话时的表情，在讲到《上海屋檐下》主人公匡复临走时曾把妻子嘱托给好友林志成照管，可匡复回来时发现自己的妻子已经成了林志成的妻子，这里面有太多的艰辛与复杂。怎么去讲呢？这时张先生轻轻说了一句：“说好照管的，怎么就成了接管了呢？！”说话时嘴角带着一丝苦笑。一语即出，整个教室都躁动起来，想笑又不能大笑，不笑又忍不住，张先生的话语像一股电流，接通了大家的内心世界，激活了大家的文学想象力！对作品的深刻理解，对人生的透彻体悟，完全出人意料的神奇的表达，这是我们上学以来从未受到过的一次撞击，原来课可以讲得这样轻松而凝重，这样幽默而苦涩，这样充满独见而富有个性！要知道，这是 1979 年的事情，是中国的社会和学界在经历了长期禁锢之后，刚刚解冻的那个时期，张先生这样讲课，既要有智慧，又要有胆识。这是我在大学期间张先生为我们讲的唯一的一堂课，偶然的一堂课，也是终身难忘的一堂课！后来我自己在北师大任教多年，也获得过多次教学奖，尤其是获得了“最受本科生欢迎的十佳教师”称号，但我心里明白，这些都与张先生当年的那堂课有着极为特殊的关系。张先生的这堂课，让我知道了讲好一堂课所具有的强烈震撼和巨大影响。当时张先生讲完课就走了，我们也没来得及问张先生的姓名，后来才知道那就是张恩和先生！从此，张恩和这个名字，我就一直记在心里，并将永远铭记。

二、终身受益的一次引领

我和张恩和先生的几次接触，多属偶然。1986 年我硕士毕业之后就在北师大留校任教了，而张先生早在 1983 年也已经离开北师大到中国社会科学院研究生院工作了。1992

年秋天的一个上午，张先生突然让北师大中文系的人通知我去他家一趟，他一直住在师大校园里，我很快赶到他家。张先生问我，有一个会议你愿不愿意参加？说今年是郭沫若诞辰100周年，将在北京举行隆重的国际学术研讨会。张先生、北大的孙玉石先生，郭沫若纪念馆的黄侯兴先生这几位郭沫若研究的大家负责筹备和组织这次会议。张先生告诉我，这次会议各单位、各高校的名额很有限，北师大只有两人参会，一位是德高望重的钟敬文先生，另一个年轻人考虑让我参加。我真是受宠若惊，又惊又喜地答应下来。张先生又说你可要给大会提交一篇学术论文，我也满口应承。回到家就开写，很快就完成了初稿，题目是《在胆魄与睿智的结合点上——论郭沫若文学创作的创造性思维》。我写好后把稿子给张先生审阅，张先生说你先拿给黄侯兴先生看看。我后来3次到郭沫若故居聆听黄先生的指导意见，其间张先生也对我的文章提出了看法。他说在国际学术研讨会上提交的论文，既要有观点，更要有材料；既要大气，又要扎实。张先生的几句话，后来一直成为我写文章的基本信条。现在我给我的博士生、硕士生们立下的规矩也主要是这几条。我给大会提交的论文收入了会议的论文集，后来又在《北京师范大学学报》1993 年第 2 期正式发表，这也是我在《北京师范大学学报》发表的第一篇论文。毫不夸张地说，是张先生、黄先生手把手地教会我如何写好学术论文，如何参与国际学术活动。

郭沫若百年诞辰国际学术研讨会，是 1992 年 11 月在北京东郊的新万寿宾馆举行的。开会的早晨，北师大派车，我陪钟先生去的。这次会议让我开了眼界，接触了许多学术前辈和同辈的师友。除钟先生之外，还有季羡林先生、林甘泉先生、钱谷融先生，以及魏建、靳明全、蔡震等先生。会上还有一些感人的事情和难忘的场景，记得我陪钟先生步入宾馆大厅，正好季羡林先生也来了，看到季先生是一个人来的，钟先生就叫我去照顾一下季先生，我刚走到季先生身边，季先生很严肃地对我说，你怎么能把钟老丢下呢？赶快去照顾钟老！老一代人的情谊无时无刻不深深地感染和感动着我们这些当时的年轻人。

会上几位老先生的发言，更见情怀与性情。针对当时社会上和学界对郭沫若的一些误解、曲解、甚至污名化，钟老慷慨陈词，他说郭沫若一生哪怕什么都没有写，只凭一篇《请看今日之蒋介石》就足以确立他在文学和历史上的地

位！他还形象地比喻说，一棵大树难免有些枯枝子、坏叶子、烂果子，但它永远是棵大树，是任何一株精美的小草都无法相比的。郭沫若就是一棵大树！这体现了钟老对文化名人的博大胸怀，对文化名人的深刻理解，以及客观公正的历史眼光。我后来把钟先生这个观点概括为“大树说”，并专门写成文章发表在《鲁迅研究月刊》上。钱谷融先生在会上也有一段精辟的发言，针对有些年轻学者终于考证出了写文章攻击鲁迅的“麦克昂”就是郭沫若，并很得意地当面质询郭沫若这个事情，钱先生谈了自己的一点感慨。事实当然归事实，但钱老强调的是一定非这么做不可吗？没有更好的沟通方式吗？其实钱老与钟老的发言是相通的，说的都是情与理的关系。理是硬碰硬的，一是一，二是二，但情是柔软的，它更体现了深厚复杂的人文情怀。有情不代表不明理，有理也不是不通情，更不是得理不让人。我当时也很年轻，听了钱先生的话，也不太能理解，郭沫若是不是“麦克昂”，是就是，不是就不是，有什么可辩解的呢？但越是随着年龄和阅历的增长，越是能够体悟到，不是什么事情都凭一个“理”字走遍天下的。过了很多年，当钱谷融先生 90 寿辰的时候，我专程到上海华东师大参加钱先生的庆祝会，合影之后我和钱先生在草坪上走了一小段路，我特别提到当年郭沫若会上他的发言，我说他当时的一席话是我受用不尽的宝贵财富，钱先生听后宽容地笑了笑，没有再多说什么。

那次会上老先生们是那样的激越与强悍，那样的率真与豪爽，仿佛他们自己就是青年！那真是一次讨论青春诗人的会，是一次展示青春气息的会。我对这次会议之所以留下难以忘怀的印象，不仅是会议本身的确重要与难得，记得当时有一位学者感慨地说，郭沫若研讨会像这样的规模，这样的情景，恐怕是空前绝后的了。更重要的是，这次会议是我学术道路上的一个重要起点，而引领我走上学术道路的人就是张恩和先生。从第一次参与国际学术会议，到撰写长篇学术论文，到后来在学术刊物上正式发表，每一步都有张先生的悉心指教。这次会议对我的影响之深、之大，只有我自己心里明白。但后来每当我跟张先生提及此事，他都非常淡然，只是愉快回忆一些当年的情景，而从不认为他对我的提携是多么的宝贵与重要。其实当年张先生考虑让我去参加这个会议，是有着比较复杂的情景的，这里深含着张先生对我，对年轻人的一种期待，体现着张先生性情中的果决与率真。这些也只有张先生跟我更为清楚，就不在这里多谈了。

三、终身感念的几句话

2015年8月，中国现代文学研究会常务理事会由吉林大学承办，在长春近郊的净月潭召开。东道主吉林大学的刘中树先生和张福贵先生特意邀请了几位德高望重的学界前辈出席，其中就有张恩和先生和朱德发先生。现在这两位先生都已作古，这次会议也就成了永恒的纪念。

我作为中国现代文学研究会的常务副会长主持了会议，在丁帆会长作了主题发言之后，我和各位副会长、常务理事也都做了专题发言。张先生和朱先生也对学会的工作提出了建议和希望。下午大家在净月潭散步的时候，张先生特别找到我，好像有话要对我说。我们沿着净月潭边上漫步，张先生平时是很健谈的，但记得那天他的话却很少，回想起来主要也就三句话。第一句是对我说："今天你能主持这样的会议，我挺高兴的。"第二句是说："你在会上的发言也讲得蛮好的。"然后他就停顿下来，抬起头看着远处，似乎是自言自语地讲了第三句话："北师大还是有人的。"再往后就没有话了。我们都停下脚步，安静下来，沉思起来。我突然意识到，张先生这几句话并不完全是针对我讲的，我甚至一下子回想到，这么多年来张先生对我的点点滴滴的看似漫不经意的关怀，既有老师对学生的关照，有长辈对后辈的关爱，但其中还有一个东西，一个更深沉的东西，那就是在张先生心中始终有一种北师大的情结。他在北师大大学毕业，又长期在北师大任教，而且一直居住在北师大的校园里，尽管他后来去了中国社科院，但北师大一直是他学习、工作和生活的场所，但显然张先生的北师大情结又远远不止于此。那这个情结究竟是什么呢？真是说不清道不明。迄今为止，我在北师大也已经40多个年头了，我也已经是60岁出头的人了，以我的感受和体悟，张先生心中不仅有一种北师大情结，更有一种自古即有的文人的情怀和责任。这种东西越是复杂，越是纠结，甚至越是苦涩，就越是难以割舍。它能超越时空，却深深地郁结于心。我们这辈人很难真正理解张先生那辈人的这种情结与情怀，说到责任，我们就更加愧对张先生那辈人了！净月潭边上的这几句话，几年来一直萦绕在我的耳边，扎根在我的心里。前辈学者让我们仰止的不仅仅是学养，更是一种内心的境界，一种质朴而执着的情怀，这才是真正哺育人的精神财富。

因为与张先生同住在北师大校园，有时常能见面，他也

曾到我办公室聊过天，还专门送我他亲笔签名的书法集，我也给他呈上过自己的几本小书。近年来，我和张先生相互联系多了起来，其中还有洁宇不停地穿梭连线。我觉得这是一种常态了，从未想过这种情形会突然中止。我心里一直想着在张先生轻松一些的时候请他吃顿饭，好好聊聊，与张先生聊天太愉快了。我总觉得住在一个院子里，这个事情是随时可以实现的，北师大旁边就有一个江西馆子，没想到这个小小的愿望竟成了我永远的遗憾！

谨以此小文表达对张恩和先生深深的怀念之情和崇高的敬意！

2020年8月20日凌晨

于北师大西北角

千夫诺诺，不如一士谔谔

——有关张恩和先生的记忆

· 魏　建

我认识张恩和先生很早——1983 年，泰山脚下，大约是深秋或初冬时节，那时我在泰安师专任教。他和黄侯兴先生来山东出席郭沫若的学术会议，领导安排我陪他们两人游览了岱庙。张恩和先生穿了一件呢子大衣，很有派，像一位外国元首。可惜那天我们二人没怎么交谈，恩和先生的兴趣全在欣赏岱庙里的碑刻。

我们第二次见面是在 1986 年 9 月。那是我第一次出席全国性的郭沫若研究学术研讨会，在湖南益阳开的，会议主题是“郭沫若文学研究的现状与展望”。此前我给《郭沫若

研究》投稿的论文与会议主题一致，所以被邀请参加这次会议。到了会上才知道，像我等无名小辈只有3个，其他与会者大都是郭沫若研究的名家，可除了黄侯兴、张恩和两位，其他人我都不认识。黄侯兴先生是会议主办者，一直忙会上的事，恩和先生便成了我唯一的熟人。会下我总在他身边，他也热情地把我介绍给学术前辈：卜庆华、邓牛顿、傅正乾、高国平、龚济民、黄淳浩、李福田、邱文治、孙党伯、孙玉石、吴中杰等（以姓名音序排列）。会上所有人的发言都很认真，有几人讲得特别好，其中就有张恩和先生。当时学界对郭沫若已经出现了明显的“两极评价”。与那些人的各执一端、互不相让不同，恩和先生的发言别开生面。他既不认为肯定郭沫若就是保守，也不认为批评郭沫若就是“砍旗”。他说：对郭沫若这样的“大人物”，大家敢于“说长道短”，是社会的进步。现在的主要问题是我们思想解放还不够。他发言中有一段话特别令人震惊。尖锐批评了一位在场的学者，完全不顾人家的面子，就像与那人有仇而借机发泄。此后，经若干年观察，我才确定：这就是张恩和，敢批评，不管对谁。他与那天的被批评者关系不错，之所以无情批评，不过是说出了别人想说的话，但只有他敢说。

第 3 次见面是 1988 年在北京召开的"郭沫若与日本"学术研讨会，第 4 次是在 1991 年的创造社国际学术研讨会……再往后，就记不准是第几次了，反正见面越来越频繁。我发现，同龄学人对他都很客气，只是他对一些人爱搭不理，时而露出不屑的微表情，或是歪头看人家一眼，低声嘟囔："哼！风派人物！"遇到一些大家都看不惯的事，他肯定要指责的，不管场合，也不顾及情面，使得我原以为，他不知得罪了多少人。可是，多年来我参加一些张先生缺席的学术活动，许多前辈常提到："张恩和怎么没来？"言语间流露出或偏爱或敬重的神色。后来我才明白，同辈人敬重恩和先生，因为他的正直，还因为他的资历。

张恩和先生在中国现代文学研究"第二代"学人中是老资格的。这一代学人大都出生于上世纪 30 年代，虽然年龄相仿，但学术经历差异很大。大致可分为甲乙丙丁 4 类：甲类学术起步早、成名早，大学毕业后一直从事中国现代文学教学和研究，学术成果在"文革"以前就产生了影响；乙类学术起步早、出成果较晚，大学毕业后一直从事中国现代文学教学，少有学术成果发表；丙类学术起步稍晚，"文革"前没有涉足中国现代文学教学和研究，"文革"期间从鲁迅研究

起步；丁类学术起步最晚，此前从未涉足中国现代文学教学和研究，粉碎“四人帮”以后才开始学术生涯。甲类曾经与“第一代”学人关系密切，其佼佼者不仅有过与“第一代”的学术合作、还共同指导过“第三代”中的研究生和进修教师；丁类与“第三代”的学术起步几乎同时。显然，“第二代”的这 4 类人中，学术辈分最高的是甲类中的佼佼者，张恩和先生就在其中。

张恩和先生 1958 年毕业于北京师范大学中文系。毕业留校任教不久，就在现代文学研究领域崭露头角，1960 年代前期在《文学评论》发表了两篇学术论文。1961 年他被选入唐弢主编《中国现代文学史》编委会，直到 1979 年，他参加了这部文学史编写的全过程，负责该书鲁迅（上）、鲁迅（下）两章和《暴风骤雨》等章节的撰稿。此前的中国现代文学史著作主要有两种：一是专家个人撰写，二是学生集体编写。唐弢主编的《中国现代文学史》在很长一段时间一直是影响最大、权威性最高的文学史著作。其权威性不仅因为它最早冠以“教育部统一组织编写的高等学校中文系教材”，还在于它是众多一流专家集体智慧的产物。这部文学史的作者也随之名扬天下。唐弢本文学史的编写经历了两个阶段。第一阶段是1961—1964年，张恩和先生与编委会成员一起完成了全书的讨论稿。这期间，他还与“第一代”学者王瑶、刘绶松、唐弢等人一起研讨中国现代文学的文学观、历史观和文学史书写的学术问题。第二阶段1978—1980年，除了主编唐弢和严家炎，他与樊骏、吴子敏、徐廼翔、蔡清富、黄曼君、万平近等“第二代”学者形成编写组的核心成员（见该书《前言》），为这部产生了巨大影响的文学史著作问世做出了重要贡献。

恩和先生还深得李何林、唐弢、王瑶、刘绶松、田仲济、刘泮溪、楼栖等“第一代”学人的赏识，使他较早进入“第三代”学人的师长行列。例如，1981年李何林先生在北京师范大学招收第一届硕士研究生，另外两位导师之一就有恩和先生。1983年他调入中国社会科学院工作，又协助唐弢先生指导硕士和博士研究生。

当然，一个学者在学术界的地位主要是靠学术水平奠定的。那么，学术水平又如何体现呢？有的人看重学术生产的“量”，更多学人看重的是“质”。我以为，衡量学术质量的主要标尺有两个：一个是开创性，二是生命力。先说前者，恩和先生在鲁迅旧体诗研究、鲁迅与郭沫若比较研究、中国

现代文学的民族文化学研究等领域，都具有不同程度的开创性贡献。再说后者，最近我重新阅读恩和先生很多年前的一些成果，几乎看不到时代的印记。因为他不跟风，也因为做得扎实，所以至今保持着旺盛的生命力，故而赢得了几代读者的关注和敬重。如，重读他发表在《中国社会科学》的论文《从民族文化学的角度对中国现代文学的思考》，其占位的高度、理论的深度和论证的水平，令今日的我佩服之至。

我对恩和先生印象最深的一幕，是 2000 年 8 月，在长白山北麓的飞狐山庄。中国郭沫若研究会第 4 次会员代表大会在这里召开。那天下午，我正在孙玉石、张恩和两位先生下榻的房间里聊天。会议筹备组的领导（一位地位很高的郭沫若研究专家）来访，就下一届中国郭沫若研究会会长的建议人选，征求意见。听到新会长候选人的名字，孙、张两人立即表示反对，理由是此人对郭沫若毫无研究，当然还有当时许多学人都明白的另外原因。来访者继续做工作，孙、张二先生不仅不为所动，反而做起来访者的工作了。几个回合下来，双方都没有妥协的意思，一段沉默过后，突然，张恩和先生大喊一声：“他当会长，我就退会！”孙玉石先生立即响应：“我也退会！”来访者先是一惊，然后说了几句安慰的话，走了。

第二天召开的学会理事会会议上，会议筹备组的领导说：这次到会的理事没有达到法定人数，不能换届。有些理事不明就里，与邻座窃窃私语“不到法定人数，干嘛昨天还做工作让 ××× 当会长？”这次会议没换届，这届理事会连任两届，只是那位“会长”没当成。

每个人都有良知，都想讲真话。可事实上，大多数人经常说假话，或不敢讲真话。当现实挑战良知的时候，多数人选择了沉默，形成了“沉默的大多数”，敢于发声者永远是极少数。沉默的人越多，沉默的时间越久，正义越难伸张，悲剧必然产生，于是“无数悲剧源于集体沉默”。

有一种说法叫“好人的沉默”，其实沉默者并不是很好的人，往往是怂人。张恩和先生就是难得的好人，在恶劣压力面前，他从不认怂。他一生经历了太多政治运动，深知讲真话有可能付出怎样的代价，但每当集体沉默需要有人发声时，他绝不当怂人！

千夫诺诺，不如一士谔谔。我们都混迹于诺诺千夫之中，逃避了责任也稀释了良知的责问。随着诺诺之风的猖獗，我们更加敬仰张恩和先生那样的谔谔之士。

2019 年 11 月 10 日张恩和先生在北京病逝，他再也不说话了！

在学人中，有真才实学的并不多，恩和先生是；

少数有真才实学的人中，有公心有正义感的很少，恩和先生是；

这极少的人中，敢于在沉默中爆发的硬骨头更为罕见，恩和先生是；

在这罕见的人中，硬骨头能保持几十年的人可谓凤毛麟角，恩和先生是。

可惜，他走了！

追忆张恩和先生

· 高旭东

张恩和先生的仙逝是我没有想到的。因为在前一年仙逝的王世家先生遗体告别的追悼会上，我见他虽很悲戚却面泛红光，觉得他可能会活到百岁。王世家先生是学者中最有愤世嫉俗的艺术家气质的人，这种气质很可贵，却耗损生命。张恩和先生虽然也是爱憎分明，但他是名副其实的性格温润的学者，总是红光满面，笑嘻嘻的样子，让人感到他有天生的长寿基因。

追悼会结束后，我们一起往外走的时候，他对我说："旭东，今天中午咱们几个聚一下吧。"我那天有要事，觉得以后相聚的时间很多，就说："张老师，今天我有急事，改日我做东！"记得王骏骥先生当时也是想聚的，让我珍惜此

次机会，而在这些人里张恩和先生年龄最大，我年龄最小，他就开玩笑说："聚一次少一次，黄泉路上无老少啊！"但我还是挥手与张恩和先生及其他师友道别了。后来忙这忙那，还没来得及相聚，而那一别竟然成了永别！

回想我与恩和先生从相识到相聚的一幕幕，仿佛就在昨天……

我觉得人的记忆是有类别的，很多人说我记忆力还不错，《老子》《论语》说背就背，其实他们不知道的是，就时间数字记忆方面来看，我绝对不如我的目不识丁的祖母，她能够将过去发生的事情，哪年哪月哪日甚至哪个时辰都说出来；而我对于过去发生的事情是什么时间整个就是一笔糊涂账。张恩和先生离开我们之后，我在追思他的时候，无论怎么想，也记不起来我们是什么时候相识的。虽然往事如烟都像是昨天的事情，但从哪儿起头，还真的想不起来。

也许，最早的相见应该是在1986年刘再复先生主持的那个"鲁迅与中外文化学术讨论会"上。当时刘再复先生让《中国社会科学》的文学责编王骏骥先生主持整个大会的论文筛选工作，我那时研究生毕业不久，写了一篇接近3万字的《论鲁迅的中西文化比较观》应征，结果王骏骥先生认为这篇论文写得不错，不但让我大会发言，还以《中国社会科学》文学责编的身份将这篇稿子约了去。通过那次会，我还认识了我的山大校友赵存茂先生以及学界的许多师友。记得那次会议规模很大，仅国外学者就来了近30人，国内知名的鲁迅研究学者都到了，所以我把与张先生的初识定在1986年。

后来很多年，我与张先生之间并无交往。真正交往多起来，是我在世纪初到北京工作之后。大约在2004年到2010年的6年之间，王世家先生、张恩和先生、孙玉石先生、赵存茂先生、王骏骥先生、张杰先生、周楠本先生，还有我，经常隔一阵聚一次。当然中间有人也来客串，但最为恒定的就是这些人，2009年高远东先生也参与进来。聚会一般是在晚上，边吃饭边聊天，说是一种学术文化聚会也可以，因为相互交流的主要还是学术文化信息。2007年10月的一天，我将他们邀请到我担任所长的北京语言大学比较文学研究所，以“鲁迅座谈会”的形式先聊天后吃饭，只不过聊天的时候面对着的是比较文学研究所的20多位博士生与硕士生，所以聊天的时候就认真多了，更像正规研讨会上的学术发言。我记得孙玉石先生最先发言，接下来就是张恩和先生发言，他对很多人不懂得爱护自己民族产生的现代伟人鲁迅鸣

不平，而这又引起了王世家先生的共鸣，说我们对鲁迅的珍爱甚至还不如日本人与韩国人。这次聚会的纪要后来以《忧思与期望——北京语言大学“鲁迅座谈会”侧记》为题，发表在 2008 年第 4 期的《鲁迅研究月刊》上。

我对张恩和先生印象最深的是他对五四文学传统尤其鲁迅传统的维护。他很不理解现在很多人对孔子的顶礼膜拜。如果说私下里聚会吃饭的时候他流露的是深深的困惑，那么在公开场合他就直接表明自己是鲁迅批孔传统的精神苗裔。我记得他在“鲁迅座谈会”上的发言，说王朔与韩石山等人对鲁迅浮躁的批评正是浮躁的时代的产物，他说中国人可以不读孔子，但不可以不读鲁迅。因为鲁迅是现代张扬个性的民族魂，而非传统奴性人格的人。

张恩和先生写过很多书，有关于鲁迅的，有关于郭沫若的，有关于郁达夫的，然而他的群书中只有一本对我影响最大，就是 1981 年由天津人民出版社出版的《鲁迅旧诗集解》。那是我 1982 年刚读研究生时买的，我的专业是中国现代文学，研究方向是鲁迅研究。每涉及到研究鲁迅的旧诗时，我都会将张先生的这本书找出来。这本书不是没有自己的见解，但这本书的特点不在于归一的定论，而在于“百家争鸣”，鲁迅的每一句诗，周振甫怎么说，张向天怎么说……都标注得一清二楚。

每当想起张恩和先生这种百家争鸣式的编书体例，就会联想到他那宽厚的温润的笑。

2020 年 2 月 28 日于北京天问斋

擦肩而过，怅然遥望

——我心目中的张恩和先生

· 董炳月

2019 年 11 月 10 日晚上 8 点多，张恩和先生仙逝。11 日上午，消息在中国鲁迅研究会理事会的微信群里传出，整个群立刻弥漫着悲伤的气氛。理事们纷纷悼念，追忆与先生的交往，上传与先生的合影、先生的书法作品，或者转发其他单位、学术团体的唁函，大片的合掌符号传递着无言的哀思……中国鲁迅研究会是全国性的学术组织，每当有鲁研界、现代文学研究界的前辈学者离世，秘书处都要请熟悉情况的学者撰写唁函，以研究会的名义发出，表达敬重与悼念之情。张恩和先生是中国鲁迅研究界的元老，研究会不仅要发唁函，而且唁函要写得恰当。谁写合适？我请示会长孙郁兄，没想到他说："我了解张先生。我写！"次日，以中国鲁迅研究会的名义发给中国社科院研究生院（先生的单位）的唁函，就是孙郁兄起草、研究会负责人一致认同的。唁函如下：

> 惊悉张恩和先生逝世，本会同人十分悲痛。张先生是鲁迅研究界的前辈，德高望重。以赤子之心坚守信念，笔墨之间多时代风云。得五四遗风，播思想火种，诚为学林中率真之人。其文纯，其情深，为学术复兴甘做园丁，默默耕耘。鲁迅研究界同人思之、念之，铭记于心。愿先生精神永存，在天之灵安息！

这个短短的微信版唁函，也发在了研究会理事群里，并被其他多个微信群转发。

中国鲁迅研究会1979年11月14日成立，2019年是成立40周年，苏州大学文学院承办的纪念学术研讨会11月14、15日两天在苏州召开。张恩和先生本来是要出席

会议的，车票都订了，然而，却在会议召开的4天之前离世。在15日上午的大会闭幕式上，我致闭幕辞，不禁感慨，说："每一位鲁迅研究者，都是历史中间物。我所说的'中间物'，不仅具有工具性、中介性，更具有主体性。老一代研究者已经过去，新一代成为主体。中国鲁迅研究会已经进入不惑之年，让我们以这种'不惑'的状态，继续鲁迅研究事业。"那确实是有感而发的。老一代鲁迅研究者年事已高，能够出门开会的已经不多。苏州会议邀请的老先生中，有两位会前因病退票。而张恩和先生的仙逝，则表明鲁迅研究的一个时代已经结束，一去不复返了。

因为一些人生机缘，我本人对张恩和先生隐隐地怀着一种特殊的感情。建议邀请先生参加苏州纪念会，不仅是因为先生在鲁迅研究领域取得的成就，还与我对先生的景仰有关。

36年前，1984年，我报考北京大学中文系的文艺理论研究生，考分第一，来京面试却遭受挫折。时任系主任的严家炎老师让我改学中国现代文学专业，向中国社科院研究生院的张恩和先生推荐了我。我因此知道了张先生的大名，并且怀着期待。可惜，当时社科院的招生已经结束，最后我只好在北大中文系系内换专业。事后，从社科院的同乡那里得知严老师与张恩和先生联系的情形，我感动并且感慨，似乎灵魂都受了一次洗礼。两位先生，都有那一代知识分子特有的善良、纯粹、博大的品格。后来，在北京读书、工作，偶尔在会上看到张恩和先生，便会有敬畏之感，暗想"曾经差一点成为他的学生"。在学术刊物上看到先生的文章，也会认真阅读。再后来，得知先生的千金张洁宇在北大中文系读书，读研时与我同专业同导师，成了我的师妹，便觉得与先生有缘。

不过，因为年龄、性格、工作单位、多次出国等方面的原因，我与张恩和先生并无交往。直到 2014 年秋天去澳门大学开会，才有了近距离接触的机会。9 月 15 日、16 日两天的会议，会后东道主的晚宴，都与先生同时行动，切身感受到了先生的严谨、温和、博大。16 日的晚宴上，我略带自豪地对先生说"我是张洁宇的师兄呢"，先生的话便多起来。4 年之后，2018 年秋天，从北京去西安开会，再一次与先生近距离接触。还是 9 月 16 日，在北京西站的候车室里等车，无意中看到先生走进来，洁宇拖着行李箱跟在旁边，我立刻站了起来，先生也一口叫出了我的名字。原来是同一班高铁、同一节车厢去西安。先生年逾八旬，洁宇是陪他出门，在旅

途中照顾。到了西安北高铁站之后，一起乘接站的面包车进城，途中聊起来，我说起30年前严老师向他推荐学生的事，告诉他严老师推荐的就是我，但先生已经不记得了。

先生温文尔雅、风度翩翩，却也有“金刚怒目”的一面。对他的原则性有所了解，是因为主持中国鲁迅研究会秘书处的工作。按照国家民政部的要求，学术团体应当建立自己的历史档案。我2017年开始参与中国鲁迅研究会的组织工作之后，因搜集相关资料，从祝晓风先生的《读书无新闻》（东方出版社2006年出版）一书中读到了长篇报道《黄书记当上“副会长”》。那篇报道叙述的是南方某市官员以担任副会长为条件向中国鲁迅研究会捐款10万元一事引起的风波，本应刊发在2000年6月14日的《中华读书报》上，因内容敏感临时撤稿。那场风波不小，但我当时与中国鲁迅研究会没有联系，而且正忙于准备再次去日本，竟未曾注意。读那篇报道和陈漱渝先生《我活在人间》（北方文艺出版社2019年出版）一书中的相关记述，甚感郁闷。在那个社会转型期，学者和学术都在挣扎，中国鲁迅研究会作为重要学术团体，承受了时代的痛苦。往好处想，正因为中国鲁迅研究会在中国学术界、思想界位置特殊，那场风波才会出现。风波已成往事，某些传言也与事实有出入，是非曲直暂且不论，我佩服的是风波中张恩和先生鲜明的立场、严厉的态度。他反对用学会的领导职位换取赞助经费，接受记者采访，直言："这件事不合适。现在社会上一些人花钱买学会的会长、副会长，败坏了社会风气。别的学会可以这样做，但我们鲁迅研究会最好还是别做这样的事，毕竟我们是以鲁迅的名义，要有点'鲁迅精神'，学会还是纯洁一点好。"掷地有声。在研究会内部发生争论的时候，他甚至"拂袖而去"。

直言不讳，拂袖而去，先生是在一个商品化、庸俗化的环境中坚持鲁迅精神，捍卫学术的纯洁与尊严。这种价值观，这种风骨，和先生的鲁迅研究成果一样，是鲁研界的财富，应当得到继承，发扬光大。研究会成立40周年的纪念大会，先生怎能缺席？但是，先生高龄，无人陪伴难以赴会，而应当陪伴他的洁宇因事无法参加苏州会议，已经向秘书处请假（洁宇是鲁研会理事）。怎么办呢？与孙郁兄诸位商量之后，我还是试着通过洁宇向先生发出了邀请。稍感意外，先生答应赴会！而且，洁宇说：先生很高兴，表示只要是鲁迅研究方面的活动都乐于参加。而且，洁宇也决定克服困难，陪同先生前往苏州。

然而，那个周六的上午，先生跌倒受伤。次日，洁宇微信语音告知。她的哽咽表明情况不好，我合掌为先生祈祷。但是，一周之后先生离去了。

苏州纪念会结束之后，16 日上午，我与参会的北京朋友们一起返京。正是在那天上午，先生的告别仪式在八宝山举行。返京的高铁上，我想起最后一次与先生见面。就是在八宝山，王世家先生的告别仪式上。那是 2018 年 12 月 12 日上午。那天，王世家先生的告别仪式开始的比较早，张恩和先生及时赶到了。我远远地看到他的时候，他坐在大厅对角的沙发上，面色凝重，几个人围着他讲话。环境特殊，人声嘈杂，我未能过去打招呼。没有想到，那是最后一次看到先生。

许多年来，我怀着敬畏之心远远地望着先生。现在，先生的背影已经远去，再也没有机会走近了。

所幸，先生的业绩也留在世上。返京之后，我特意买了他晚年出版的那本《踏着鲁迅的脚印——鲁迅研究论集》。那是“中国社会科学院老年学者文库”系列中的一册，社会科学文献出版社 2014 年 12 月出版的。大概是先生的最后一本学术著作吧。这是一本文集，所收文章写作时间的跨度长达 44 年（1963—2007）。1963 年，先生 27 岁的时候，就在《文学评论》上发表了优秀论文《对狂人形象的一点认识》，敏锐且富于逻辑性，文中的观点现在依然具有参考价值。在鲁迅同时代人研究、鲁迅诗歌研究方面，先生都有开拓性的贡献。值得注意的是，文集中接近半数的文章是写于 1995 至 2006 年的 10 余年间。这些文章包含着先生在世纪之交的特殊环境中对鲁迅价值、学术研究、社会问题的思考。显然，是那些思考决定了先生在那场风波中的立场与态度。从《后记》来看，先生编这本文集的时候，也在回顾自己的鲁迅研究史。取书名为“踏着鲁迅的脚印”，一定是经过反复思考的，书名中包含着先生的自我认知。先生既是鲁迅研究者，又是鲁迅精神的传承者与实践者。他是“踏着鲁迅的脚印”走出了自己的精彩人生。

2020 年 8 月 23—24 日写于寒蝉书房

恩施学子　情系故乡

——张恩和老师与我的师生缘和故乡情

· 文师华

张恩和教授是我在北师大读本科时“中国现代文学”和“鲁迅研究”两门课的授业老师，又是江西同乡，40 年来我们一直保持密切联系。晚年他有闲暇，几乎每年都回南昌看望他的弟妹及其家人。而每当他来南昌，我都请他来我家小坐，听他谈学问人生，欣赏他挥毫泼墨。他在谈到现代文学时，最推崇鲁迅；在谈到书法时，最敬佩启功。

2019 年 11 月 11 日清晨，我从张志宇那儿惊悉他大伯张恩和教授去世的噩耗，我含泪撰写了一副挽联：“一生培桃植李，著书立说，崇鲁迅，从无媚骨；晚岁交友辅仁，泼墨遣怀，敬启功，远播清明。”

张老师仙逝之后，我翻阅多年来的日记和有关文章，追怀往事，写成此文，以表达对他的哀思和敬意。

一、指导我读书，提携我上进

我出身于农民家庭，1979 年，我从江西瑞昌九源的穷山沟飞到祖国的首都北京，在北师大中文系攻读本科。在读书期间，我只回家过两次，一次是 1980 年暑假，另一次是 1982 年寒假，在北京度过了两个暑假、三个春节。

1981 年 1 月 27 日下午，学校已放寒假，我到校理发馆理发，碰到为我们讲中国现代文学课的张恩和老师。闲聊中，张老师问我是哪里人，我说：“我来自江西瑞昌县。”他很高兴，并嘱咐我有空到他家玩。他说是江西南昌人，向来对来自江西的学子很热情，很关心。1981 年寒假的一天上午，我到张老师家拜访，他鼓励我一定要搞好学习，补好外语课，毕业时争取获得学士学位。1981 年 8 月的一天晚上，我到张老师家，向他求教读书方法。他很高兴地陪我坐了很长时间，嘱咐我尽一切努力搞好学习，并给我提了两点要

求：一是完成好学校规定的课程，对中外名著必须阅读，在读的过程中，要做好笔记，把作品中的主要人物、故事情节和优美文句记录下来。二是在古代文学方面，要多看作品和古今名家的评论文章，同时开动脑筋，琢磨人家的观点是否可取。他还说，到毕业时，如果我想回江西，他一定帮忙联系、推荐。1982 年 8 月的一天下午，我拜访张老师，他鼓励我抓紧最后一年时间，集中精力搞好一门专题课，在阅读别人论文的基础上，钻研一二个问题，钻研得越深越好，争取提出自己的看法，写出一二篇能发表的文章，争取给专业课老师留下较深的印象。1983 年 7 月我即将毕业，已确定分配到江西大学（现在的南昌大学前身）工作，记得是在 7 月 10 日的晚上，张老师在他家为我饯行。临别时，他叮嘱我到工作单位后，努力学习和工作，力争在三年之内站稳脚跟。

我到江西大学工作之后，一直与张老师保持书信往来，经常向他汇报的学业和生活情况，工作上遇到不顺心的事，也写信向他求教，他都及时回信，给予解答。每当我到北京出差，一定要登门拜访张老师，听他谈学问人生。

1987 年，江西大学中文系决定为本科生开设书法课，并把这一重担压到我的肩上。1988 年，我在书法课讲稿的基础上撰写了一篇题为《儒道思想对书法艺术的影响》的论文，发表在《江西大学学报》上。不久，《新华文摘》《文汇报》分别摘登了拙作的观点。我的第一篇稚嫩的书法论文，居然引起了学界的关注，这件事真使我喜出望外，自然也增强了我在书法方面继续探索的信心和毅力。当时我便发下宏愿，要撰写一部书法专著。

1989年我结婚之后，写信告诉张老师，并提到打算撰写书法专著的事，想请他出面，求启功教授先题个书签。张老师给我回信说："小文：从来信看，你工作、生活都很好，我也十分高兴，十分放心。成家了，也就立业了。这里'了'并非'完成式'，而是'进行式'。一般人如此，在你这样的年纪，就更其如此。希望你不断努力，保持原来的进取心和锐气，不断完善家庭建设，更不断完善自己的学业、事业，争取大的成绩。""你有志搞书法，极好，希望你锲而不舍，以求有成。""至于请启功先生题书名事……如能求得动先生，我定会努力。"

1991年元旦，我给张老师寄贺年卡，并附上一封信，再次提到想请他出面求启功教授先题个书签的事。张老师回信说："你一再提到想请启先生为你的书题签，心情完全可以

理解。”“我还可以试作最大努力。我有个想法：最好你自己用毛笔和八行纸给启先生写一短信，说明自己是师大中文系学生，一直钦慕启先生的书法和为人，现在又是写关于书法的书，极想先生为扶掖后学题个书签。文字写得简洁诚挚些，寄我转呈，我再从中说项，或可成功。”

1991 年 12 月下旬，我按照张老师的指点，用毛笔和八行信笺给启功先生写了一封简短而诚恳的信。张老师与启先生私交甚好，深得启先生的赏识。他收到我的信后，当晚即去启先生家，要老先生为我这个无名小辈题写书签。很快就求启先生为我题了个书签，名曰“书法纵横谈”。张老师用挂号信把启先生的题签寄给我，并附了一封信，写道：“我当晚即去启先生家，要老先生为你题签。也确实难为他，年岁大了，身体亦不好，事又多。然我已提出，也爽快地答应了。这也算你运气好，老先生这些年一般是不为外人题写字的；有人请写字需经校长办公室同意并付款（收入一律汇入励耘奖学基金会）。这次就算给你面子，老先生一口气写了三条（先写中间，次写右边，再写左边并题名，看来是较满意左边的）。启先生题签署名，一般不加印或加一印，此次加二印，是极不容易的事。你应该珍惜老先生对后学的一片爱心，要真正发愤，发奋，做出成绩。这也是我对你的期望。”张老师的教导，我一直牢记在心。无奈我生性愚钝，办事缓慢，加上到北京大学访学、到上海师大读博等多种原因，《书法纵横谈》书稿直到1999年才写完，2002年由中国社会出版社出版。

1992年，张老师还特意赠给我一幅斗方形式的书法作品，内容是鲁迅的五言小诗：“烟水寻常事，荒村一钓徒。深宵沉醉起，无处觅菰蒲。”落款：“鲁迅诗。师华贤契惠存。张恩和书。”他以自己的书法实践鼓励我好好努力。

1996年下半年，我到北京大学古文献所访学，那年12月28日上午，我到北师大拜望张老师。当时我有考博士的想法，向他求教。张老师把他新出版的散文集《国门内外》赠给我，然后就考博士之事，坦率地谈了他的看法。他说：“考博士要先明确考的目的，再确定是否考。考博士的目的不外乎三个：一是为了换个环境，调到大城市工作；二是为了在学业上钻得更深些，立志成为学术名流；三是为了搞个博士头衔。”接着他说：“为了第一个目的，就应该考；为了第三个目的，就不必考，仅仅搞个博士学位，意义不大。为了第二个目的，考也可，不考也可。能否成为学术名人，原

因是多方面的，考了博士，不等于能成为学术名人。”

2005 年 7 月 1 日，我到北京参加农工党建党 75 周年纪念大会暨农工党优秀党务工作者表彰大会。7 月 2 日下午，我代表南昌大学中文系到北师大校内英东楼启功教授灵堂吊唁德高望重的启功教授。之后，我到张老师家，他称赞启先生的品德、学问和书法，很慷慨地把北师大出版社出版的《启功韵语集》《启功口述历史》《启功题画诗墨迹选》《启功讲学录》等 4 本书赠给我，鼓励我好好读读启先生的著作。

2008 年 5 月，我到张老师府上拜访，他把新著《郭小川评传》《鲁迅与许广平》送给我。

2011 年 4 月，张老师回南昌，与我闲聊带研究生的体会，他说，指导研究生是一件艰苦的事，凡是要求学生研究的问题，导师自己必须心中有数，指导学生论文时，导师自己要查阅大量的书籍。他还引用北大已故教授王瑶的话说：“指导研究生是陪太子读书。”

2013 年 4 月，张老师到南昌，送我一本《启功韵语精选》，线装书形式，红色，非常精美。

为了让我在书法方面扩大交流范围，开拓视野，2015 年，张老师托北京鲁迅博物馆刘思源先生举荐我到浙江绍兴参加第31届中国兰亭书法节。我有幸在4月20日至24日到绍兴参加第31届中国兰亭书法节。接待我的单位是绍兴浙江越生联合印刷公司，该公司董事长叫寿林芬，是一位很有能力的女企业家。她派她手下负责接待工作的任娜娜女士专门接待我，安排我住在绍兴饭店，陪我参加书法节活动，并陪我了参观绍兴名胜，参观的景点除兰亭外，还有王阳明墓、徐渭墓、越王陵、书圣故里、蔡元培故居、沈园、秋瑾故居。在去绍兴之前，我提前写好了一些书法作品，其中有些作品的内容是我自己写的诗和对联。到绍兴后，分别赠给了朋友和有关文化单位。凡是从事书法创作和研究的人，来到绍兴兰亭，都是小学生，就像研究中国哲学的人到曲阜孔府，从事诗歌创作与研究的人到成都杜甫草堂那样，须带着“朝圣”的心理，虔诚地学习。我参加绍兴兰亭文化节，一方面感受到了书法圣地的气氛，另一方面了解到书法界的动态。

从绍兴回到南昌后，4月26日晚，我给张老师写了一封很长的电子邮件，向他汇报绍兴兰亭书法节的情况，并撰书一副嵌名联赠给张老师，以感谢他的提携之恩。联文是：“恩施学子传至道；和聚书堂著妙文。”同时还写了一幅书法拙作奉赠刘思源先生，托张老师转送，内容是自作诗《题赠

张恩和教授好友北京鲁迅博物馆刘思源先生》:“闲坐书窗勤著述，偶游山水览晴空。神思飞越千年上，无尽源流万壑中。”张老师给我回微信说：“小文：联句诗作都很好，只是联句往好里说多了些。绍兴之行顺利愉快就好，我也宽慰放心。希望你在书法这条路上越走越好！”

2017年1月7日至9日，我应学生陈维东的邀请，到北京市东城区和平里大酒店参加“中部三省中国文联青年文艺扶持计划项目《为梦想放歌》”改稿会。当时北京雾霾天气日益严重。9日上午，我到北师大校园拜访张老师，听他谈北师大的一些人和事。他说，北京雾霾越来越严重，有时也想离开北京，到江西老家南昌去住，但考虑到老妻邹老师躺在医院，女儿小洁在人民大学工作，他一个人不能离开北京，只能在北京住下去。10日早晨，我回到南昌。到家后，我给恩和师发微信报平安，恩和师回信时写了一首诗，题为《送师华从北京回南昌》:“晚辞京城雾霾里，千里南昌一夜还。车轮滚滚未惊梦，醒来亲人在身边。”我当时就把张老师这首送别诗写成书法作品。

2017年8月31日，我到中国人民大学参加中国宋代文学学会第10届年会暨宋代文学国际学术研讨会，当天下午到北师大拜访张老师。

9月1日中午12点多钟，我收到张老师微信，说邹老师在8月31日下午5点30分病逝。他嘱我抽时间到他家，他有些药品，托我带给他南昌的弟弟张恩荣。下午开完小组讨论会后，吃过晚饭，我到张老师家，坐下来谈了一个小时。张老师说："邹老师丧事从简，家里不设灵堂，不举行任何告别仪式；原来打算连骨灰都不要，后来根据女儿洁宇的建议，骨灰还是留着。明天一早，我和女儿、女婿，还有邹老师两个最亲的学生，一共5个人，到殡仪馆把邹老师遗体火化，送她归天。邹老师她自2007年因病而成植物人，到今年已10个年头。她今年80岁，受了太多的折磨，现在走了，也是解脱。我和女儿都早有思想准备，这一天迟早要到来。"我因9月2日上午要担任宋代文学会议小组讨论主持人，也只好尊重恩和师的意见，不去殡仪馆给邹老师送行。我劝恩和师保重身体，节哀顺变。9月1日晚，我拟了一副挽联发给张老师，内容如下：

沉痛悼念恩师邹晓丽教授：

此生辛勤执教，甘于淡泊，著作精严存学苑；

晚景长久卧床，受尽折磨，秋风萧瑟入天堂。

愚生 文师华 敬挽

2018年11月6日，我随中文系两位年轻的领导到北师大拜访文学院过常宝院长，谈请求北师大文学院支持南昌大学中文系提升办学质量的事情。7日下午，我抽空拜访张老师，听他谈学术人生。

总之，尽管我没有从事中国现代文学教学研究工作，没有进入张老师门下读研究生，但张老师是我大学本科的授业老师和江西同乡，而且他擅长书法，一路提携了我。我从张老师身上，学到了许多关于中国现代文学、鲁迅以及为人处世方面的知识。

张老师不仅一路提携了我，而且对我儿子读高中的事也给予了极大的关心和帮助。张老师是南昌三中的杰出校友。2003年7月，我儿子文迈原参加中考，被录取到南昌三中，并考入重点班，得到张老师的关心和鼓励。

二、关心和支持南昌大学中文系学科建设

南昌大学（原江西大学）中文系成立于1958年，学科建设无论是硬件还是软件都相对薄弱。张老师深知这种情况，对南昌大学中文系的学科建设，只要有机会就主动关心，不遗余力地给予支持。

1997年3月，南昌大学中文系正在申报古代文学专业硕士点，我到北师大拜访了张老师，并呈送了一份南昌大学中文系申报古代文学硕士点的材料给他，请他给予指导，并请他打听一下今年评定审批硕士点的情况。他满口答应下来，表示愿意帮忙。

我在2003年6月当选为南昌大学人文学院中文系主任，2004年下半年我们中文系“现代汉语”课申报教育部国家精品课程，张老师说要支持我在中文系主任职位上创造一点业绩。他凭借在学界的声望和人脉，鼎力相助。在张老师的指导下，经过多方努力，我们中文系“现代汉语”课程顺利通过了通讯评审。在终评阶段，张老师继续给予大力支持，我们中文系“现代汉语”课在终评中获得成功，成为江西省第一门教育部国家精品课程，实现了江西省国家级精品课程零

的突破。此事成为江西省高等教育2005年度的重大成果，写进了当年的《江西省政府工作报告》。

2005年4月5日，张老师应我的邀请，到南昌大学讲学。按照我们的安排，4月5日上午，他给研究生做讲座，题为《我与现代文学》，谈到他的求学经历和治学方法。他说，他既研究现代文学，又从事散文创作。搞学术研究的人，最好能兼搞一些文学创作，以增强文学感受能力。学术研究和文学创作，都要执着，执着追求，不懈努力，才能取得成绩。从事中文学科教研工作的人，还应该把字写好，要把练字作为提高修养的重要手段。他指出：现在有些人考上了研究生，却不好好念书，老是想着去干别的事。这现象，就好比是经过一番竞争，好不容易坐到了一个凳子，却不把这个凳子保护好，而是想着去骑自行车，去开汽车，结果是丢掉了已经到手的东西，造成很大的损失。张老师还对鲁迅、郭沫若等现代文学巨匠进行了分析和评价，他说，有学者认为“读鲁迅的书尽长脾气，读胡适的书能长学问”，这种看法是片面的。

4月5日下午，他为中文系本科生作学术报告，题为《鲁迅的价值和意义》，他肯定了鲁迅深刻的思想和卓越的文学成就，认为鲁迅是现代文学史上第一个提出“立人”思想的人，鲁迅对封建社会的黑暗面有深刻的揭露，对国民性格有冷峻的分析。“五四”运动，提出了“民主与科学”两大主题，经过 80 多年的发展，科学的价值已经得到全中国乃至全世界的认同。但“民主”在中国只能说是刚刚起步，它的价值还没有显示出来，还需要几代人的努力，只要“民主”的课题没有解决，鲁迅的价值就依然存在。

2007 年 10 月底，张老师到江西进贤参加“鲁迅与书法”的文化活动，我们中文系邀请张老师顺便到南昌大学做个学术讲座，张老师愉快地答应了。11 月 2 日，张老师到南昌大学，给本科、研究生做讲座，这次他讲了一个有趣味的话题，即《鲁迅的初恋——关系作家作品研究方法》。他轻松地讲，学生愉快地听。

三、我陪张老师游览江西的风景名胜

江西虽然经济欠发达，但山清水秀，历史文化名人灿若群星，旅游资源极其丰富。张老师热爱故乡江西的山川风物，我便利用请他来南昌讲学以及他回南昌探亲访友的机

会，尽力陪他游览江西的风景名胜。

2005年4月4日晚上，我陪张老师到南昌市内的红谷滩秋水广场观赏喷泉。秋水广场的喷泉全部用音乐控制，随着音乐旋律高低起伏的变化，喷泉忽高忽低，变化万千。喷泉最高可达108米。极其气派。张老师说："全世界恐怕也没有这么壮观的喷泉。"

4月6日上午，我陪张老师到位于上饶市境内的三清山旅游观光。6日晚上，住在三清山天门山庄。天门山庄的房间有阳台，阳台的屋檐下有很多燕子窝，燕子飞来飞去，自由歌唱，十分可爱。4月7日上午，我们游览南清园，看了神龙戏松、踏步天风、一线天、玉京峰、玉女开怀、玉台、司春女神、巨蟒出山、万笏朝天等景点。在三清山旅游时，山上轿夫见张老师像个大干部，有几分老态，七八个轿夫围着我们，要请张老师坐轿子游山。张老师说他能步行登山，不用坐轿子。那些轿夫只好怏怏而去。

4月7日傍晚，我们直奔位于鹰潭市境内的龙虎山。晚上8点半钟到龙虎山，住在仙都大酒店。张老师在与我聊天时，讲到一件有趣的事，他说，有一年到四川峨眉山参加现代文学研讨会，有位教授写了一首打油诗："人道峨眉天下秀，我看峨眉好个球。若非郭老吹牛皮，老子决不来此游。”他说，这样的诗太粗俗，缺乏美感和雅趣。

4 月 8 日上午，我陪恩和师到天师府、正一观、仙水岩观光。中午，我们在仙水岩景区外的和平饭店用餐，吃到了上清豆腐、芦溪鱼、芦溪虾、田鸡以及油炸小鱼，味道极其鲜美。张老师感到特别满意，特别高兴。

从三清山、龙虎山回来后，我把三清山之行的所见所感写成三首诗。其中一首题为《四月六日夜宿三清山天门山庄》:“登高览胜宿天门，廊前小燕喜相迎。千峰万壑云缥缈，一夜清闲隔俗尘。”张老师很喜欢这一首小诗，并写成书法作品。

2006 年 4 月 10—12 日，毛泽东文艺思想研究会 2006 年年会在江西科技师范学院举行，吉林大学老校长、博导刘中树教授是全国毛泽东文艺思想研究会会长，这次来南昌参加会议。张老师于 4 月 2 日到厦门参加鲁迅学术研讨会，7 日返回南昌。他在去厦门之前，刘中树教授曾与他通电话，约他在南昌见面，并一起登庐山。

4 月 12 日下午，我陪刘中树老校长及其夫人黄曼平老师、张恩和老师三人去庐山观光。12 日上午天降大雨，下午雨小

了一点。我们先到共青城瞻仰耀邦陵园，合影留念。然后从庐山南线公路登山。庐山气温骤降，降到2—3度。

13日在庐山上观光，上午到美庐、花径、锦绣谷、庐山会议会址、芦林一号别墅。下午去含鄱口、五老峰、三宝树等地方参观。

13日上午，我们参观美庐后，乘车到如琴湖、花径。如琴湖云气蒸腾，似仙境；花径桃花盛开，白居易草堂坐落在花径下面的山凹中，景色优美，温度似乎比如琴湖岸边要高些，而且没有寒风，可谓春意盎然。离开花径，我们乘车到仙人洞口。从仙人洞往下走，游览锦绣谷，经过蒋介石与马歇尔将军会谈的地方，在石洞内的石头上闲坐，我为刘中树、张恩和两位前辈拍下了非常好的照片。张老师开玩笑说："此乃刘、张论学处。"之后，路过观妙亭、好运石等景点。锦绣谷是自然风光密集之处，可谓一步三景，目不暇接。一会儿云雾茫茫，山峦全被覆盖；一会儿云雾飘散，奇峰怪石耸立，红花绿树呈现在眼前，景色千变万化，十分迷人。加上山泉流淌，响声清脆悦耳，令人心旷神怡。

13日午饭后，我们游含鄱口，此处气温很低，寒风阵阵，砭人肌骨，雾海茫茫，天昏地暗，游人寥寥无几。接着，我们又乘车前往五老峰，一路上只有我们乘坐的一辆小车，一个行人都没有，可见天气十分寒冷。到了五老峰山门口，一下车，狂风怒号，寒气逼人，只见高高低低的树上挂满了冰凌，满山玉树琼枝，一派银装素裹，恰似北国风光。我们感到特别兴奋，游玩的兴致达到高峰。张恩和、刘中树先生都说："今天收获很大，一天内看到了春夏秋冬四季的景色，即春花、夏雨、秋云、冬雪，不虚此行啊！"

13日下午6点多钟，我们回到南昌，我写成一首题为《庐山纪游》的诗：

穿云越雾登庐岳，曲径盘旋锦绣峰。
司马草堂花艳丽，如琴湖水汽蒸腾。
三叠清泉成妙乐，五老春松挂寒冰。
一日山中函四季，风光奇幻冠平生。

2011年4月17日一早，我和中文系熊岩教授母女陪张恩和师乘火车到赣州参观考察。熊岩教授有两位老同学在赣州工作，她的同学特地安排了一辆小车供我们使用。17日下午，我们游览赣州市内的八镜台、郁孤台，参观了蒋经国故居。

18日上午，我们到龙南县关西镇参观客家围屋。围屋呈方形，里面共有99间房子，还有仓库、炮楼、戏台。围屋建于清代中期，围屋的主人叫徐老四，其子在清代道光年间做过宰相，可见徐氏在当地是显赫家族。18日下午，我们到大余县，参观了牡丹亭、丫山古寺庙。

19日上午，我们登览大余县境内的梅关古驿道，梅花早已凋谢，大庾岭上梅树已经长出茂密的绿叶，竹笋如长枪大戟，挺拔向上。古驿道上，游人稀少，显得十分幽静。我们边聊天，边登山，感到十分悠闲，一直走到一脚踏两省（江西、广东）的地方——南粤雄关，在此尽情地观赏优美的风景，并摄影留念。然后慢慢地下山，又是走走停停。

从梅关古驿道下来后，我们乘车直接回到赣州市。午饭后，我们参观位于赣州市内的文庙（即孔庙），文庙规模很大，是清代中后期建的，保存得非常好。

这次赣州之行，我写了《陪恩和师登大余县梅关古道》二首，其中第二首写道："莫道先生逾古稀，梅关览胜爱青枝。古来迁客伤心地，我辈登临觅小诗。"

2012年6月12日上午，我和熊岩教授陪恩和师到南昌市红角洲的傩园游玩，欣赏形态各异的傩面石雕和卧龙岗的山林景色，吹吹清风，张老师感到特别轻松愉快。回来后，我写成小诗《与熊岩陪恩师张恩和教授游南昌中国傩文化园》：“灵气深藏称卧龙，石雕傩面见神工。南风吹拂杨梅灿，翠绿林间草木荣。”

6月15日下午，我与熊岩教授一起陪张老师到南昌市新建县大塘坪乡汪山土库参观。熊岩开自己的小车，行程较方便。汪山即汪山岗，距南昌45公里，土库即土屋。汪山土库是程氏家族在汪山岗建造的房屋，占地108亩，由25栋抬梁穿斗式结构的青砖大瓦房组成，大小房间1443间，天井572个。规模宏大，气势雄伟，是清代官僚豪门府第的代表作，在江南乃至全国都极为罕见。汪山土库的主人是史称“一门三督抚”的清中期湖广总督程矞采、江苏巡抚程焕采和安徽、浙江巡抚程楙采兄弟。汪山土库的设计和建造者，是清代著名的建筑世家“样式雷”家族的第四代工匠雷家玮、雷家玺、雷家瑞三兄弟。

参观汪山土库后，我们又到象山国家森林公园，这座森林公园原是林场，现成为旅游景点，离南昌市内40多公里。森林面积将近3万亩。森林公园内有大量的鸟类，有清澈的池塘。树林内有石屋、木屋等供游客休闲住宿的地方，环境

幽静，空气清新。

15日晚，我们住在象山国家森林公园的小木屋中。熊岩和她女儿住10号小木屋，我与恩和师住在11号小木屋。晚上躺在小木屋的床上，一边聊天，一边听着屋外树林中昆虫的鸣叫声，更感到山林中幽静宜人。恩和师说："从北京、南昌的闹市来到这茂密清幽的森林中，心里感到特别舒适，心中的烦恼似乎一下子消除了。这样的地方住一晚真值得。"

16日一早，我陪恩和师沿着池塘四周的小路散步，边走边聊天，十分地悠闲。吃过早饭，我们一行四人到池塘边上的靠椅上坐下来，一边观赏池水、树林和飞鸟、一边畅谈人生、文学和艺术，一直聊到上午11点30分，我们才把小木屋的住宿卡退掉，坐熊岩的私家小车离开森林公园。晚上，我撰成小诗一首《2012年夏陪恩师张恩和教授游南昌象山国家森林公园，夜宿11号小木屋》："万亩森林如绿海，松杉茂密气清幽。闲眠木屋听虫语，漫步池边赏白鸥。"

四、在我家谈艺挥毫

张老师晚年工作上没有压力，精神上的压力就是他的老伴邹晓丽老师成了植物人，长期躺在医院，他心里经常牵挂着邹老师。为了缓解精神上的压力，张老师自 2011 年以后，每年回南昌一至二次，看望他的兄弟姐妹，同时也是换个环境调理一下心情。他每次回南昌，都会告诉我，我把他接到我家，喝茶聊天，挥毫写字，然后吃个便餐。我们之间，可以说亲如父子。

记得 2011 年 4 月 11 日，张老师从北京回到南昌，当天下午我把他接到我家住，住在位于红谷滩新区的我家新房子中。

4 月 12 日上午，我陪张老师到瀛上给他亡父亡母扫墓。

12 日下午、13 日至 15 日下午 3 点钟，张老师在都我家上电脑，写字。当时，他正在与女儿张洁宇合写《毛泽东与郭沫若》一书，书中涉及到 1965 年的“兰亭论辩”等学术争论问题，须注明出处。张老师嘱我到南昌大学中文系资料室帮他借《兰亭论辩》《柳亚子诗词选》等书籍。刚好我家里有《兰亭论辩》一书，另外从中文系资料室借到《柳亚子诗词选》，帮他解决了《毛泽东与郭沫若》一书的相关引文出处的问题。他感到收获很大，非常高兴。

14 日那天下午，他一边写字，一边与我聊天，话题都是书法，时时谈到启功先生。张老师写字时，我把电脑中的

音乐打开，他说："一边听音乐，一边写字，感觉墨韵酣畅，特别好。"张老师书法受启功先生影响，但比启先生的字柔美流畅。

张老师还聊到启功先生的一些逸事，他说："启先生写字极其认真，经常是先折格子甚至画格子，然后再写。北师大有些工人、司机都得到过启先生的书法作品，启先生身体好的时候，真正是有求必应。启先生在老伴去世后，坚决不续弦，孑然一身，心境力求平淡。启先生晚年并非没有七情六欲，只是他能以道德、理性约束自己的情感，把本能的情感转移到学术研究和书法创作上去。启先生同样是一个多情的人，他的字清瘦的笔画中贯注着学人的情思，充满对生活的热爱，充分说明他并非心如死灰。"

张老师见我的书房禾斋很宽敞，写字台很大（长 2.2 米，宽 1.1 米），感叹地说："你这读书写字的条件比启功先生的坚净居好得多。启先生晚年住在北师大小红楼，他的书斋坚净居大约只有 15 平方米，书桌长大约 1.5 米、宽大约 0.7 米，上面还堆放了很多书，书桌上可供他挥毫作书的地方大约只有长 1 米、宽 0.5 米那么小的空间，要想写四尺整张的中堂或条幅，都无法施展得开。所以，启功先生的书法作品大多是小幅的作品，很少有大幅的作品。受书斋空间、书案面积的限制，是一个重要的原因。”

15 日下午 3 点钟，张老师侄子张志宇开车到我家，把张老师接到他家去。

张老师这次也是第一次在我家住了 4 个晚上，在我家可以上电脑、看书、写字，他感到我家宽敞、舒适，比住宾馆好得多。

4 月 25 日上午，张老师又来我家，写了 10 多幅书法作品，送给他在南昌生活的中学同学以及他的侄儿张志宇、甥孙梁育红等人。

2013 年 4 月 24 日，我请张老师来我家写字，晚上在我家吃饭。内人非常喜欢张老师灵动秀逸的书法，她觉得恩和师的字比我的字好看，她认为我的字太朴拙、笨重。当然，她不明白，多年来，我一直在摆脱启功先生书法风格对我的影响，一直在追求变化、寻找自我，一直在为形成自己的书法风格而刻苦努力，这是一条漫长的道路，须不畏艰辛困苦，勤练，博览，深思，才有望形成自己的风格面貌。张老师兴致颇高，为他家的亲戚写了几幅字，也为我家写了两幅。内容分别是：李白诗句：“天清江月白，心静海鸥知。”

王维诗句:“明月松间照,清泉石上流。”我奉赠一幅书法拙作给恩和师,内容是李白《春夜宴诸从弟桃李园序》句:“阳春召我以烟景,大块假我以文章。”

2014 年 4 月 13 日下午,张老师在我家为他侄子张志宇的两位朋友各写了 3 幅字。4 月 15 日上午,张老师来我家,给浙江绍兴市鲁迅纪念馆、沈园各写了一幅 4 尺整张的书法作品。张老师给绍兴鲁迅纪念馆写的书法作品是鲁迅《赠画师》:“风生白下千林暗,雾塞苍天百卉殚。愿乞画家新意匠,只研朱墨作春山。”给沈园写的书法作品是他自己作的诗:“错在东风恶,莫叹世情薄。千古风流传佳话,引多少男女临池阁。临池阁,泪婆娑。桃花虽落诗魂在,咽泪寻句锦书托。”落款:“游沈园,读陆游、唐婉词《钗头凤》有感,凑句。”两幅书法作品都是一气呵成,秀美流利,张老师感到很满意。写好书法作品后,张老师的外甥女催他去吃饭。他把书法作品和印章放在我家,嘱我帮他盖章。我当天晚上帮他盖好了章。

16 日下午,张老师来我家,用他的相机采取自拍的方式为我们俩拍合影,以他的两幅书法作品为背景照了两张合影,他坐着,我站着,这样的合影最能体现师生关系。张老师在谈到书法创作时，风趣地说："书法作品就像女人，许多书法家写的字，就像许多女人在一起，有的很美，有的很一般，有的很丑。凡是很美的字，就像很美的女人一样，让人感到赏心悦目。美女要有好的面相、身材和优雅的气质，好的书法作品要有精美的笔画、结体、章法和空灵的神韵、高雅的格调。"对张老师的这种书法观念，我很赞成。他的这种书法观念与启功先生的书法观念是一致的。启功先生自始至终主张书法作品既要给人美感，又要让人易识，要达到审美与实用的高度结合。张老师的书法虽然未能自成一体，但能给人秀美的感觉，同时也容易认识，这就是他的书法受人欢迎、赞赏的原因所在。

2015 年 10 日 8 日上午，张老师来我家写字，其中有一幅是为他二姐 90 大寿书写的"寿"字中堂。

2017 年 3 月 16 日上午、23 日上午，张老师来我家写字，他侄子张志宇、甥孙梁育红跟着到我家，侍奉并观赏张老师挥毫泼墨。张老师为进贤县文港镇毛笔文化博物馆邹农耕等人，为他侄子张志宇、甥孙梁育都写了书法作品，并为青苑书店写了"青苑雅集"四个字。5月8日，张老师在举办"读书与书法"个人书法作品展期间，来我家挥毫遣兴，并给我

家书写了“室雅兰香”4字。10月21日下午，张老师来我家写书法作品，他写完字，坐下喝茶，我帮他盖章。

2018年10月29日上午，我接张老师来家里聊天，听他讲他在北师大和中国社会科学院研究生院执教的经历。这一次，他没有书法方面的应酬，没有写字。

2019年10月28日下午，张老师侄子张志宇、甥孙梁育红陪他到我家写字，梁育红的一位同事即将搬进新居，特来南昌向张恩和师求墨宝。张老师神清气爽，一边构思，一边称赞我家的书房和书桌都挺好。他说：“你这儿气场好，我每次来你这里写字，都感到得心应手，挥毫有劲，写出的字墨韵酣畅，章法完美，效果非常好。”接着，他书写了两幅字，一幅内容是“宁静致远。”另一幅内容是唐代韦承庆诗句：“岸花开且落，江鸟没还浮。”他写好字后，我帮他盖章。他又开玩笑说：“以后我要卖字，就到你家来写。你可以收点场租费。”其实，张恩和师从来没有卖过字，他是心里高兴，才这样开玩笑。我约他明年（2020年）再来南昌，他也答应了。但万万没有想到，2019年10月28日下午的叙谈，竟成了诀别。

五、晚年在南昌与其他朋友的交往

张老师晚年回南昌，除了在他弟弟家吃住、在我家谈艺挥毫之外，还结识了进贤文港镇邹农耕等许多书友文友。兹就我所知，略述如下。

2013年4月26日，我与熊岩教授一起陪张老师到进贤县文港镇参观华夏笔都毛笔博物馆。张老师应文港镇舒国华副镇长、毛笔博物馆邹农耕先生之请，写了10多幅书法作品。

2014年4月10日上午，张老师侄子张志宇开车送张老师去进贤文港镇，我陪张老师一起去文港。张老师那次是应华夏笔都博物馆邹农耕、进贤县政协副主席夏国平的邀请，到进贤县为文学艺术爱好者作一次讲座。我们10点多钟到文港华夏笔都博物馆。邹农耕先生热情接待我们，他先泡好茶，然后一边饮茶，一边聊天。谈的话题都是书画界诸多不如人意的现象，大家不免感叹唏嘘。吃完午饭后，我和张老师的侄子回南昌。张老师留在文港，由夏国平、邹农耕安排他讲学和旅游。

邹农耕先生继承祖业，以生产和销售毛笔起家，他不仅是毛笔企业家，而且是很有思想境界和文化品格的毛笔收藏

家和研究专家，是商人中的儒雅之士，其实“儒商”二字还难以概括他的精神境界。他对张老师的为人和书法很敬佩，并表示希望张老师多挥毫泼墨，等到合适的时候，为张老师出一本书法集，办一个小型的书法展。他的这个创意，成为张老师2015年、2016年整理书法旧作和集中创作书法作品的动力，推动张老师提高了书法创作的产量和质量。

2017年3月12日，张老师来南昌，校对进贤文港毛笔文化博物馆、农耕笔庄为他出版的《张恩和书文专辑》书稿。与此同时，张老师的书法作品也在装裱之中。

5月6日上午，邹农耕先生等友人在榕门路四宝堂书画店为张老师举办“读书与书法”书法作品展，展出作品40多幅。张老师书法属于学者书法，笔画、结体受启功先生的影响，但又有自己的笔情墨趣，写得活泼生动，充满清雅之气，丝毫没有八十老翁的老拙之态。张老师倾注毕生精力研究鲁迅，有些书法作品的内容是鲁迅的诗文名句，借鲁迅语言表达自己的人生感悟和对现实的批判态度，给人以振奋和启迪。参观展览的人对恩和师的书法评价不错，认为书法形式有自己的特点，书写内容表现出学者的情怀，格调高雅。

5月6日下午，邹农耕先生等友人在洪都大道金域名都青苑书店举办“读书与书法”学术讲座，张老师担任主讲人。承蒙邹农耕先生抬爱，我担任讲座主持人。自古以来，根据书写者的身份，书法创作可分为官员书法、书家书法、画家书法、作家书法、学者书法等，张老师的书法自然属于学者书法，张老师谈书法自然是从读书治学的角度切入。在当今的文化界，学者兼长书法的为数极少。学养深厚，道高于艺，笔墨中有精神，平淡中见奇崛，这是学者型书法的突出特征，这类书法在当前还太少，有待于发扬。

2018 年 10 月 12 日，张老师来南昌，刚下飞机，他甥孙梁育红开车接他到高安、宜丰等地旅游，然后他又到进贤文港参加毛笔文化研讨会。

2019 年 6 月 28 日，张老师从宜丰县观山旅游后回到南昌，南昌市政集团杨宝珍女士在滕王阁附近的的古玩交流中心观唐空间雅室设宴为恩和师接风洗尘，参加人员有来自进贤县、南昌市两地的文友，大家都是来陪恩和师谈天、观景、品茶、听琴、吃饭的。观唐空间雅室靠西边的墙全部是玻璃的，坐在室内看滕王阁全景、赣江以及赣江西岸的秋水广场，视野开阔，一览无余。大家在傍晚六点钟之前达到观唐空间雅室，坐定后，一边品茶，一边听江西省书协副主席

张建华弹古琴。然后坐到餐桌上，一边饮酒谈天，一边欣赏滕王阁和赣江夜景。夜晚的滕王阁灯光璀璨，流光溢彩；夜晚的赣江宁静空阔，凉风习习；夜晚的秋水广场音乐喷泉直冲蓝天，高达108米，游人川流不息。这些美景，坐在观唐空间中都能欣赏到，确实令人心旷神怡。晚饭后，张建华继续弹古琴，秦韡唱楚调唐音王勃《滕王阁诗》等，大家继续品茶、聊天、听琴、赏歌。结束时，杨宝珍拿出准备好的书法册页，请张老师、张建华和我题字。应杨宝珍女士之嘱，我临时想了一副应景对联，写在册页上："千年楼阁流光溢彩；满室宾朋饮酒放歌。"

7月2日，我与张老师侄子张志宇夫妻俩一起，陪张老师到高安市走访他的的远房亲戚、园林公司董事长邓志平，到邓志平正在开发建设的园林参观。

2019年10月，张老师来南昌。10月27日下午，我陪张老师到南昌市政集团杨宝珍女士的朋友那里写字、唱歌，张老师兴致很高，他唱歌时，要我用手机给他拍照，并说他年轻时是北师大合唱团的领唱。他唱歌的确节奏很准，字正腔圆。当时张老师身体精神状态都挺好，没有丝毫的衰老迹象。但我们万万没有想到，2019年10月31日，张老师从故乡南昌回到北京后，因在家里摔一跤导致脑溢血而不幸离开人世。

张老师在南昌留下的最后身影是：唱歌、写字。

唯一的遗憾是，张老师2019年10月来南昌，本想到青苑书店免费作一次纪念“五四”运动100周年的讲座，结果因多种原因，他的学术心愿未能实现。我想，这是张老师最后一次江西之行感到十分遗憾的事。这一遗憾无法弥补。

2020年4月20日至5月8日 初稿

2020年5月11日修改

怀念张恩和先生

·夏国平

一

有幸与先生结缘，是在 2007 年。是年，中国毛笔文化博物馆筹备已基本就绪。馆主邹农耕道兄还创办了《文笔》。他任主编，加上文先国大兄和我，进贤县本土共 3 个编委。此后，我们常以《文笔》编辑部的名义对外联络。

2007 年 10 月底，也主要是我们仨具体操作吧，进贤县委县政府承办了由北京鲁迅博物馆和中国鲁迅研究会联合举办的首届“鲁迅与书法”研讨会。时任文化部副部长、故宫博物院院长郑欣淼出席开幕式。与会的 30 多名嘉宾，或是书家，或是鲁迅研究专家，而且不乏大家，如孙玉石，如朱正，如扬之水，如孙郁、刘涛等。张恩和先生是唯一的双料嘉宾，既是书家，又是知名鲁迅研究专家。会上三位耆宿，朱正居长，孙玉石次之，先生比孙先生又小一岁，为季，皆已年过古稀。但先生一点没有秋气，言语睿智风趣，会上会下，十分活跃。会后，东道主组织参观考察。看过李渡烧酒古窖遗址后，朱正（对下联）、中央美院刘涛（现场作书）、北大高远东（出上联）合作了对联：李渡从来多佳士，酒坊原是无形堂。先生留下了“元香”二字墨宝。我击节赞叹，一个“元”字下得其妙无比，元者，元代也。李渡烧酒古窖的断代，最迟也当为元代末期。专家推测，如果进一步发掘，或者还可上溯。其考古意义，就在于佐证了李时珍《本草纲目》提出的“烧酒无古法，自元始创”的论断。又，元，始也，初也。在华夏笔都文港，与会嘉宾集体为“中国毛笔文化馆”奠基。孙玉石先生即兴口占七古二十八言，先生挥毫作书，诗曰：

竹管默默出青山
毫末柔韧舞翩跹
蘸风蘸雨又蘸墨

写尽沧桑留人间。

跋曰：华夏笔都中国毛笔文化博物馆奠基 北京孙玉石作 张恩和书于丁亥秋。

从此，先生与进贤，与我们结下深厚的情缘。先生是南昌人，1954年，18岁，已在青年团南昌市委组织部参加工作的他，弃职再考，进入北师大，将自己的履历改写到了京华，此后一直生活工作在北京。妻党大都在北地，但父党一族均在江右，根还在江西。人都有故乡情结，先生也不例外。他爱南昌，爱得很深。乃至要求女儿填写履历时，必须写明：祖籍江西南昌，出生于北京。进贤为南昌郊县，攀起来也算是老乡吧。

我们相约，以后先生回南，必来进贤聚聚。

先生金诺。12年了，多在春秋两季吧，每南下，我们都会在南昌有雅集。先生也都会到进贤盘桓两三天，文港是中心。进贤的文化地标，军山湖、青岚湖、栖贤山、金山、大石堖……还有艾溪陈家、杨溪李家、周坊、沙河晏家、曾湾等大多数文化村落，都留下了他的足迹。为县里的文化活动站台，给县里的文学艺术爱好者做讲座，题匾、题额、题词，书写楹联，可谓有求必应，不吝笔墨。县里许多文化人士、文艺青年都与他成了朋友。

去年，先生于6月中旬、10月中下旬两度回南。10月之行是他人生最后一次回望故里。我的印象，盘桓的时日也是最长的一回。冥冥中也许有某种预感吧，按他甥孙梁育红的说法，该做的他都做了，为父母扫了墓，与住在高安，年逾九旬的姐姐，还有南昌的兄弟都有很从容、其乐也融融的团聚。

但于我们，却留下了三大无可弥补的遗憾。

他最后一次故乡行，其实跟我们大有关系。众所周知，去年是“五四运动”100周年。他毕生从事中国现当代文学研究、教学，重点是新文学，重中之重是鲁学。“五四运动”百年，亦可以说是新文学百年，他有一些话想说，是多年积淀，深思熟虑的话。做了一个讲座，在江苏、在山西、在贵州，讲过几场，反响很好。本来我们商量在“青苑书友会”上讲一次，预定6月份某个档期。《文笔》责任编辑张国功道兄是南昌大学人文学院教授，他觉得书友会的规模有限，既然南来，为效率计，干脆在书友会讲过之后，再安排到南昌大学讲一次。于是将时间推迟到10月份。没想到届期上面突然收紧，所有的讲座必须严格审批，安排不了。但先生行

期事先已定，并作了其他顺带的安排，便如期回南。一个他很想做的讲座，酝酿了大半年，结果不了了之，先生虽然大度，恐亦不免小有挂怀吧。但却无法弥补，先生永远不能再给我们做讲座了！此一大憾也。

他最后一次故乡行，无巧不巧，我们都忙，没有办法陪他。只是他在一个自然保护区小住了一段回到南昌后，由青苑书店万国英道兄做居停主人，小聚了一次。我们三个而外，另有张国功道兄和《风雅》主编杨宝珍女史。此后，先生在南昌他兄弟家里小住，我们也没有时间邀他来进贤。12年间，唯一的一次，我们失约了，而先生再也不能来进贤了！又一憾也。

没有好好地陪陪先生，又没能邀他来进贤，心里很是愧疚。想到我们曾经提及过有时间去看看白鹿洞书院。在他预定回京的前两天，我正好有个空档，但农耕道兄依然抽不开身，便和先国大兄约好，明天陪先生去看书院。并请在县里挂职副县长期满刚回光大银行的陶冶道兄——他是星子县人，做了初步安排。但和先生商量时，他说，下回吧，就要返程了，东西得归一归，也想安安静静地和兄弟侄辈聚一聚。但是，没有下回了，此三憾也！

二

于我个人而言，说到遗憾，有更甚于此者焉。

军山湖生态旅游开发，是新世纪以来县里决策层一届接一届努力推动，但迄今没有见效的一个大课题。2005 年 11 月，为了配合宣传，我写了一篇散文《军山湖传》，发在《江西日报》副刊《井冈山》上，八九千字，一个整版。那是时任江报副刊责编的李滇敏女史鼎力支持的结果。“鲁迅与书法研讨会”上，作为县情推介资料，放进了文件袋。与会嘉宾都是名家，也不指望有谁会认真看。没想到先生不仅认真看了，而且大加肯定，会议间歇聊天时，对我多有鼓励。后来，在讨论我拟选编的散文集《方音》时，重看此文，他顺手写了一首张打油的侧批：因读湖传初识君，再读该文识更深。纵横捭阖写山湖，只因心中有母亲。我知道，一方面是先生对我的偏爱，另一方面，同为老表，相似的成长环境，更容易引发共鸣。另外还有一个重要的原因，他是老鲁党，我是小鲁党。

从此，我们有了颇为频繁的文字来往。他所有的著作、结集，已出的，新出的，都有寄我。在报刊上新发表的文

字，出席各种活动的资讯、发言稿，做讲座的讲稿、录音整理稿，乃至他女儿洁宇世兄有关新文学、鲁迅研究的活动资讯、发言稿、做讲座的讲稿，都会让我先睹为快。2016 年前后，我始写《方音》系列散文，记录行将消失的家乡方言中保留的一些古语词化石及相关的生产生活习俗。随手发了几篇，请他指点。还是因为偏爱，因为曾有相似的成长环境容易产生共鸣吧，他很感兴趣，让我把写出来了的都发给他。我自然尊敬不如从命。那已是 2018 年八九月间了，因为记得我给他的短信有“大热天强夫子读歪诗文”的话。他逐篇看过，就像批改学生的课业，提了很多中肯的修改意见，连错别字都标注出来，稍有可取之处则大加圈点，给予鼓励。

他很郑重地建议我结集印行，并主动提出亲自作序。

我颇费踌躇。我对自己的文字一向很自知，很自卑，常用庄公寤生来形容每每吭吭哧哧写出来一篇东西时的感觉。更主要的是感觉这些文字的地域性太强，本埠人或有会心，但司空见惯，不一定有兴趣看。而外埠人呢，又因为隔，很难产生移情或曰共鸣，更不会有兴趣看。花钱出书，印出来就成了没人愿看的垃圾，浪费资源，空招痴泠符之讥，很不环保，很不上算。我把这心事禀告了，先生不以为然，还是再三鼓励动员。

我不免心动，就按结集的意思把陆续写好的十二三万字梳理了一遍，又把早年发过，题材相若的几万字作为附集，其中包括《军山湖传》，曰“旧文重抄”，归拢在一起。先生用了一个编辑软件审阅校勘，并加批注。真可谓郑重其事。

而我一向是一个很黏糊的人，出集的事，一直迁延着。最终辜负了先生的一片奖掖提携美意。呜呼，《方音》即便要出吧，但我到哪里去请先生作序呢？

三

我与先生，是忘年交，师生谊。

他是长者，我自然执弟子礼，文字往来均署“门墙外”。不记得具体时间了，有一回，他在毛笔博物馆挥毫作书还字债，写了一个斗方，是“澄怀观道”四个字，觉得不满意，正要团掉。我伸手挡住了，说：挺好呀，团掉干吗？我留了。他说，你觉得好，就给你呗。换笔落款时，我说：你老是学棣学棣的，我实在不敢当。他握着笔，看了我一眼，问：那你说怎么写？听你的。我说，你的门墙高，我入不了

室。如果承蒙错爱，能认个记名弟子，就下个“贤契”二字，不胜荣幸。他笑了笑，说：岂敢岂敢，孟子说，人之患在好为人师。我大半辈子为人之患，既然你这么说，那就斗胆再“患”一回吧。那次回京后，我给他发信息，习惯性地又署了“门墙外”。他即回信说：不是说好了吗？怎么又见“外”起来了？此后，我就直署“门下”了。

学高为师，德高为范。其先生之谓欤。我们几个对先生，都有爱其书其文，更爱其人的同感。2015年，农耕道兄编辑的“晴耕雨读”丛书之五《张恩和书文专辑》印行，我因之写了《读张恩和：其书其文其人》。我始终认为，无论为书为文为人，先生最难得的是一个真字。我还提到，从他对师长的态度，最能见他待人之诚，用情之真。那时候的北师大，前民遗风，大家云集。半个世纪后，张恩和自己也入耄耋之年，应该说也是桃李满天下吧，说起当年的师长，仍然尊敬有加。说到动情处，往往眼圈泛红声音哽咽。我印象，说得最多，应该也是他最尊敬的吧，是钟敬文和启功两位老先生。钟敬文是他的业师，那不用说。启功呢，学生时代也听过他的课，但主要是留校后，同在一个教研室，后来虽调入社科院研究生院，仍然同住北师大校园，过从甚密，情同家人。

然而，2019 年 7 月底，网上有一篇《启功不肯为逸夫楼题字，是不满其作秀？答案就在一则真实故事里》的博文，聚讼“兔人楼”轶事。有这样一段话：此番说词来源，我耳目所及，多人云亦云，也未见可靠材料。最早的说法，当出自《中国青年报》前几年刊发的某篇写启先生的散文，作者张恩和，是供职在社科院的一位现代文学研究学者，可他本人与启先生也没啥来往，也是在启先生过世之后道听途说而来，望风捕影，不足为凭。

我偶尔在网上看到，觉得挺有趣，就随手转发给先生，并附言曰：一笑可也。先生说：他提到我发在《中国青年报》的那篇文章，却不肯好好看，叫我怎么说呢。

言及此，就多说两句吧，兔人楼轶事，我也听先生说过，是不是“最早的说法”，是真是假，不知道；先生是亲炙耳闻，还是道听途说，我也不知道。但说“可他本人与启先生也没啥来往”，这话真的“不足为凭”。

先生与启功启老，可谓亦师亦友，就连他的女公子张洁宇，也深得启老喜爱。启老还没有红透时，先生是他家的常客。启老门庭若市时，张恩和反而退避三舍了。以至章景怀

先生（启老的内侄，启老的晚年就由他照顾）怪他怎么长日子不来了，并告诉他：老爷子听说你也写字，可高兴了，要你什么时候写幅字给他看看。先生也没当回事。过几天，在开水房碰到，章景怀先生说：张恩和你怎么回事？不是叫你写幅字给老爷子看看吗？先生这才知道不是随便说说。于是很郑重地写了一幅字，一首张打油，题曰有感呈启功师：门外偷学两三拳，画虎未成反类犬。胆怯碍难取真经，心诚立雪亦枉然。——我听先生说这旧闻时，打破砂锅问到底：启老怎么说？先生笑笑：未置可否，只是说，要多写，好好写。

我曾建议，把他与那一代大家的交往，事无巨细，点点滴滴，写下来，都是珍贵的史料和记忆。他说：不是有很多人在写吗？够多的了。一堂课都没有听过，就敢说，某某某是我的老师，我是某某某的学生。甚至有人说自己是启先生的书法弟子。启先生压根就没有收过书法弟子，这是他亲口说的，就是为了辟谣。八几年吧，上面动员他收书法研究生，他坚决不干。如果他肯干，第一个收书法研究生的就不是欧阳中石了。学生的责任是什么？是要光大师门。你学有所成，就不需要一天到晚把师门顶在脑门。你学无所成，标榜师门就是辱没师门。我说，正因为有许多人挂羊头卖狗肉，所以更需要真实的记忆呀。他说，零零星星的也写过一些吧，要系统地写，精力不济喽。

他对我的知遇之恩，我身受心感，亦可见其待人以诚之一斑。2008年吧，进贤县委县政府主办的“曹雪芹家族文化研讨会”召开之前，我和文先国大兄进京联络会务事，到北师大丽泽6楼拜访先生。那时候，他夫人邹晓丽教授身受积年类风湿病的折磨，已卧床不起，不久就常住医院，且失去意识，直到2017年8月弃他而去。邹教授是著名语言文字学家，对红学研究也有建树，从语言文字学的角度治红。先生知道进贤是曹雪芹的祖居地，了解到进贤在组织曹雪芹家族文化研究，便和老伴商量，把她有关的两部专著借我们带回来参考研读。其中，《解语析言说红楼》在他们自己的书架上已是孤本，却慨然相借，只是嘱咐我用完后以特快专递寄回——其古道热肠若此。

我始终认为，他其实是一个很传统的学人。尽管他对传统文化一直是持坚决的批判扬弃的态度。他是铁杆鲁党。比如，对近年来鼓噪日甚的所谓传统文化教育，倡导读《三字经》《弟子规》《了凡四训》乃至《二十四孝》并目之为国学精粹，他特别反感。他认为，五四新文化运动是启蒙运动，

但是不彻底。他对现实总是保持清醒的头脑，也不乏批判的态度。他不热心政治，所谓仕途，屡屡在他面前铺上红地毯，他决绝地视若无睹，另辟蹊径，自甘放逐，执着于自我实现的完成。他骨子里就是一介书生。

虽然常怀家国忧思，但他是豁达乐观的。与先生晏坐，常令人如沐春风。其实他并非命运的宠儿。本来儿女双全，唯一的爱子却在而立之年遭逢不幸。他夫人也是北师大留校生，矮他一级，由同学而同事而携手同行，几十年相敬如宾相濡以沫。人说年轻的夫妻老来的伴，但师母晚年身受重症折磨以至失去意识，先生从此天涯孤旅。这些，在他的文字里看不到，他的散文，充满家国情师生情朋友情黎庶情，却没有儿女私情。在与他闲聊时，也听不到。我是后来认识洁宇教授后才有所了解。“逢人就分送冤单，有什么意义呢？”他是鲁迅研究大家，自然深谙此语三昧。你看他，一天到晚乐呵呵的，脸上总是挂着慈祥、灿烂的微笑，恩和式的微笑。人说，七十不留宿，八十不客食。可他，七老八十的，还患过肾癌，动过手术，仍然东跑西颠，一年总有个三五次远足吧，也不需要年轻人陪护，乐此不疲，不知老之已至。行程安排、购票都是自己线上完成。他摆弄个电脑、手机，什么网上冲浪，什么QQ、微信、支付宝购物、12306购票、文字输入，电脑转手机，手机转电脑，比我玩得还溜。所以我对他说：论生理年龄，你是长辈，但论心理年龄，我老了，你还年轻。有时就没大没小的叫他，你老小伙子，自称我小老头子。

这老小伙子，又远足了，说走就走。哲者说，死是生命完成的最终形式。这完成，大多数人异常艰难、痛苦。他呢，举重若轻，以他惯有的豁达、坦荡，完成得很轻松。把那慈祥灿烂的恩和式的微笑带到了天国，我想众神也会被感染，于是天国也就更天国了。

2020年3月17日

鲁迅精神的传人

——怀念张恩和先生

· 刘运峰

11 月 11 日一早，我正忙着报一份材料，中国鲁迅研究会理事微信群中突然传出张恩和先生因病去世的消息，大家纷纷留言，表示对张先生的哀悼。

鲁迅研究界的又一位重量级的学者去世了，真让人无可奈何。一天当中，我眼前时常浮现出张恩和先生的形象。他的文字，他的言谈，都令人难以忘怀。

最早知道张恩和先生的大名，是在一份未能刊出的报纸清样上。

2000 年 6 月的一天，张铁荣教授给了我一份文章的复印件，是《中华读书报》记者祝晓风兄写的专稿《黄书记当上“副会长”》。这篇分量很重、颇具冲击力的稿子已经排好，本来准备在6月14日的《中华读书报》刊出的，但在开印前却被突然撤了下来。大家看到的，就是排好的清样。

文章写得很精彩，我一口气读完，其中《的确有人“拂袖而去”》一节给我留下了深刻的印象。文章提到，当有人在鲁迅研究会的理事会上提议让“黄书记”（该人曾承诺资助鲁迅研究会10万元）当鲁迅研究会的副会长时，“著名学者、现任中国社会科学院研究生院博士生导师的张恩和，对此事提出了质疑。张恩和认为，第一，这件事不合适。现在社会上一些人花钱买学会的会长、副会长，败坏了社会风气。别的学会可以这样做，但我们鲁迅研究会最好还是别做这样的事，毕竟我们是以鲁迅的名义，要有点‘鲁迅精神’，学会还是纯洁一点好。第二，这样做不合程序。因为会长、副会长要理事会选举产生，而今天到场的理事只有不过十五六个人，也就是鲁迅研究会全部理事的三分之一。这件事如果将来有人捅到报纸上，大家脸面上都不好。”张先生的意见，可以说既合理，又中肯，而且是为了维护鲁迅研究会的名誉。但是，他的意见并没有得到太多的赞同，而是有不少相

反的意见。因为鲁迅研究会的确缺钱，既然有人愿意资助 10 万元，挂一个副会长的虚名，何乐而不为呢！这时，张恩和先生拍案而起，说，我不跟你们争了，然后拂袖而去。

通过这篇文章，我记住了张恩和先生的名字，我觉得，这真是一位具有鲁迅精神的人，敢于直面社会上渐成风气的丑恶现象，“违千夫之诺诺，作一士之谔谔”，在众目睽睽之下愤然离席，是需要勇气的，是需要硬骨头作支撑的。

因此，我很佩服张先生。

直到一年之后，我才与张先生相识。

那是 2001 年 6 月中旬，我应邀到北京西山八大处参加《鲁迅全集》修订座谈会。会上见到了许多久闻其名的专家、学者。张铁荣教授指着一位面容白净、谈吐儒雅的先生对我说：“那位是张恩和教授！”我有些惊讶，因为在我的想象中，张先生一定是一副不苟言笑、严肃冷峻的面孔，没想到，他对人很客气，说话不多，慢条斯理，有时也开个玩笑，是很容易接近的人。

在座谈会的开幕式上，我就 1981 年版《鲁迅全集》文本的校勘、注释的修正、佚文的增补向与会专家作了一个较长的汇报，给大家留下了较深的印象。会后，大家都给了我许多鼓励，希望我在鲁迅研究的路上继续走下去，因为，那时我还在财税部门工作，与研究鲁迅毫不沾边。

会议的主办方人民文学出版社发了一个很精致的笔记本，我拿着这个本子请各位先生留言。6月16日下午，我来到张恩和先生的房间，请他题字，他略加思索，写了下面的一句话："鲁迅寄希望于青年，乐观地对待人生。"同时还题了上下款，完全是按照传统书法的格式书写的。张先生的字清爽、挺拔、刚健，而又不失隽秀、飘逸、灵动，我立即感到，张先生在书法上一定有很深的造诣，于是大胆问先生："您写毛笔字吗？"张先生回答："经常写。"我说："您的字有启功先生的影子。"张先生说："启先生是我的老师，我很喜欢他的书法。"

回到天津之后，我给张先生写了一封信，同时寄上了自己的一张习字请他指教，信中也提出想收藏他一幅墨宝。很快，张先生就在6月30日回信，信是这样写的：

运峰同志：

寄来条幅并信收到，很高兴，也很感谢！

你我初次相识，但文人（"臭知识分子"）总是

相惜。至少，我们能谈得来，有共同语言（鲁迅研究），有共同爱好（书法），这就是缘。

我这人很散淡，也是个性情中人。说得不好听（过去“组织上”一直这样说我），就是自由散漫，努力“改造”也改不过来。可见“江山易改秉性难移”是真的。所以，以后交往，亦不必拘束，拘泥。

书法一事（其实就是写字，我们还不到“书法”境界），也难，也不难。博识勤练固然是颠扑不破之理，主要的还是随自己性情尽量往好里写，往漂亮里写。你有志，定能成功。

遵嘱寄上一纸，请哂正。

祝好！

张恩和

2001.6.30

尽管是第一次通信，张先生却把我当作可以信赖的“忘年交”，谈个人性情，谈对书法的理解，对我很有启发。环境可以决定一个人的生活状态，岁月可以使人慢慢变老，但是，人的性格却很难被环境和岁月所改变。在这一点上，我深有同感。对于书法，我觉得张先生也说到了点子上。许多人故弄玄虚，把书法说得神乎其神，因此在创作过程中搔首弄姿，矫揉造作，还美其名曰艺术，因此，越写越坏，越写越不知道方向在哪里。其实，书法的最终目的就是把字写好，写美，给人以精神的愉悦和享受。

张先生很痛快地满足了我的要求，专门为我写了一张条幅，内容是唐人郑谷的《重阳日访元秀上人》，诗曰："红叶黄花秋景宽，醉吟朝夕在樊川。却嫌今日登山俗，且共高僧对榻眠。"张先生虽然不以书法家自居，但他的书法无论点画、结体还是章法，都很讲求法度，而且，有着浓郁的书卷气，远远胜过一些有着各种名头的书法家。

9 月 26 日，我去绍兴参加纪念鲁迅诞辰 120 周年国际学术研讨会，再次见到了张恩和先生。那次会可谓盛况空前，超过 200 人，很多人都热情地过来和张先生打招呼。有一天晚上，我们还到他和孙玉石教授的房间聊天，张先生主要是听大家聊，偶尔插上一两句，有的幽默，有的辛辣，引起大家的笑声。就在这次会上，我还得知张先生在鲁迅研究界有一个很响的绰号——"老帅哥"。的确，张先生无论五官还是身材，都无可挑剔，虽年过六旬，一点儿也没有老态，他衣

着整洁，腰板挺直，非常有风度。

回想起来，2001 年真是幸运，半年之中，参加了三次鲁迅研究界的重要活动，除了上面提到的两次，第三次就是 12 月份仍在八大处召开的《鲁迅全集》修订专题研讨会。而且，这三次都见到了张先生。这次专题研讨，主要涉及新版《鲁迅全集》将要增收鲁迅佚文佚信的具体篇目。那时，我编辑的《鲁迅佚文全集》已由群言出版社出版，大家主要是围绕这本书进行取舍。当讨论是否将鲁迅致许广平的 67 封信（即《两地书》中鲁迅的原信）收入《鲁迅全集》的“书信卷”时，张先生说：“我的意见是不收，因为那是人家两口子的私房话，本心也不想让别人知道。如果收了，就有点儿违背鲁迅的原意。”但不少人都主张收，我也是其中之一，因为对于鲁迅这样的文化巨匠，已经没有个人隐私，大家的研究早就触及了《两地书》的原信。更为重要的，是鲁迅的原信和收在《两地书》里的信存在很大差异，除了文字上的改动，还有内容上的增删。《两地书》可以看作书信体的杂文，还不能完全取代原信。张先生很认真地听完大家的发言，说：“好，好，我服从多数，我投降！”说完做出了一个高举双手的姿势，大家一下子就笑了。从这件事上，也可以看出张先生和蔼可亲，善于和人沟通的一面。

张先生早年在天津人民出版社出版过一本《鲁迅旧诗集解》，责任编辑是李福田先生。李先生在出版界、学术圈有很高的声望，人称“福公”。“福公”离休后，身体大不如前。每年春秋季节，张先生都会和几位朋友一起，专程从北京来天津看望“福公”。有时和我通话，他也会问起“福公”的情况。不仅如此，对于过去的老相识，张先生也尽力给予帮助。2002 年 4 月 5 日，他给我来信，信中说：“上次在津吃饭时，我介绍你认识的一位朋友（在津搞印刷，原是天津人民出版社出版科长）李文学，说最近活少，不知你能否（视情况）为他介绍一点印刷活（如财政系统印制表册之类）？这事要看方便，不必为难。”我接到信后，也曾试图帮助李文学先生联系一些业务，但终因人微言轻，无权无势，没有成功。我向张先生解释，他说：没关系，能理解。事情虽然没有办成，但张先生的古道热肠，很令人感动。

再次见到张先生已经是 2012 年了，那一年的深秋，我去四川乐山参加纪念郭沫若诞辰 120 周年国际学术研讨会，张先生作为资深的郭沫若研究专家应邀出席，在大会上，他做了《知人论世还是知世论人》的报告，说，我们既要知人论

世，更要知世论人，对于郭沫若研究，尤其要注意这一点，因为如果脱离开研究对象所处的社会环境，就无法做出客观公正的评价。不能不顾社会环境的复杂多变而单纯从个人的好恶出发对郭沫若进行过多的苛求和指责。张先生的话，对于某些习惯攻其一点不及其余的人来说，可谓当头棒喝，给人们留下了很深的印象。前几年，我指导的一个学生做郭沫若著作传播研究的博士论文，我特意转述了张先生的话，他也感到很受用。

在那次大会上，同往常一样，张先生仍是和孙玉石教授一同出入，他们丝毫不以老资格自居，而是平等地参会，到分会场听大家的发言。一天上午，我正在就书法作品中的郭沫若佚文问题进行汇报，张先生和孙玉石教授走了进来，他们示意我不要中断，两位先生坐下来，很认真地听完了我的汇报和另外两位代表的发言，就悄悄地离开，去听另外一个分会场的报告。

没有想到，这竟是我和张先生的最后一次见面。

2017 年夏天，我去绍兴参加鲁迅研究会年会，认识了张先生的女儿张洁宇教授，我问起张先生的情况，她说，还不错，就是年纪大了，参加活动少了。我给先生写了一封信表示问候，请他保重身体。回到天津不久，就收到了张先生寄来的一本书，是他的书法和散文的合集。这正是我喜欢的。我觉得，张先生的书法更加温润、平和，也更为纯熟和厚重，这大概就是孙过庭《书谱》中所说的“通会之际，人书俱老”的境界吧。他的散文别有一番韵味，尤其是写启功先生的那几篇，颇为传神。我觉得，张先生传世的作品，除了他的鲁迅、郭沫若、郁达夫、郭小川等研究成果，还会有他的散文和书法，这是张先生的丰富处，也是可贵处。

今年是中国鲁迅研究会成立40周年，为此，研究会特意和苏州大学一道，举办“鲁迅研究与40年来的中国社会、思想和文化——纪念中国鲁迅研究会成立40周年学术研讨会”，主办方给张恩和先生发了邀请函，他也很想和大家见面，而且已经预定了车票，没有想到，就在会议召开前4天，他却突然去世了。因此，当董炳月秘书长提到这件事的时候，大家都深感痛惜，唏嘘不已。

在会议期间，大家不断提到张恩和先生，尽管对张先生的了解有多有少，但大家有一个共识，那就是他是一位纯粹的学者，一位真正传承了鲁迅精神的人，永远值得我们怀念。

2019年11月17日

永远的老师

——纪念张恩和先生

· 杨联芬

1986 年我考进北师大从郭志刚先生读研究生时，张恩和老师已从师大调到社科院了。但因张老师家住师大，郭老师与他联系也较多，印象中，1989 年春夏我们即将进行毕业论文答辩、邀请他做评审专家时，对张老师已颇不陌生了。但真正与他熟悉，是在毕业之后。

1989 年 6 月初，是我们硕士论文答辩的时间。因刚刚发生的那场“风波”，学生多作鸟兽散，校园空空荡荡。不久我们得到通知：答辩会将如期举行，只是答辩人不必出席，由老师们对我们进行“缺席审判”。答辩委员会主席好像就是张恩和老师，其他几位答辩委员，除导师外，还有朱金顺老师，李岫老师和王富仁老师。“答辩会”后，郭老师在电话中详告评议过程及答辩委员会的决议，说我的论文颇得老师们赞赏，张恩和老师甚至夸我是又一个赵园云云。上世纪 80 年代中期，中国现代文学研究界涌现了一批新锐学人，那是“文革”10 年堆积的人才，其中有两位是女性，一位刘纳，一位赵园。她们的过人才华和优美文笔，令我们倾倒。张老师以“赵园”期许，对一个刚入门的年轻学生而言，不啻过高赞誉，令我忐忑之余，颇有些惊喜。我与张老师的交往，也正是从这篇少作开始的。

1989 年 8 月下旬，我从四川回京，入职中央财政金融学院（后改名中央财经大学）。那时，我刚刚失去母亲，又面临清理清查，心情沮丧，异常孤独。郭老师已赴东欧探亲，留下一封信，让我联系张恩和老师，说张老师有事找我。一天晚上，我拨通了张老师家电话，接电话的却是邹晓丽老师。我未见过邹老师，然而当我刚刚报出自己的姓名时，电话那头响起了邹老师和蔼的声音：“杨联芬啊，请等一等，我叫张恩和。”邹老师像对熟人一样的亲切自然口吻，令我心头一热。接着是张老师爽朗热情的声音。张老师说，他已

把我的毕业论文推荐给了《中国社会科学》，主编想约我一谈，并告诉了主编朱成甲的电话。过段时间，《中国社会科学》退稿，张老师并不气馁，立即把文章又推荐给了《文学评论》。1990 年春节刚过，王信老师来电约谈，那时我刚生孩子，与早产儿一起虚弱地躺在床上，此事便由照顾月子的李双全权代理了。他骑车赴建国门社科院找王信老师取回论文，参考王老师意见，通宵替我修改。一个月后，拙文在《文学评论》1990 年第 3 期刊出。

我始终认为，我得以走上学术之路，除了导师郭志刚先生多年栽培以外，张老师在关键时刻的扶持和激励，至关重要。因此，我一直将张老师视为恩师，而我在学术上的点滴成长，也一直伴随着他的关心、鼓励和期待。

1994 年我博士毕业，留在了北师大中文系。因才疏学浅，好些年都没有做出像样的成绩，每次面对张老师的关心询问，我都自惭形秽，嗫嚅难言。而张老师，却总是一副宽容和期待的神情，这无声的信任，犹如无形的力量，促我暗自发誓要厚积薄发——惭愧的是，至今仍只有薄发，未曾厚积。有一年，张老师替郭沫若研究会邀我写论文，我明白这是他鼓励我走出去，多参与学术活动。我写了文章，却并没有去出席那次盛会。张老师有些失望，却也没有责怪，照样把我的文章收入了论文集《郭沫若与东西方文化》。1998 年，我的论文《孙犁：革命文学中的"多余人"》发表，张老师读后非常高兴。一次去他家，他提起拙作，拿出一封信来，那是他在外地高校教书的老同学的来信，其中有一段专门谈到我这篇论文，张老师念给我听，谬赞颇多。对方并不知道我是师大的学生，更不知我与张老师的关系，完全因为偶然读了觉得不错，说与老同学分享，因此，张老师才格外愉快。

张老师天生一副热心肠，关怀和帮助他人，也出诸自然。1989 年秋，我刚工作，处境不顺，凄风苦雨中，感觉自己如同汹涌波涛上的小舟，随时可能倾覆。一次去张老师家，他想起他和郭老师有位同学在财金学院工作，其夫人正是我现在的顶头上司，遂热心引荐。因了这一层间接的师生关系，我那位冷峻严厉的女上司，此后果然对我态度缓和，不再穷追猛打，而这在当时，无疑像大赦。1999 年我去香港短期教书，张老师让我带一本他新出的散文集，帮他看望一位多年未见的老同学。在港岛一间写字楼里，张老师的同学与刘以鬯先生在一间办公室工作，很客气地请我和同事出去喝咖啡。张老师老同学大概家庭出身不好，对在师大读书的

记忆不甚愉快，见张老师还关心他，有点意外的感动，谈及历史，言语不多，却有唏嘘之慨。张老师他们那代人，念大学、工作，都处于阶级斗争盛行的年月，张老师身上理想主义气质很浓，也曾积极革命，但他却一向少“斗争”气，多人情味，这使他身上有一种逍遥通脱之气。

20世纪90年代初中期，在商品经济大潮冲击下，中文专业失去了一向的优势地位，很多高考成绩优秀的年轻人，不再青睐中文系，纷纷投向经济、金融类专业，中文系沦为“破落户”。张老师却对他自己和后代选择文学为志业一点不后悔，并对自己的职业很满意。一箪食，一瓢饮，读书写作，乐在其间。记得在他那间堪称“陋室”（却充满墨香）的书房，他跟我谈论这个话题时，有一个很形象的比喻，说拥有文学的趣味和修养，看世界就像彩色电视；没有文学的世界，如同黑白电视。可见，重情感，不功利，是张老师人格魅力之所在，也是他达观、儒雅的根本缘由。

在我所接触的前辈学者中，张恩和老师属于情商很高的一位，通达敏锐，善解人意，因而与年轻人也不易有“代沟”。我本是一个不善言辞、拙于社交的人，但在张老师面前，却从未感到过不自然，去他那里，也少有无话可说的冷场和尴尬。他蔼然亲切，令人忘记拘束；他自然率性的谈吐，使人不知不觉间也变得健谈起来。每次去他那里，随意聊天，国事、家事、天下事，海阔天空。他关心我，爱屋及乌，也关心李双，每次去他那里，他都要问一句“小李怎样？”有段时间我出国了，李双在校园几次遇到过张老师，他说自己往往还未注意，远远地便有人笑咪咪地望着他，细看就是张老师。

张老师是性情中人，没有城府，看人论事直截了当，同时对人又极宽厚，因此人缘好，而与张老师聊天，也是件轻松愉快的事。他是个乐天派，尽管对于世风多有不满，也像鲁迅一样并不相信将来有黄金世界，但你却几乎听不到他真正悲观的声调。张老师曾中年丧子，邹老师又长期受类风湿病折磨，最后10来年邹老师基本住在医院，张老师差不多每天两点一线从家到医院。可去他们家，你感受不到一点生活的沉重与阴霾，相反，他家总是一派阳光和温馨。张老师从不谈论个人生活的不幸，也许内心早已参透了苦难，而对命运处之泰然。前几年邹老师去世，他和洁宇只向亲友发布讣告，谢绝吊唁和任何仪式。他教书，写作，写字，交游，尽人事而听天命，随心所欲不逾矩。与张老师相识30年，我

们成了忘年交。近些年来，因用微信，我与张老师的交流比过去多了一些。有意思的是，在我和他之间的信息交流中，他发给我的资讯，远远多于我给他的。他信息来源广，内容丰富，都是既有意义也有趣的信息。有社会学家说，一个人的信息获取管道，往往决定其见识和胸襟。从张老师信息的丰富自由开放看，他的生命状态甚至比当下很多年轻人还充盈。据说，他外出旅行时，车票机票之类，经常是自己网上预订，而不麻烦别人。这种学习新知识、掌握新技能的“与时俱进”，在张老师那里，好像也并非一件了不起的事，一切水到渠成，自然而然。

我手机微信里张老师最后的信息，是去年10月17日他发来的一张照片，附了两句打油诗——“身在青山绿水中，远离尘嚣忘忧翁。”照片上，张老师浅色衬衣束在西裤里，头发整齐，老当益壮，神情怡然地望着前方。他的身后，苍山翠屏之间，一涧清泉蜿蜒流过。那是张老师应邀在江西官山讲学时所摄。谁能料到，精神矍铄、睿智幽默的张老师，竟会在一个月后遽然离开了我们！记得好几年前，听小洁说起张老师检查出癌症，但他决定保守治疗，“顺其自然”，这是他的处事原则，也是他对待疾病和生命的态度。如此，他不但免受了手术和化疗之苦，而且居然以80高龄，健康地活了好些年，后来体检，竟无大碍，这全赖他达观的性情。我常想，以张老师的洒脱和乐观，以及活到老学到老的生命状态，倘非意外，他完全可以清醒而健康地活成一位睿智的百岁老人。

张老师书法造诣颇为不俗，字写得潇洒漂亮。记得在他书房墙上，看到过一幅苏轼《定风波》："莫听穿林打叶声，何妨吟啸且徐行，竹杖芒鞋轻胜马，谁怕？一蓑烟雨任平生。"这诗意境界，差不多也是我心目中张恩和老师性情和人生状态的写照。

张老师仿佛并未离去。脑海中的他，全是笑吟吟乐呵呵，睿智风趣的样子。

2020年6月12日写毕，8月3日定稿

张恩和先生的几个侧面

·黄开发

一

有幸与张恩和老师做了20年的邻居。2001年春，北师大分配给我一套在家属区丽泽楼的房子，与业师朱金顺老师住前后楼，而张老师与朱老师住在一排，中间只隔了一幢楼，遂有和他们经常碰面的机会。

早在1989年，我就认识张老师了。他是我硕士论文答辩委员，我去他家送过论文。那一年夏天情势特殊，说是在一个教授家中举行答辩，其实并没有，答辩委员各写一份评述书就算完事了。2000年6月，张老师又担任我博士论文的答辩委员，他和蓝棣之老师同时参加过我的两次学位论文答辩。之所以两次请张老师，除了张老师住师大院内方便外，还因为他是朱老师的老友。

记得我曾与张老师参加过两次由鲁迅博物馆举办的鲁迅研讨会。其中一次印象很深。地点好像是北京西郊宾馆。时间是上海出现“美女作家”之后，棉棉的《糖》发表后不久，大约在2000年春天。会上，一位发言者大概要用鲁迅的文学精神匡正时弊，拿卫慧和棉棉来作靶子。先举《上海宝贝》的性描写为例，原文照读，不少与会者窃笑。接着又开始念棉棉《糖》中的片段，描写渐渐深入，诵读看样子不会很快收住。张老师坐在发言者左手边，轻声提醒：“可以了，举的例子已经很充分。”有些紧张的空气突然松弛下来，掠过一阵低笑声。发言者也一笑了之，书归正传。那次会上，我年轻气盛，瞎说了几句，其中有对“十七年”鲁迅研究的贬议。中间休息时，张老师找我，诚恳地批评了几句。这两件小事让我领略到张老师的真诚、直爽和宽厚。

前年秋天，我和张老师在丽泽区的小花园遇见，聊了很长时间。他刚从西安参加“鲁迅、郭沫若、茅盾研究高端论坛”归来，是与爱女张洁宇君一起前往的，言语间流露出喜悦之情。洁宇师从北大孙玉石先生，博士毕业后入职人大文学院。女承父业，近年来在鲁迅研究、现代诗歌研究方面成绩斐然。对此，张老师显然是引以为自豪的。《张恩和书文专辑》中附录了洁宇怀念启功先生的文章，张老师还特地在书前的《专辑赘语》中介绍了她。在我所认识的本专业的学者中，女承父业的还有青岛大学的刘增人先生和刘泉君，也曾见他们父女俩联袂参加学术会议。两位女史承继家学，又都拓有新境。

最后见到张老师是在去年10月下旬，当时我从小区道路上从东往西走，张老师骑着一辆半旧不新的自行车，从丁字路口的北边过来，向西轻盈地划过。他没看见我。望着他远去的背影，我景慕不已。耄耋之年，头脑清晰，面色红润，腰背挺直，手脚灵便，还能出外开会，到青海旅行，在他的同龄人中是很稀见的。张老师业余爱好广泛，喜欢唱歌，爱打乒乓球，有时和朋友下棋打牌，平时一个人时则着迷于书法。这也许是他能够葆有良好生命状态的重要原因吧。

可是，11月11日早晨就传来噩耗：张恩和老师已于10日晚离世！他11月2日清晨不慎摔倒，在医院昏迷了7日。事情来得如此突然，我怎么也难以把死亡与他的名字联系起来，脑子里不断闪回他那天骑车时潇洒的形象。

二

有一天上午，我去朱老师家，与他和师母龚老师谈起张恩和老师。朱老师说他曾对张老师“称兄道弟”：“论年级，你算是师兄；论年龄，你该叫我大哥。”张老师是1954年入学，朱老师夫妇1955年入学；张老师1936年生人，朱老师生于1935年。龚老师刚写了一篇纪念文章，托我转给洁宇。文章回忆，她于1955年夏末来京上学，夜间到达北京，得到接站的师兄张老师细心周到的接待。龚老师说张老师为人真诚、直爽，所以他们之间保持了长达一个甲子的友谊。龚老师谈了张老师和几个著名的老先生之间交往，她说：“张恩和与钟敬文、启功等老先生关系都很好，他不是在人家门庭拥挤的时候才走近的，而是一直如此。特别是在他们倒霉的时候，别人躲开了，而张恩和不离不弃，敬重他们，所以深得信任。还有一点，就是他从来不利用和老先生们的关系，为自己博取名利。”

张老师写过《我眼中的钟敬文先生》《我的老师黄药眠先生》《人去往事更随风——怀念启功先生》《悼弢公》《往事难忘——深深怀念李何林先生》等回忆散文，记述了他与这些

著名老学者之间几十年的交往。文章所述与他们之间的关系印证了龚老师的话。

张老师在“反右”中受到冲击，被内划为“中右”，团支书的职务被撤销，刚批准的党籍被撤销，但他还是不能与“右派分子”黄药眠、钟敬文、李长之、启功、俞敏、穆木天等名教授划清界限。多年后，他在《我的老师黄药眠先生》中总结说：“我怎么也划不清界限，更恨不起来。相反，我同情他们，尊重他们，只要有机会还会偷偷地向他们请教一些问题，而这时他们也最愿意别人和他们说话，更不用说向他们提问。也许正因为平时我脸上的肌肉总是绷不紧，装不成‘革命派’，就容易被这些‘右派’老师接受，容易和他们接近，有时还洽谈甚欢。这种关系一直保持到‘文革’及以后，更不用说后来他们被平反恢复名誉，直至这些老先生生命的最后。”

他与钟敬文先生同在一个教研室工作20多年。1957年，钟先生被打成“右派”，由他创立的全国第一也是唯一一个民间文学教研室被解散，人员并到中国现代文学教研室。钟先生不能上台讲课，只能做一些资料性的工作，张老师始终保持对老师的敬重。

张老师与启功先生交往50年。他爱好书法，在朋友中有广泛的口碑。他受启先生的熏陶，笔法和风格上都能看出启先生的影响，但他从来不为书法上的事情去打扰老先生，更不愿打着他的旗号为自己扬名。直到2004年，他为纪念钟先生而写的一个条幅被启先生偶然看到，才知道他擅长写字。2007年10月，张老师去江西参加一个“鲁迅与书法”研讨会，会后有人发表“花絮”，称“与会代表张恩和老师是启功先生的弟子”。张老师则发表短文《小文二则》，表示这个说法虽不能算错，但也不尽符合事实，所以不接受。只听过几次课，或是见过几回面，就称自己是启先生的“学生”“弟子”的不乏其人。借名家的光来照亮自己，不符合张老师的性格和为人处世之道。

三

张老师是著名的鲁迅研究专家，也研究过周作人。我最早读过的张老师的书是他的《周作人散文欣赏》，该书由广西教育出版社1989年12月梓行。张老师不喜欢周作人，然而他主张不因人废言，在艺术上对周氏作品多有肯定。

周氏兄弟被公认为现代汉语散文的两座高峰，然而直到现在仍缺少对周作人散文文本全面、深入的解读。这方面的书只有两本，《周作人散文欣赏》是第一本，另一本是钱理群先生的《读周作人》（2001）。张老师在书前带有引言性质的《周作人和他的散文创作》中说："如果我们不因人废言，不是以政治代替一切，就应该尽可能把周作人政治上的变节和文学上的建树（特别是他投敌前在文学上的成绩）区分开来。既不因善而隐恶，也不因恶而隐善。就是说，应该实事求是，对客观历史作出公正的评价。"

长期以来周氏文章受到歪曲和贬低，到上世纪 80 年代后期，情况有所好转，但误读仍然很多。而张著通过文本细读，起到了正本清源的作用。如周氏分别作于 1928、1929 年的《闭户读书论》和《伟大的捕风》，向来被视为周作人被国民党白色恐怖吓倒、思想滑坡的标本。许杰早在 1934 年就发表《周作人论》，指周氏的出发点不过是"苟全性命于乱世"，以后几成定论。张老师提出质疑："是作者真的被反革命暴行吓破了胆，'怕看见血腥'，想'苟全性命于乱世'吗？果真如此，那就应该是'三缄其口'，一语不发。"文章指出："实际上他也借谈读书而谈了时事，谈了政治，对黑暗现实进行了揭露和抨击。”他更进一步指出解读这篇文本的关键：“要看作者究竟提倡读什么书。”这些都是切中肯綮之语。《伟大的捕风》弥漫着浓厚的悲观主义情绪，很容易被视为周作人思想走向没落的证据。书中强调，“周作人表现了对于‘察明同类之狂妄和愚昧’的兴趣，也不能不给予应有的肯定。”进而提出：“作者仍是有感于现实而发，他对于当时的黑暗残暴是不满的，对于‘同类’（此处虽包括一般人更主要是指统治者）的‘狂妄和愚昧’施以抨击。”这样的文本解读深入细致而又求实，足以纠正由来已久的滥调。

我最初读到的张老师的学术论文是《对狂人形象的一点认识》，那是2000年，我在准备写《启蒙的寓言——〈狂人日记〉的解读方式》一文。《对狂人形象的一点认识》是张老师的学术论文处女作，刊于《文学评论》1963年第5期。

按照上世纪五六十年代流行的社会主义现实主义观念，小说的主题主要是由塑造人物形象来完成的，那么主人公是一个什么样形象的问题就显得特别重要。当时学界关于狂人形象的主要观点有二：一种意见相信狂人是一个反封建的战士，另一种认为狂人是一个被迫害致疯的战士。然而，它们都不能有效地阐明狂人的“狂”与“不狂”的关系。张文提

出了新解："《狂人日记》中的狂人并不是什么清醒的反封建的战士，也不是什么发了狂的时代的先觉，他完全是一个普普通通的狂人。他自己虽然是社会的牺牲者，却没有认识那个社会本质，没有也不可能对当时的社会坚持什么斗争。日记中所显现的深刻思想不是狂人的思想，而是作者通过独特的艺术方法寄寓于作品之中，并由作者通过联想，理解和发掘出来的作者自己的思想。"张老师有着敏锐的艺术感觉，注意到文本自身的特殊性，抓住了"寄寓"这个作品艺术构造中的关键，显示出一种新的解读路径。这个思路对我提出狂人是一个寓言型人物的观点是有启发的，也起到了一定的印证作用。只是受限于当时的批评范式，他既强调"寄寓"，又说"不影响现实主义地刻画一个狂人的真实的内心感受"，在批评方法上不够统一，未能升华为理论的突破。作者当年只有 27 岁，面对诸多名家的观点，敢于提出不同的见解，可谓初生牛犊不怕虎。

张恩和老师首篇学术论文颇为不俗，然而就在他正要振翮高飞的时候，"四清运动"在全国范围内展开，接着就是十年的"文革"。

"文革"结束后，1977 年张老师首先在《中山大学学报》

1977年第4期发表了两篇论鲁迅旧诗的文章：《对鲁迅〈秋夜有感〉诗的理解》和《论鲁迅两首和屈原有关的诗》。作者引起了学界的注意，也得到李何林先生的赏识。张老师开始进入学术研究的黄金期。

四

张老师研究过郁达夫、周作人、郭小川等作家，出版过相关著作，领域较宽，不过他学术研究的中心是鲁迅研究。其鲁研著作除了《鲁迅旧诗集解》《鲁迅诗词解析》《鲁迅与郭沫若比较论》《鲁迅与许广平》，还有一本文章结集《踏着鲁迅的脚印——鲁迅研究论集》，由社会科学文献出版社2014年出版。鲁迅对他的意义不仅为研究对象，更重要的是他的精神支柱。他有一篇散文，名为《绍兴，我心中的麦加》，可见一斑。张老师研究鲁迅60年，鲁迅精神已经内化为他自我的一部分。他在论集的后记中，简要地讲述、总结了自己的鲁研历程。后来又把它改写、扩充为《我的鲁迅研究》，发表于《上海鲁迅研究》2019年第1期。他在《我的鲁迅研究》的开篇就说："鲁迅研究之于我，从开始阅读鲁

迅进到作为教学研究工作，再进到成为自己生命的一部分。有人说我是一个铁杆‘鲁党’，我自己也承认确实受鲁迅的影响很深。”

张恩和老师的鲁研成果需要专文论述，下面我仅就与《踏着鲁迅的脚印》有关的两个细节，谈谈我对作者的印象。

张老师赠送论集时，在书前的插页上粘了一小片白纸，用行书体打印着如下文字——

> 都是旧货，并无新品。
> 后记封底，或可一读。
> 正文芜杂，不劳费神。
> 生命微痕，敝帚自珍。
> 朋友情谊，聊备一哂。
>
> 张恩和敬呈 2015-1-3

诚实谦逊，自我调侃，颇有几分启功先生之风。

论集的封底印着一段全书的内容介绍，可谓作者的自我鉴定——

本书收集了作者半个世纪以来鲁迅研究的散篇文章。内容包括对鲁迅思想、生平的研究，关于鲁迅创作的总论和具体作品的分析，有关鲁迅的学术随笔，以及为别人的鲁迅论著所作的序跋等。文章虽非宏篇谠论，然而观点明晰，文字朴实。在许多问题上。作者不跟风，不随众，勇于说出自己的看法。其中关于鲁迅对封建主义的认识和深刻的反对封建主义的思想。多少说出了一些别人没有说的话。对近年来关于鲁迅是否被“神化”，以及鲁迅算不算“革命家”等问题，作者也敢于坚持自己的观点。这些文章虽“卑之无甚高见”，但在“大变化”“大转换”的今天，或多或少可为几十年的鲁迅研究留点微弱的印痕，并于“众声喧哗”之中，保有小小的一席之地。

西谚云：不要带陌生人参观你的书房。大约是怕被别人窥见自家老底的意思。像张老师这样自报家门，恐怕是一般人不愿为之的吧。虽然只是内容提要，我以为可见出张老师真诚、谦逊而又不乏自信的品格。

五

读张老师写老先生们的文章，我觉得他与启功先生最投缘。

启功先生的幽默是有名的，他骑鹤西去后，有人发表文章，称在其看似幽默的表象背后，隐藏着内心的巨大痛苦。张老师深有同感。他在怀念启功先生的《人去往事更随风》一文中写道：“现在回过头来看，人们说先生积极乐观，证据之一是他有一句名言：‘不喜欢温习痛苦。’其实，如果仔细咂摸这句话，那不正说明他有太多痛苦密闭于心，不想‘温习’，不敢触碰吗？这又该是怎样深刻而巨大的痛苦啊！”窃以为张老师是借别人的酒杯浇自己的块垒。他看似一生平顺，实则经历了许多人生的忧患。张老师出过《国门内外》《深山鹧鸪声》《灰羽随风》等散文集，其中多有怀旧之作。而自己人生的忧患从未在他的笔端流出过。面对那些困苦、磨难，他没有被击倒，他的精神像他的脊背一样挺直，表现出积极乐观的面貌和风范。

2020 年 6 月 28 日写毕于海鹊楼

怀念张恩和老师

· 潘　杰

2019 年 11 月 11 日的早上，我在开车去往新校区的途中收到李彤发来的微信——“张恩和”三个字显眼地闪入视线。心里咯噔一下，我知道有什么事情发生了，但我不敢细看。到了学校，我才一遍遍地阅读，字字清晰，全无回还余地——张老师“走了”。

一个上午我都沉浸在恍惚之中，正如 2017 年 8 月 31 日晚，张老师给我发来微信，告诉我邹老师“离去”的消息时一样。当时我甚至不知道要做什么，不知道该怎样回复张老师。我下意识地拨通那个熟悉的号码，话筒里立时传来张老师温和的声音——他用调侃自己的方式来安慰我悲痛的心。可是这一次我再也无法打通他的电话、听到那温和的声音，

从他那里寻求深陷痛苦的安慰更是再无可能。我的心被深深地扎痛了。

张老师真的“走了”，永远永远地离开了我们，这是我必须要清楚的事实，即使现在我仍觉得这不是真的。那天我去系里参加职称评审会议，一整个上午我的脑海里不断地浮现出张老师的音容笑貌，挥之不去，已容不下其他。我无法相信那位健康、豁达的老人就这样猝然离去，太不真实，可又太真实！

回想与张老师相识已近30年。1991年我考上硕士，在邹晓丽老师的门下学习文字学，她身体不好，不便出门，于是我们每次都去她家里上课。有一次正上课时，张老师从欧洲回来，是以我们便有了初见的缘分。29年过去再思及当时的感受，他的形象和气度仍历历在目——正是我心目中知识分子的模样。与张老师近距离接触是在2007年，那一年我去北师大进修。时逢邹晓丽老师生病，我去看望她，她见我来了，很高兴，吃力地念出我的名字，为了不使我为难，勉强吃了点儿我喂她的东西。就在这时，她腿部的刀口突然崩开了，瞬间涌出大股的脓血。我和小洁等人在医院把她安顿好后，我又回到老师家看看还有什么需要做的，却看到张老师一人疲惫地坐在沙发上，那光景很是冷清，让我的身心刹那间遍体生凉，可我又不知道如何去安慰，就静静地走过去，握住他的手。出乎意料地，张老师的大手冰一样冷，他哽咽着说他很累。这是我第一次见张老师流泪，那一刻我似乎体会到张老师的苦、难与辛酸，可我太无能了，我什么都做不了，只是紧紧地握着张老师的手无声地陪着他，一同落泪……

李蹊老师和谭莉芳老师是张、邹二老早先的学生，因着他们的缘故，近年来我与张老师走得较近。张老师还曾开玩笑说我是李谭夫妇的“小师妹”，尽管差了辈分，但我很享受这层关系。

每次张老师来太原都约我去跟他们“大人”见面。虽然我与他们说的时代有距离，聊的人和事我都不熟悉，但我仍特别爱听，每每都是晚上10点多了还不愿离去。就是在类似这样的聊天中我听到许多关于张老师的往事。我本以为这会天长地久地持续下去，却没想到2019年4月25日晚上的聊天竟成了我们今生最后一次。次日，我和李、谭夫妇送别张老师的情景现在还清晰地记得，仿佛就在眼前。在我们赶往火车站的路上，张老师与我拉着家常，如同父亲般询问我

的生活和工作。到了车站，我下车与他相拥而别。他拉着行李箱站在那里，再一次对我说了那句极熟悉且有父味的话："乖啊！"我笑着点点头，跟他挥手示意，可他仍站在那儿望着我。万万没想到这次分别竟成为永别！

张老师坦荡、豁达、耿直且有才华，他的书法、文笔都是上乘。他曾送我他的两本著作和一幅他的亲笔字，我至今珍藏。前年新家装好之后，我把它裱了出来，挂在门厅玄关处，当时发照片给他，他回复了一段很洒脱的话。他后来得知我的女儿考到北京，曾埋怨我不去看他。我以为他年纪大了，事情又多，本想着尽量不去打搅他，免得影响他休息；我以为他身体很好，聊天的机会还多，上次我还许诺说接他来我的新家住一段时间呢……如今细数起来，这些琐碎的小事反而记得清楚。可现在桩桩件件皆成了永远的不可能！

愿张老师和邹老师天上相聚，彼此不再孤单！

二位老师，你们知道吗？学生小杰真的很想念你们呢！

2020年3月26日

幽思长存忆恩师

——怀念敬爱的邹晓丽老师与张恩和老师

· 施正宇

邹晓丽老师是北京师范大学中文系55级的学生，张恩和老师是54级，毕业后都留校任教，邹老师师从著名语言学家俞敏先生治文字学和音韵学，张老师治现代文学。因此，当我1983年考入北京师大中文系的时候，邹老师和张老师已经在那里学习、工作、生活了近40年了。师范院校入系不分专业，直到三年级选课时我才步入语言专业的大门。渐渐地，邹晓丽老师的名字就会时不时地像一阵风一样飘进我的耳朵里。那时候，邹老师对我来说，一如她的名字一样，是师大

校园里一个美丽的传说，说她的美貌和矫健，又说她的爱情与家庭，再说她的苦难和挫折，以及她的善良与坚强。就这样，邹老师的名字风里来风里去，从传说变成了传奇，我也总是盼望着能有机会上邹老师的课，目睹传说中的传奇。听高年级的师兄师姐说，邹老师的腿脚不好，上课时同学们用自行车推着她去教室，下了课再由同学们用自行车把她送回家。到了我们入学的时候，系里就不再给她安排本科生的课了，而我也直到考上了研究生以后，才见到仰慕已久的邹老师。

那时师大中文系本科是五年制，所以我是1988年毕业的。那一年我考上了本校中文系现代汉语专业的硕士研究生，师从李大魁先生。大魁先生在系里是出了名的好人，无论是俞敏、启功那一代的老先生还是年轻的学生们都很喜爱他。研究生一年级第二个学期，系里给我们安排了《说文部首》课，授课的正是邹晓丽老师。一同听课的还有俞敏先生的弟子张福平和储泰松，张之强先生的弟子王翠叶，李大魁先生的另一个弟子王小宁。研究生二年级的时候，王宁先生的弟子葛小冲也来和我们一起听邹老师的《古文字学导论》课。上课的第一天，记得那是一个秋高气爽的好日子，按照系里给的地址，我们几个同学陆陆续续地到了邹老师的家。

我按了门铃，等了一会儿，没有声音，就又按了一下，这才听见门里一步一蹭细碎的脚步声。门开了，迎接我们的正是邹老师本人。尽管门厅过道里的光线有些暗淡，但还是能够看出，邹老师身上已经没有了传说中的校运会跳高、跳远和百米赛跑等全能型冠军的模样了，而她的跳高记录据说直到上世纪80年代才被打破。1973年，邹老师得了类风湿性关节炎，又因为种种原因，得不到及时的治疗，她的腿脚变形，已经不能迈开大步走路了。

邹老师的家在师大校园的家属宿舍区里，在一座单元楼的三层，三室一厅，大约70平米左右，是那个年代最常见的楼房和户型。这个“厅”并非可以会客看电视的客厅，而是一个大约五六平米的长方形过道。进门的左手是书房兼客厅，我们有时会看见张老师——那时已经离开师大调到中国社科院研究生院任教——在里面读书写字；右手是卫生间和厨房。再往里走，左手是邹老师夫妇的卧室，右手是女儿小洁的闺房。他们还有一个儿子小元，我们读书的时候，他已经大学毕业，所以不常见到；小洁还在师大二附中读中学，见面的机会自然就多一些，有时还会厮混在一起闹闹嚷嚷。邹老师还养了一只波斯猫，后来走丢了，邹老师很是难过，时常叨念着，风餐露宿，不知道猫咪是否别来无恙。

那时的中国人刚刚走过动荡与贫穷，师大那一片单元楼都新建不久，邹老师一家应该也是刚刚搬进新房，我们在邹老师家上了两个学期两门课，阳光照进来，无论客厅还是卧室总是显得格外的窗明几净。说来有些令人难以置信，邹老师那十几平米的卧室就是我们的教室，靠床摆着一个长的布艺沙发，以及既是课桌也是讲台的茶几，我们围着邹老师，坐在椅子上、沙发上或者床边，听邹老师讲课。从那以后，这间卧室型教室就成为我们每个同学人生之中永远不会忘却的空间了。这么多年过去了，许多人和事都在脑海里渐行渐远，变得模糊不清了，但邹老师上的第一堂课至今记忆犹新。落座之后，借着照射进来的阳光，我们才发现变形的不止是邹老师的腿脚，还有她的手；而她的身躯显得十分瘦弱，面色也有些苍白。但是，当邹老师拿起事先摆放在茶几上的讲义开始讲课的时候，你会感受到她的渊博与坚韧，不带一丝病恹。始一终亥，《说文》540 部的今读本义，全在邹老师厚厚的卷了边儿的讲义里。她时而娓娓道来，时而在白纸上书写着甲金篆隶，流畅而舒展。课还没上完，讲义的出版就已列入北京出版社的计划之中。1990 年，这部由启功先生题签、俞敏先生和王宁老师作序并请专人手书缮写、凝聚着邹老师多年心血的讲义《基础汉字形义释源——〈说文〉部首今读本义》出版，邹老师托人带话，叫我们这些上过课的学生去她家取书。听闻此言，我立即放下手中的事情，急切地赶往邹老师家。翻看着邹老师赠送的著作，听她分享启先生、俞先生和同窗好友王宁老师对她的支持和鼓励，那种快乐与兴奋的感觉就像过节一样。2007 年，邹老师又以惊人的毅力，在身体每况愈下的情形下，完成了对该书的修订，并交由中华书局付梓再版。此后邹老师每出版一部著作都会想方设法送给我们这些已经毕业的弟子。

课间休息的时候，邹老师也会和我们笑谈沧海桑田，平铺直叙中你会感受到她的风趣与幽默、悲喜与爱憎。大魁先生曾带着我们去拜见俞敏先生，听说我们正在跟邹老师读《说文》，俞先生连声说“好”。运动经年，见惯世态炎凉的俞先生和师母说起邹老师来总是心疼不已，俞先生对邹老师的为人更是褒奖有加：“这些年，晓丽在我身边，一句错话都没说过！”说起那些年世风的堕落，邹老师总是感到痛心。她反复告诫我们，做人要正直，读书要钻研不要钻营，要搞学术而不要搞权术。渐渐地，邹老师成了同学们心目中

亲切而慈爱的长者。无论是青春的欢乐还是恋爱的烦恼，大家都愿意向邹老师倾诉。1985 年，教育部颁布新规，残疾学生可以参加高考，此后残疾人升学的道路便畅通无阻。但新政伊始，尚无人报考研究生，直到 1988 年，师大研究生的考场才迎来中国高等教育史上第一位残疾人考生，患有小儿麻痹后遗症的葛小冲。我与小冲有缘同一考场，算是见证了历史，监考老师有心，安排小冲坐在靠门最近的位置上。奈何进入考场前，《北京日报》记者举着照相机来进行了突如其来的采访，小冲发挥失常而落榜。第二年小冲再考，终于如愿以偿，成为 1989 级硕士研究生，师从王宁先生。小冲年长我 6 岁，入学时已成家有女，妻子岗措是中央民族学院的青年教师，一位性格豪爽、有情有义的藏族女子。女儿葛熹白玛那时 4 岁，因为要送到六一幼儿园全托，所以家里便为父女俩各准备了一套被褥，白玛天真地说："我爸也要全托了。"我那时年少顽皮，称晚我一年入学的小冲为师弟，小冲则按年龄呼我为师妹。争执不下时，我们请邹老师断案评理，邹老师先是爽快地答应，听完"案情"后大笑曰：这个我可管不了！因此这桩"公案"到现在也没有了。毕业多年，无论是在工作中还是生活里，无论遇到挫折还是取得进步，我都会在心里想起邹老师，想起在师大度过的每一个美好的日子，邹老师的教诲已经成为我学术生命中一个顽强的基因，无法抹去。

当初因为美丽、仁慈、聪慧与矫健，邹老师成了师大校园里真正意义上的“校园之花”，引来众多青年男子的爱慕与追求，张恩和老师即是其中之一，并最终赢得了邹老师的芳心，一起步入了婚姻的殿堂。对于我们这些年轻的弟子来说，邹老师与张老师炽热而浓烈的爱情，是传说中的“前传”，而我们读书时耳闻目睹两位师长的相濡以沫、琴瑟和谐则是现实中的“后传”。平日里，一个递过来的水杯、一个不经意的扶持、一个耐心的等待、一句体贴周到的嘱咐、一个善解人意的的眼神……无不传递出爱的忠贞与家的温馨。说起张老师，邹老师总是充满幸福的满足感，这其间，既有对自己青年时代爱情选择的自信，也有对患病后张老师不离不弃的感激，更有对张老师不媚俗、不畏权贵的欣赏。80年代末，风波未定，很多同学都住到自己老师的家中，邹老师和张老师更是接纳了外语系两位素不相识的女学生，直至太平。毕业后的某一天，忽闻邹老师的爱子小元猝然离世，我和同在国家语委工作的翠叶师姐从朝内南小街骑车赶

到邹老师家的楼下，却又怕自己的唐突引起邹老师一家人的伤心而不敢登门，在师大校园里徘徊良久而离去。大约过了月余，我因有事到师大，见到刚刚经历了丧子之痛、愈加瘦弱的邹老师和难掩哀伤的张老师，心里难过极了。说起几次与小元在梦中相见，邹老师的脸上浮现出一丝欣慰与满足；而从未梦见过爱子的张老师，却是一脸失望，自责平时对小元过于严厉……

邹老师的身体日渐羸弱，却不愿拖累家人。在她的坚持下，张老师和小洁曾把邹老师送到通州一家乡镇养老院住过一段时间，算是对养老方式的一次尝试。大约是 2000 年的冬天，我与小冲还有王宁先生的弟子罗卫东相约，在一个周末的上午前去看望，跟邹老师说好 10 点半到。那时的通州还是通县，交通不便；中国人会开车的不多，我也刚刚拿到驾照，小冲和卫东却像两个愣头青，全然不顾菜鸟司机可能的风险，兴奋地说："我们坐你的车去吧！"我很是胆怯，又怕扫他们的兴，就硬着头皮把车开上了通往京东乡村的路。一路上，我的车速较慢，又走错了路，到养老院时已近中午。远远地，只见邹老师坐在轮椅上，腿上盖着厚厚的毛毯，由护工推到大门口，在冬日的寒风中已经等候多时了。

我感到十分愧疚，邹老师却好似孩子一般高兴地拉着我们的手，不由分说地让护工去食堂安排午饭。我们一边吃一边聊，就像久别的亲人一样有说不完的话。餐后不久，邹老师便催我们赶紧回去。她生怕天寒日短，我再走错了路，天黑前不能到家。临别时，邹老师又坚持让护工推着，送我们到大门口，那份依依不舍的情感，今生难忘。

时光匆匆，我们这一代人陆续结婚生子，因步入忙碌的中年而疏于对老师的问候，见面的机会少了。最后见到邹老师，已是262医院的病榻前。此时此刻，邹老师面容洁白，静静地睡着，仿佛回到了年轻时代“校园之花”的模样，美丽而安详。我在床边立着，端详着，茫然不知该如何是好。突然，邹老师咳了一下，我以为她醒了，便下意识地喊了两声“邹老师”。一旁的小护士说：“你不用喊了，她听不到的。”我不甘心，仍旧站立床头，不肯离去。这时，小护士突然问我：“听说老太太年轻的时候非常漂亮……”邹老师慢慢远去，关于她的传说，却走出了校园。

正直、善良、真诚、忠贞、智慧、敬业、渊博……多年以后，当年的同窗好友相见仍然会说起邹老师和张老师，不仅仅是因为两位老师伉俪情深诠释了人间深入骨髓的美好，同时也是因为我们每个人心中对美好生活历久弥坚的向往。

对张恩和先生的忆念

· 郭　娟

去年11月，张恩和先生走得突然。今年8月初，邵燕祥先生于梦中仙逝。人说这样的死，是修来的。然先生们往矣不可再得！留给后人长久的感念。

因为编《新文学史料》杂志，我常常与老作家、老学者有联系。张恩和先生研究现代文学，研究鲁迅，著述颇多，是学界著名专家。每于学术会上聆听他的发言，总有精辟见解，让我觉得这位老师学问做得明白通透。后来知道洁宇是张老师女儿，因之前读过她文章、也接触过她本人，互文见义，觉得这学苑父女两人真是好。又听说张老师的爱人、洁宇的妈妈曾长期卧病，两位张老师多年照顾病人，生活不轻松。这也让我暗生敬意。洁宇温文尔雅又大气，原以为是书香薰的，却也是生活的历练。后来一次开会遇到张恩和老师，聊天说到洁宇，他只说了一句“张洁宇也不容易”。而张恩和老师给人的印象一直是很潇洒很“仙”的，金丝边眼镜，白发梳理得顺，保养好，修边幅，不似有的学者邋遢缭乱、一副被学问或生活压得够呛的样子。

前年《新文学史料》协助四川大学文学院举办“中国现代历史进程中的郭沫若国际学术研讨会”，会上又遇到张恩和先生。时光飞逝，一晃好些年没见了，张老师年过80，依旧潇洒。互加微信，张老师果然与时俱进，微信玩得溜，“表情包”很丰富；时有照片发来，或开会，或旅游，走遍祖国大地的感觉，记得有一张照片是镜中人，张老师戏题“哥俩好”，童心雀跃。

会上有不少学者向张老师要墨宝。他的书法，是得启功先生真传的，字如其人，潇洒俊逸。我跟着大家说：我也没得着您的墨宝呢！不想，老先生立马说：胡说！我给你写过一幅，你都忘了！我登时尴尬，顺着张老师思路飞速检索，依稀记起20年前，也是某次学术会期间，一帮人围着张老师现场写字，甚是热闹，我也求了一幅。张老师记忆力太强大了，说我当时说：请张老师给小女子写几个字。我却想不

起来了，心下暗自惭愧，想张老师的墨宝是求不到了。没有想到，会议结束，回北京没几天，张老师发微信问我，字幅的内容、尺寸、格式（横或竖）有什么要求，说“你我熟人，有要求尽管说，不用客气”。令我好惊喜！这回“小女子”真要叩谢张老师了，忙回复：“上次十几年前您赐字，不知让我珍藏在哪只保险箱里了，所以很是愧疚！您大人大量，难怪您的状态、风度这么好！我没有要求，您写什么都好！”一顿盛赞老先生。所以我得到了张老师的墨宝，而且是两幅！多年前那一幅，说不定哪天就找到了！如今都成遗墨，都成念想。

张老师对《新文学史料》很支持，经常翻看，还曾推荐郝怀明先生的文稿给我。他对我刊刊载的一篇学术回忆文章很有意见，认为其中有几处回忆有误，因为他是亲历者，他要写回应文章。我回复他：历史真相难得，对一件事的回忆，也是横看岭竖看峰，也有记忆问题，欢迎他写文章。他很快写来文章，对一段学术史做了有益的更正、补充。但《新文学史料》积稿多、刊发慢，这篇文章刊出时，张老师却没有能亲见。听到噩耗，我首先想到这事，到家里吊唁，对洁宇说起，深感对不住张老师。洁宇知道这事，却诚恳地说：没关系，对方作者也是老先生，不方便发也没关系的。洁宇再次让我感到她的大气。我当即说肯定发，答应过张老师的。史料，就是要求真实的。《新文学史料》的作者们都是怀抱这样的心志的人。

张老师品高，几至有洁癖，这在他的散文随笔乃至书法作品中也看得出，更不必说微信中他对国事、天下事的关心，这是老先生们共同怀有的、对国家民族的深挚情感，所谓忧国忧民，所谓匹夫有责。这两天翻看以往微信，心想：还好，张恩和老师没有赶上新冠疫情，否则不知要增多少忧愤……

“莺歌燕舞流天籁，岳峙渊渟绝滓尘”，这是张老师写给我的墨宝之一，如今张老师潇洒绝尘而去，与他交往的这些片段、他的举止言笑，都成美好天籁，不时回响。

2020年8月21日

风义高华　君子如玉

——纪念张恩和先生及一种品格

·贺仲明

知道张恩和先生，是在南京大学读研究生的时候。因为关注鲁迅，很偶然地读到了张先生一本研究鲁迅的著作。时间已经很长，书名已经记不起了，但阅读的感受依然很深刻。因为这本书的表述风格很不同于大多数的学术著作。它不是那种纯粹客观的考据文章，而是蕴含有作者明确的思想和情感，但书写的笔调却非常从容，情感自然而沉静，与很多笔调峻切、情感强烈的鲁迅研究文章不一样，甚至与鲁迅本人的创作也构成了某种反差。说实话，当时的我对这种风格不是特别认可，不过还是在不自觉间很快就把书读完了——因为它读起来确实很轻松，语言简明朴实，语气更如同谈心，思想毫不费力地进入到你的脑海。

后来有幸见到张先生，是在2002年秋天。因为给诗人何其芳写评传的缘故，我得以与几位知名的中国现代文学学者同行，并游览被大坝完全淹没前的三峡风光。记得在游船上的时间一共不超过两天。而且，当时的我是一个博士毕业没两年、幼稚而拘束的青年，张先生则是年过花甲的著名学者，我与他之间的交流很有限。特别是我这人生性冒失粗率，在游船上常如孩童一般不安分地嬉闹，但张先生对此无一点愠色，而是始终平和沉静，以热情和关爱的眼光注视我，让我不自觉地感受到一种父亲般的温暖。

此后就再没有与张先生晤面请教的机会。说奔波于生计、太过忙碌的话显然有托辞之嫌，但生活在这时代，确实有一种被鞭子追赶着、不得空闲的感觉。而且我这人心理上有点轻微的“社交恐惧症”，有怕上门拜见人的惰性。所以，虽然心中常有去拜望张先生的意愿，最终都被各种原因阻断了。于是，十多年间，与张先生只有很有限的几次书信和电话交流。但我的懒惰无礼并没有影响张先生对我的关心。我

收到过他馈赠的《张恩和书文专辑》，还有他在年过八旬之后为我撰写的书法条幅——这幅墨宝挂在我办公桌的对面，让我时刻感受到他对后学的关心和勉励。

还有一件事特别让我感动。我的一个毕业好几年的博士，因为一些原因，蹉跎在一个山东的地方党校工作，颇不如意。张先生前两年去山东旅游，偶然与这个学生相识。知道他是我的学生，又了解到他的状况，张先生很主动而且很认真地帮他联系和推荐新的工作岗位。而且很快，在张先生帮助下，这个学生被调到一所正规大学工作，从而极大地改变了事业和人生。张先生这么费心帮助这个学生，完全是一种无私的情谊，一种对后学的提携和关心。回想起来真是惭愧，我甚至没有专门为此事给张先生打个电话表示感谢。

统括起来，我与张先生的交往就这么多。显然，我认识张先生的方面远不是全面的，或者说这只是我个人眼中的张先生。但这些记忆虽然零散，却并不妨碍它们凝聚成一种品格和形象，那就是真正的君子和长者风义。张先生从容自如的学术风格，与温和雍容的性格，以及宽厚仁心的为人，具有着内在而完全的一致性。这是永远值得我纪念和感动的。而且说实话，正如张先生这样的学术文风已经很少见，他这种长者风义也很难再遇到。所以，我借“风义高华 君子如玉”来纪念张恩和先生，也以此纪念一种品格和风范。

2020 年 8 月 30 日于广州

北师大校园里的张恩和老师

· 李　怡

第一次见到张恩和老师，是 1992 年在北京新万寿宾馆的郭沫若研讨会上，但真正近距离地与他交流请教，却是 10 多年以后在北京师范大学校园他的家中，这时我调入了北师大教书，有好几次，我有机会在张老师的家中促膝相谈，获益良多。

我知道，张老师 1958 年毕业于北京师范大学中文系，在北师大中文系任教长达 25 年，上世纪 80 年代才转任中国社科院研究生院教授，因为他的夫人邹晓丽也是北师大中文系的教师，所以家依然还在北师大校园里。这就是说张老师始终都没有离开过师大校园。1983 年以前，他在这里求学、治学、教学，可以说是北师大中国现代文学学科的重要代表。

1983年以后，这里还是他读书、写作和生活的所在，直到2019年11月10日，他送医不治，才真正离开了师大校园。

张老师与北师大的这种紧密联系不仅见于人生与学术的履历，更内化成为他自我精神和情感的一部分。张老师晚年的一些著述、访谈，时不时就会写到他与师大的各种片段："北京师大中文系名师云集，加上那时社会风气健康，学习空气浓厚，大学4年是我一生中过得最充实、获得知识最集中最多的时期。"[①]关于他与启功、谭丕模、钟敬文、李何林等人的交往，关于"筒子楼"的生活，以及"第一次稿费"的经历，等等。他虽然身在社科院，却还撰文为"师范大学"可能更名的传闻而叹息，衷心期待"师范"这顶"帽子"如何"戴得更高、更正、更紧"。[②]在我与张老师的交谈中，他也常常将话题引回到师大的人和事来，历史过往、院系掌故，总是娓娓道来，臧否人物，亦是兴之所至，不加思索。看得出来，这点点滴滴，都已经融化成了他铭心刻骨的

① 黄海飞：《鱼与熊掌，何妨兼得——张恩和教授访谈录》，《创作评谭》2019年1期。

② 张恩和：《"师范"这顶帽子不能摘》，《深山鹧鸪声》，福州：福建人民出版社，2001，第173页。

人生记忆，20 多年的师大生涯在张老师的生命中镌刻了极其深邃的痕迹，甚至构成了思维和语言的一部分。在一般学人的眼中，特别是年轻一代学者的印象中，张老师已经被“定格”在了后来的单位——中国社会科学院，是中国社科院的学者，殊不知，在这种“单位身份”的刻板形象背后，其实是藏着一个自始至终都满怀着“北师大情怀”“北师大印迹”的“师大老人”的身影。在见到张老师本人，与他有过多次的无拘无束的畅聊之后，就会感到这位“师大老人”的清晰的存在。有了这个“师大影像”，我再读张老师晚年的文字，似乎更有一种特别的感受，这字里行间秘藏有人生的不可磨灭的际遇，而学术思想的选择与追求的背后也隐含着某种特殊的“与北师大相关”的“趣味”与“气质”。

张恩和老师去世后，我在断断续续中重新阅读了他从上世纪 60 年代至新世纪以来的著述，这个感受越发明确起来，以我个人对“北师大现代学术传统”的理解和认知，我相信在张老师与“北师大传统”之间，存在着一种坚实的内在贯通，一方面，是这种传统“塑造”了张老师的中国现代文学学术取向，另一方面，张老师也是这一“传统”在新时期前后重要贡献者。所可惜的是，无论是就张老师作为这一学术传统的重要代表，还是这一学术传统本身，我们都还缺乏足够的重视，也完全没有给予必要的总结和阐发。

“百年师大，中文当先”。描绘北京师范大学中文学科的发展历史，这是一句经常被征引的名言，在一个较为抽象的意义上，它的确昭示了某种令人鼓舞的气象。不过，“百年”来的中国社会文化实在曲折多变，中国学术的发展也可谓是源流繁复，“当先”的真实意义常常被淹没于时代洪流的连天浪滔之中，作为某种标榜性口号，并没有得到理性的总结和梳理，也就是说，真正“思想模式”与“学术典范”的北京师范大学中文传统，尤其是现代文学的学术传统，一直等待着我们更多的挖掘与理解。

现代中国的高等教育肇始于京师大学堂。京师大学堂发展生成了作为中国现代高等教育翘首的北京大学，不过京师大学堂也有另外一条发展线索：京师大学堂生成了 1908 年 5 月的京师优级师范学堂，进而在 1912 年 5 月诞生了北京高等师范学校，这就是北京师范大学的前身。北京师范大学秉承了京师大学堂“办理学堂，首重师范”的理念，其引领现代教育与文化发展的首功勋绩由此铭篆于史。但是，京师大学堂“花开两朵”这一史实绝非仅仅是证明了北师大与北大

“一奶同胞”，或者说北师大的历史与北京大学一样的“古老”，它也很快就提醒我们一个十分重要的事实：现代中国高等教育的发展在一开始就呈现出了各自有别的两种模式。与作为“时代先锋”的北京大学有别，北京师范大学走出了另外一条教育之路，形成了自己的文化品格，虽然它和北大一样背负着近代历史的忧患，心怀了五四新文化的理想，也可以说共同面对了现代教育与现代文化建设的未来。

作为面向社会、服务民众的师范教育的开拓者，北京师范大学的教育理想在一开始就是在“精英化”之外矻矻耕耘，从京师优级师范学堂里走出了符定一。京师中国语言文学的优质教育让这位著名的教育家与语言文字学家在后来创办湖南省立一中、执掌岳麓书院之时，胸怀天下、垂范后学，培养了包括毛泽东在内的一代平民青年；北京高等师范学校的中文学科云集了当时中国的学术大家，如鲁迅、黎锦熙、高步瀛、钱玄同、马裕藻、沈兼士，不时应邀前来讲学的还有李大钊、蔡元培、胡适、陈独秀等思想名流，可谓盛极一时。进入“师范学堂”的各方名家，践行的是教书育人、启蒙普通子弟的职业本分。京师优级师范学堂、北京高等师范学校、北京（北平）师范大学、北京女子师范大学、国立北平师范大学、国立西北联合大学、辅仁大学——这就是北京师范大学的演化历史，这一历史轨迹交织着国家民族现代史上种种的艰难曲折，中文学科的漫漫历史记录着中国现代语言文学的学术历程与平民教育历程：从90余年前推行白话文、改革汉字，奠定现代汉语的基石到半个多世纪前第三代以来开创现代中国民俗学与民间文学的卓越贡献，诸多学科先贤都将自己坚实的足迹留在了中国现代思想文化发展的旅程中。值得注意的是，同样置身于相似的历史进程之中，北京大学常常更主动地扮演着“时代弄潮儿”的角色，占据学术的高地振臂呐喊，以“文化精英”的自信引领时代的前行，相对而言，北京师范大学的知识分子更习惯于在具体的社会文化问题上展开自己的探索和思考，面对时代和社会的种种痼疾，也更愿意站在相对平民化的立场上进行讨论，践行着更为质朴的“为了人生”的理想。

就中国现当代文学而言，我们目睹的也是这样的事实：民国以来北京师范大学知识分子参与现代中国学术的社会背景是近百年来中国社会发展的风波与激浪，这里交织着进步对落后的挑战，正义对邪恶战斗，真理与谬误的较量，作为“民众教育”基本品质的彰显，北京师范大学的学术精英似

乎没有将自己的生命超脱于现实，从来没有放弃自己关注社会、“为了人生”的责任和理想，中国语言文学学术哺育了一批批的校园作家，从黄庐隐、陆晶清、冯沅君、石评梅到牛汉、苏童，他们以自己的热情与智慧描绘了“老中国儿女”的受难与奋斗，为现代语言文学的学术思考注入了新的内容；同样，在“五四”运动，在女师大事件，在“三一八惨案”，在抗日烽火的岁月里，北京师范大学的莘莘学子与皓首穷经的教授们一起选择了正义的第一线，在这个时候，他们不仅仅以自己的思想和智慧，更是以自己的热血和生命实践着中国士人威武不屈、身任天下的人格理想，他们的选择可以说是铸造了现代中国学术的另一重令人肃然起敬的现实品格与理想坚守。这其中的精神雕像当然包括了鲁迅。虽然鲁迅作为教育家的历史同时属于北京大学与北京师范大学，但是就个人生活的重要事件（与女师大学生许广平的恋爱）、政治参与的深度（女师大事件、“三一八惨案”）以及反精英的平民立场这些更具影响力的生命元素而言，鲁迅无疑更属于北京师范大学的知识群体。

鲁迅式的“为人生”的精神传统也在北京师范大学的学术脉络中获得了最充分的继承和发扬。在新时期，鲁迅精神的激活是中国学术开拓前行的旗帜，这面旗帜同时为北京大学和北京师范大学的学者所高擎，北京大学努力凸显的是鲁迅的先锋意识和复杂的现代主义情绪，在北京师范大学这里，则被一再阐述为“为人生”的“立人”的执着，新时期之初，北京师范大学中国现当代文学的带头人之一杨占升先生最早阐述了鲁迅的“立人”思想，而北京师范大学培养的新中国第一个文学博士王富仁则将“立人”的价值推及到思想文化的诸多领域，并在此基础上构建了他独特的“反封建思想革命”的学术框架、“中国文化守夜人”的启蒙理想。

今天的我们对北京师范大学中国现代文学学科史的观察，很容易聚焦于上世纪 80 年代的“第三代”学人群体，包括王富仁的鲁迅研究、金宏达的鲁迅研究和张爱玲研究、蓝棣之的新诗研究，此外还有朱金顺的现代文学史料研究、蔡清富的中国诗歌会研究、黄会林的现代戏剧研究、刘锡庆的现代散文研究、李复威的当代文学思潮研究等等，稍微向前追述，则会论及作为“第三代”导师的李何林先生、郭志刚先生以及杨占升先生等，这一学术群体，始终都将现代文学的发展视作社会人生的表现，始终都将学术的研究与社会历史及思想文化的发展相联系，一般很少强调“纯艺术”和

"纯文学"的价值取向，即便是执着于现代新诗艺术研究的蓝棣之也一向高举"诗歌与人生"的旗帜，凸显自己挖掘人性的"症候式"研究。其实，北京师范大学现代文学群体这种面向现实、学术"为人生"的追求一直根植于北京师范大学"平民教育""社会教育"的基本职责，是"为了人生""服务社会""思想启蒙"教育文化的目标影响和决定了学术活动的现实取向，当然，作为有价值的学术追求，这样的社会现实的指向并非来自外部的政治权威，而是北师大学人基于思想启蒙的现代理想的内在倾向，是他们对五四启蒙文化的自觉的领悟和继承。

我想指出的是，作为一个学术群体的自觉追求，这样的学术倾向长期存在，努力在不同的历史时期以不同的概念逻辑加以传达，当然，到了80年代，在所谓的"新启蒙"思潮中，获得了最理性最系统的表述，代表学者是王富仁，但是，仔细追踪，我们就会发现，在新时期获得深入阐发的"为了人生"的现代文学的学术取向，并不是随着新时期的到来从天而降的，它一直就或显或隐地浮动在北师大学人的思想追求之中。在不同的时代，或许出现过那个时代的语言表达，也打上了特殊时代的某些烙印，然而，有一些东西却似乎始终具有某种延续性，那就是关怀中国的现实人生，不断为现代中国的历史进程努力奋斗，将阻碍现代中国发展的“封建文化”视作现代文学的大敌。在这样的学术脉络中，除了关注思想斗争的李何林，探索鲁迅“立人”观念的杨占升，格外值得一提的就是张恩和老师。这里，我仅例举张老师上世纪60年代和80年代两篇关于鲁迅的论述就可以略见一斑。

1963年，还是北京师范大学青年教师的张恩和老师在《文学评论》第5期上发表了《对狂人形象的一点认识》，对鲁迅的《狂人日记》的人物塑造艺术进行了深入的分析。与当时流行的真狂人/革命者的形象争论不同，张老师独具慧眼地发现了隐藏在这种复杂思想背后的其实正是作者鲁迅历史混沌期的复杂的处境和心态：“《狂人日记》写在早于五四运动一年的1918年4月，那时的鲁迅虽然开始受到革命浪潮的冲击，但由于运动还没有形成声势，鲁迅自己也是在经历一段沉思苦闷之后刚刚投入战斗，心情仍不免带有一些痛苦和寂寞。这种心情在他的《〈呐喊〉自序》中已有说明。当时，他更多的是看重周围的黑暗和‘昏睡’的人们，较少注视为数寥寥的‘精神界之战士’。他的艺术家的眼光主要

集中在‘病态社会的不幸的人们中’。所以他进行创作，自然而然地选中一个社会的牺牲者狂人为描写对象。狂人的令人感到同情，正是作者这种思想情感流露的结果。”[①] 这里的分析努力贴近鲁迅的实际人生体验而不是取自外在的政治教条，体现了师大学术的质朴和求真的底色，从这里出发，张恩和老师进一步发现了鲁迅早期思想与尼采的关系，发现了个人主义之于早期鲁迅的重要价值：“许多人在评论《狂人日记》时，较少谈到鲁迅受尼采的影响，这也许是一个疏忽。鲁迅在早期即从西方接受了进化论和个性主义的思想。他在强调‘发展’、‘变革’的同时，主张‘掊物质而张灵明，任个人而排众数’。这种主张主要是受尼采‘重个人非物质’的学貌的影响。”[②] 可以说这个观点在当代鲁迅研究史上相当“先驱”，从某种意义上说开启了新时期鲁迅研究的重要思路。

1981 年，张恩和老师在《北京师范大学学报》第 4 期上发表了《论鲁迅早期“为人生”的文艺思想》，1985 年，又在《中国社科院研究生院学报》第 3 期上发表了《鲁迅——

① 载《文学评论》1963 年第 5 期。

② 载《文学评论》1963 年第 5 期。

伟大的反对封建主义的战士》。以当下的眼光来看，这两篇论文从语言和判断都还余留着阶级斗争年代的一些烙印，显得不那么“新潮”，与继之而起的新时期文论比较不无“陈旧”色彩，然而，抛开这些表达的“陈迹”，我们却能够发现许多除旧布新的思想结论，例如，他认为鲁迅的反封建并不仅仅属于前期，而是贯穿一生的坚持：“他早在日本留学时就得出了必须摧毁封建主义思想体系的结论，此后他批判的笔锋始终没有偏离这一既定目标，在他成为共产主义者之后更对封建主义展开了全面的政治批判和社会批判。”[①] 属于鲁迅研究史的人都可以感受到，我们曾经长期沿袭瞿秋白的论述，将鲁迅的一生划分为前后阶段，“反封建”主要属于前期，而后期则属于“共产主义战士”，一个不断发展不断进步的鲁迅更契合现代中国政治革命的要求，只有新时期的鲁迅研究才重新回到了“思想者鲁迅”的独特性，重新肯定“反封建”思想之于鲁迅贯穿一生的价值，张恩和老师1985年的结论是最早呼应新时期启蒙学术的思想之一。至于“为人生”的提出，如前文所述，我认为它就是北师大现代文学

① 载《中国社科院研究生院学报》1985年第3期。

学术群体的基本命题，1981 年的张恩和老师对这一概念的阐述总结性地概括了师大学人坚持已久的学术思想。今天的人们一般愿意将王富仁的博士论文《中国反封建思想革命的一面镜子——〈呐喊〉〈彷徨〉综论》视作新时期鲁迅研究启蒙学派肇始之作。在我看来，王富仁鲁迅研究学术思想的形成依然存在一个源远流长的“北师大背景”，或者说秉承了深刻博大的“北师大传统”，在这样的学术背景上或者学术脉络上，有一些人是值得重视，亟待研究的，例如杨占升，例如张恩和。

今天，我由纪念张恩和老师的学术与人生而想到了北师大学术群落的问题，是因为我发现，就是在这样一个角度，张老师的学术追求与价值可能得到恰当的凸显，这是他学术追求的事实，也是他的精神所系。当然，提出学术群落自然也让人联想到所谓的“学派”问题。从某种意义上说，学派的形成和成熟、壮大是学术研究走向自觉的重要标志，遗憾的是，现代中国学术（不仅仅是中国现代文学研究）在“学派”总结上是相当薄弱的，这里的原因可能是多方面的，政治意识形态的限制和禁忌可能只是其中之一，在另外的时候，我们太容易被外来的概念所牵引，在不知不觉中忽略了一代一代学者蕴藏在某些时代烙印底下的默默连接的精神纽带，即便在政治意识形态裹挟一切的时期，学者的灵魂也没有被完全侵蚀和取代，他们依然在与历史经典的对话中以各种可能的方式进行着自己的精神求索，这些些微的努力也许在当时并不足以振聋发聩，但是却构成了我们民族的学术文化倔强生长的最可宝贵的力量。

追忆我的女神与男神

· 李　彤

邹晓丽教授是我的硕士导师，是我的女神。师丈张恩和教授是我的男神。

1990 年 9 月的一天，我叩开了师大丽泽 6 号楼的一扇大门拜见导师邹晓丽教授，从此开启了我和恩师、师丈将近 30 年的师生缘、母女情、父女情。回忆 30 年来与恩师、师丈相处时的点点滴滴，心中充满的是崇敬、感激。

崇　敬

我崇拜邹老师对学术的热爱与执着，敬佩邹老师那美丽、柔弱外表下的坚强与刚毅。学生时代的邹老师貌美如花、玉骨冰肌、冰雪聪明，作为国家运动健将在师大叱咤风云，曾打破师大女子跳高纪录并保持了很多年。“明明可以靠颜值，却偏偏要靠才华”说的就是我的女神。但当我见到邹老师时，她已经疾病缠身多年，手和脚的关节已经变形，每天早上都要忍受“晨僵”的折磨，加上长子患病、工作中有小人作祟，我猜测邹老师的内心应该是痛苦和不甘的，但每次推开邹老师的家门，迎接我的永远都是导师那最甜美的微笑。

邹老师的坚毅非常人所能及。印象中，我只见过两次邹老师流泪，一次是长子因病去世时的悲痛欲绝，一次是知道女儿怀孕消息时的喜极而泣。2004 年，为了不给家人添麻烦，邹老师执意搬去位于马驹桥的养老院，即便忍受精神上的孤独与寂寞也在所不惜。为了改善行走能力，邹老师不惧穿心的疼痛毅然接受脚趾矫正手术。退休前，邹老师几十年如一日，辛勤耕耘，为国家培养了一批批的古文字学专业人才。在教书育人的同时，邹老师还超负荷运转，利用业余时间潜心研究，发表了大量的论文，出版了很多部专著。做学生时，每次看到邹老师用变形的手翻开厚厚的书，在稿纸上写字时，我想到的只是她的艰难，只是佩服她的身残志坚。

毕业后，待我有了自己的学生、有了自己的家庭，亲身经历了与伤、病的抗争后，才真正体会到导师每天所承受的疾病造成的身体和精神的双重痛苦，也才真正体会到了《基础汉字形义释源》《咬文嚼字红楼真味》《甲骨文字学述要》等著作的来之不易与弥足珍贵。每次重温导师的著作，眼前都浮现出邹老师在小书屋里奋笔疾书的情景。每当我懈怠时，看到导师的著作就仿佛看到了导师那坚毅、深情的目光。

我崇拜张老师淡薄名利、笑谈生死的洒脱，敬佩张老师对邹老师的爱与牺牲。邹老师和张老师是典型的郎才女貌、才子佳人组合。当学生时我与张老师的接触并不多，我只知道张老师是靠才华和气质打败了邹老师的众多追求者抱得美人归；我还知道张老师是鲁迅研究专家，才华横溢，书文翰墨样样精通，书法作品受到启功先生的夸赞，很多人慕名前来求字。因此最开始，我对张老师心存敬畏，每次去他家，跟张老师问好后就钻进他们的书房去和邹老师谈学习、聊生活，直到毕业后才渐渐地和张老师熟悉起来，对张老师有了更多的崇拜与敬畏。

邹老师行动不便，张老师在教学、科研、写作的同时，承担起了所有的家务，包括洗衣做饭，也包括帮邹老师买衣服、修改衣服，还包括帮邹老师修改书稿、填报资料。张老师说，他只有三分之一的精力花在了自己的工作上，剩下的全部都交给了邹老师。张老师是邹老师最坚强的后盾，是邹老师的山。

邹老师在医院躺了10年，张老师也默默地为邹老师付出了10年。邹老师在医院ICU里住了很多年，不是因为病情严重，而是因为那里可以给邹老师提供精心的照护，为此花费了高昂的医药费，张老师也毫不吝惜。10年间张老师独自一人在家、医院、学校财务处之间奔波，我每次在校园遇到他时，他不是在去医院的路上就是在从医院回来的路上。我也多次申请承担住院费报销的事，张老师都说："你和小洁都忙，我自己做得了。跑不动了再找你们。"我时刻准备着，但从未被召唤。10年，张老师从70后变成了80后。10年间他也住过院、做过手术，我曾亲眼目睹张老师艰难地自己给后背的带状疱疹涂药，也看到过冬日清晨张老师在公交站等车去阜外医院看病的身影。我能感觉到压在张老师身上的生活重担，但每次看到鹤发童颜、精神矍铄的张老师，我都会在心底敬佩我坚强、刚毅的师丈。

感　激

对我来说，邹老师既是严师也是慈母。作为慈母，邹老师喜欢我去看她，喜欢跟我聊天，聊到兴头上，有时还会忍不住轻轻地在我脸颊上亲一下；作为慈母，邹老师还关心我的个人问题，在我不知情的情况下偷偷做媒，等我找到如意郎君后，又露出欣慰的笑容；作为慈母，推荐我加入致公党，让我中午下课后去家里吃午饭……作为严师，邹老师对愚钝的我循循善诱，对偷懒的我旁敲侧击，教育我要学风踏实、不浮躁，最终引领我走进古文字研究的大门。在出版《甲骨文字学述要》时，邹老师主动提出加入我和冯丽萍毕业论文中的一小部分，并把我们列为第二作者和第三作者。拿到样书时，我没有兴奋、得意，有的只是感激和感动，我感激邹老师对我的提携，感激邹老师对我无微不至的关爱，同时暗下决心，要把导师的学术思想和高尚的师德传承下去，要像导师一样去爱学生。在邹老师摔倒的前几天，我去找邹老师聊天，当时，邹老师还笑眯眯地对我说："我现在的任务就是想办法帮你发文章了。"这句话伴着邹老师对我的爱永远刻在了我的心里。邹老师第二次住院后，刚开始还是有意识的。每次去看邹老师，虽然她说不出话，但是我能读懂她的心意："我很好，你太忙就不要来了，抓紧时间把博士论文写出来，加油！"

张老师对我来说就是慈父。邹老师住进ICU后，由于探视时间受限制，逢年过节我都会继续去邹老师家。我认为，看望张老师就是看望邹老师。我喜欢听张老师有声有色地讲师大轶事、喜欢听张老师妙语连珠地点评时事，喜欢听张老师阐述他充满哲理的人生感悟。张老师几乎没有给我打过电话，唯一的一次电话，是说要送我他新出版的书法作品与散文集，让我有时间去取。我最喜欢听张老师说的一句话就是："你是家里人，就和小洁一样，都是女儿，我不会跟你客气，有事情我一定找你。"记得2012年博士论文定稿前，从王老师家谈完论文出来，因为论文被批心情极为沮丧，一路低着头想心事。走到科技楼的路口，被迎面而来的张老师叫住。张老师看出了我神色不对，关切地问我："出什么事了？跟我说说，说出来就好了。"看到张老师，就像迷路的孩子突然见到了亲人，我忍不住站在马路边抹起了眼泪。是我亲爱的师丈，在寒风中陪我站了半个多小时、不停地开导我、宽慰我、鼓励我，一直到我把压力、郁闷全部释放出来

才放我离开。时隔多年，每当想到那一幕、我都会抑制不住自己的泪水，张老师关切的目光、亲切的话语我永生难忘！

如今，给予我无限关爱的恩师和师丈都已羽化成尘，我对他们的思念从未中断。我时常再次翻开《基础汉字形义释源》和《灰羽随风》，回想与恩师、师丈短暂而快乐的时光。我也时常抬头仰望苍穹，希望能看到我永远美丽的女神和我永远潇洒的男神，我还有很多话想对他们倾诉。

另一面的风景

——从唐弢、张恩和的交往谈起

· 张重岗

在现代文学研究领域，常常为人称道的是学者的性情趣味。第一代的唐弢、王瑶、李何林和贾植芳等先生，裹挟着开拓者的气质，以各自的人格学养建立了学术的流脉。稍晚一辈的学者如樊骏、张恩和等先生，以追随者的身份，备尝学科初创期的甘苦。樊骏先生被称为现代文学的守门人，呵护着学科的成长；张恩和先生的回顾与反思，则勾勒了现代文学另一面的风景。

与个人化的学术研究相比，围绕唐弢、王瑶、李何林和贾植芳等先生的交往，在学术气息之外又增添了浓浓的人间

情味。

唐弢、张恩和二位先生的交往，是有意味的例子。其中既有私人的情谊，也关涉到现代文学史的编写、对鲁迅的诠释、现代文学面临的挑战和拓展、文学研究者的自处与处世等问题。这些问题，从个人化的视角出发，进入到了现代文学整体状况的反思之中。

现代文学学科的形成，与文学史的书写有极大关系。张恩和先生亲历了这一段历史，在遗稿《〈中国现代文学史〉编写的一些情况》中记述甚详。由于现代文学史的编写经历了两个转折的时期，遗稿中透露的一些信息，可以帮助我们厘清文学史编写的头绪，如教材编写宗旨的演变、编写成员的构成等。

《中国现代文学史》在编写过程中的起伏，与当代历史的进程是同步的。在某种程度上，可说是当代史的一面镜子。文学史的编写，肇始于上世纪60年代初的反浮夸风。高校教材在大跃进“教育革命”中出现的问题，引起了中央书记处的注意，总书记邓小平要求限期解决。1961年4月，周扬受命作了部署，拉开了全国高校文科教材编写的序幕。按照各高校的分工，现代文学史具体由北师大中文系负责，主编则请社科院文学所的唐弢先生担任。至1962年9月政策左转，文学史的编写工作受到很大影响。至1964年夏，上半册的征求意见稿赶印出来，此后逐渐停滞。直到“文革”之后，搁置了14年之久的编写工作得以重新启动。1978年9月，唐弢重建编写组。至1980年底，现代文学史的编写出版工作终于全部完成。

由于这一机缘，当时任职于北师大中文系的张恩和先生，有机会近距离接受唐弢先生的指导。编写组采用的是专家分段把关带徒弟的方式，特别有利于年轻学者的成长。再加上张恩和先生所承担的鲁迅思想、杂文和创作主张等章节的撰写任务，与唐弢先生的志趣相吻合，无形中拉近了二人之间的距离。

张恩和先生围绕鲁迅所写的几篇文章，是在与唐弢先生的思想互动过程中完成的，具有重要的学术史价值。在现代文学史撰写期间，唐弢先生设定了撰写的原则：一是要写出时代背景和气氛，二是要写出作家个性、作品风格，三是要含评于述、寓论于史。对于这些原则，张恩和先生谦称，虽然尽力理解和融化，仍留下不少缺憾。不过，他于1963年所写的第一篇鲁迅研究论文《对狂人形象的一点认识》，则在

一定程度上化用了上述原则。这篇文章的核心，在于抓住了一个矛盾，即狂人的狂言呓语与作者的反封建思想之间的冲突，以此切入《狂人日记》的话语策略和小说美学。就话语策略而言，鲁迅借助狂人的特殊心理及其日记，将真理隐蔽在狂话的背后，以暗示的方式激发读者的反抗之心；就小说美学而言，在发狂的人物和清醒的读者之间，在狂言和真理之间，搭建起沟通桥梁的是双关的话语和比喻象征的手法。这样的狂人形象，与尼采借助察拉图斯忒拉传达自己思想的方式有近似之处。这篇文章回应当时学术界关于狂人是战士的平面化理解，回到小说的本身，从话语和美学的视角给予解释，得到了唐弢先生的首肯。

正是受到这些观点的触动，唐弢先生在 18 年之后写作《论鲁迅小说的现实主义》(《文学评论》1982 年第 1 期）时，特别强调了“狂人就是狂人”的论断:“鲁迅要我们相信:在生活中，狂人是一个实实在在的狂人，他说的话句句都是疯话，时而闪耀出一些生活的历史的真理。”并把现实主义的原则，建立在形象的真实性的基础之上:“在全部描写中，鲁迅始终严格地遵循现实主义的原则，绘状狂人的每一句话，每一个行动，努力保持其疯疯癫癫的形象，使这个形象的真实性不受丝毫的损害。”通过对鲁迅现实主义风格的强调，唐弢先生回应了当时鲁迅研究界存在的两个问题：一是从社会性质出发，联系鲁迅的政治思想，再解剖小说人物的研究偏误；二是从象征主义或意识流的角度，论断鲁迅小说的特质的学术错觉。

唐弢、张恩和共同署名的论文《论鲁迅早期“为人生”的文艺思想》，与上文均写于1981年。该文由张恩和先生执笔，延续了现实主义的论述主轴，意在扭转研究者偏重鲁迅早期浪漫主义思想的取向。文章的思考路径，仍是从鲁迅思想本身出发，找到立论的出发点。这就是1933年鲁迅在《我怎么做起小说来》中所说的小说写作宗旨：“抱着十多年前的‘启蒙主义’，以为必须是‘为人生’，而且要改良这人生。”为了强调后者，唐弢先生特别把论文的题目改为《关于“为人生”并且“改良这人生”》，但可惜遭到改动。这些历史的斑驳痕迹，一方面呼应了“回到鲁迅去”的学术动向，另一方面隐含着作者对于现实的文学态度。

在鲁迅研究中，涉及到两个相关联的方向：一是鲁迅的内化，二是鲁迅的历史化。张恩和先生在《我的鲁迅研究》（《上海鲁迅研究》2019年第1期）一文中，强调了鲁迅

内化的问题。他说："鲁迅研究之于我，从开始阅读鲁迅进到作为教学研究工作，再进到成为自己生命的一部分。"又说："我一向认为，研究鲁迅不应简单地将他当作历史、当作一般作家研究，而应该把他当作一种精神上的对话者或引领者，以他为精神偶像。"这是一种主观精神的融入，胡风的主观战斗精神把这种取向推向了极致。虽然区别了鲁迅和一般作家，但对精神深度的礼赞本身就是对文学和思想的尊重。对于有思想深度的对象，若缺乏精神的融入，即便调动全部的知性力量，终究是隔了一层。可以说，内化论拈出了鲁迅研究的核心精髓，也显示了人文学科区别于社会科学、自然科学的特质。

主观的融入并不是同一化，而是与鲁迅共同面对历史处境，由此带出了鲁迅的历史化问题。张恩和先生对鲁迅诗词的解析，既能深微地体察鲁迅的心境，如 1977 年发表的《对鲁迅〈秋夜有感〉诗的理解》《论鲁迅两首和屈原有关的诗》；又能把鲁迅的诗情置于历史情境之中作深度诠释，如《〈湘灵歌〉探究》讨论鲁迅与长沙事件之间的关系，把鲁迅的精神取向与历史的进程紧紧地结合在一起。

鲁迅的历史化，力图在内在的层面处理鲁迅与历史之间的关系，而非外在地把鲁迅当作历史以离弃这一精神的遗产。唐弢先生晚年念念不忘的《鲁迅传》，面对的正是这一问题。汪晖先生在《回忆我的老师唐弢》中谈到此事，说唐先生最终没有完成他的《鲁迅传》，原因之一在于评价鲁迅要讲的是现代史："怎么评价太平天国？怎么评价义和团运动？怎么看待辛亥革命？怎么讲五四？如何看待国共之争，怎样叙述左翼内部的矛盾，又应该从哪里出发解释鲁迅在这些问题上的复杂态度以及文学的、非文学的呈现？"对鲁迅研究来说，严峻的问题在于如何放置鲁迅所面对的这些历史事件和矛盾冲突。这在鲁迅时代是问题，在唐弢时代是问题，在今天依然是问题。或者说，它们不单是历史的事件和矛盾本身，更是对我们自身及构成我们的世界的追问。现代文学研究的思路和格局，经此得以传承、转换和重新开启。

现代文学研究的定位、转型和开拓，是学者们在上世纪80年代所面临的重要课题。如何思考转型期的难题，考验着文学史家的才识学力。唐弢先生作为新文学璀璨时代的见证人，在此刻的言行举足轻重，展现了开阔的心胸和知人论世的史家品格。

这里试举出唐弢先生关于"学术无门户"的见解，一窥

现代文学研究在学术思维上的开放性和自主性，体味其中所含藏的变与不变的哲理内涵。在《哀悼王瑶先生》一文中，他提到由朱自清、闻一多先生开创的“没有一点门户之见的实事求是的淳朴学风”，讲的是王瑶和自己门下弟子之间的相携相助，同时也是对现代文学研究界的期望。他对海外现代文学研究动态的关注，同样体现了开放和包容的心态。正是基于此种态度，他对夏志清的《中国现代小说史》给予了一定程度的肯定，但他的回应更有价值，在对话中拓宽了历史理解的思路。

关于晚年的唐弢先生对海外和台港学界的看法，汪晖、黎湘萍先生所作的记录具有极大的价值。他们注意到，唐弢先生一方面留意海外的现代文学研究，另一方面表现出很强的自主性意识。汪晖先生从“文学与政治的相互生成”的角度来理解唐先生的文学观，与夏志清从欧洲浪漫主义文学中产生的文学观区分开来；并把这一区别置于历史观念的演变，即20世纪文学的性质与19世纪浪漫主义文学概念的关系之中来把握。在《晚景照人梦依稀——悼念唐弢先生》中，黎湘萍先生记述，唐弢先生非常关注台湾和香港文学，强调两岸文化和文学的同根同源性和不同社会背景下的相异样态有着同等重要的价值，其中饱含着文学史家对国家统一的期待。

并非巧合，张恩和先生在同一时期的论文《从民族文化学的角度对中国现代文学的思考》(《中国社会科学》1987 年第 1 期)，试图把现代文学解释为民族文化精神和心理素质的观照。他借鉴勃兰兑斯关于“文学史是灵魂的历史”的说法，把中国现代文学放置到民族文化的大系统、大背景中加以考察。在他看来，现代文学表现为外来冲击、民族属性两方面的张力。该文回归本民族的文化传统，从审美意识、艺术情趣、文化形态、语言和文学形式等角度疏通文化连续性的一面。这一时期，张恩和先生在赵树理、郭沫若、郁达夫、张天翼、丁玲等作家身上也下了很大的工夫。对作家思想复杂性和艺术才能的阐释，如郭沫若的鲁迅观、郁达夫小说的特质、张天翼的“中流社会”描写等，显示了论者敏锐的观察。这些观点，与唐弢先生开放的自主性视野形成了有意义的呼应。

在学者们的记述中，现代文学学科的几位开山大师风神迥异。钱理群笔下的“王瑶的烟斗”、王富仁笔下的李何林先生“那纯钢一样的灵魂”、陈思和笔下“把人字写端正”

的魅力型教师贾植芳先生，个性均十分鲜明。与这几位先生相比，唐弢先生是较为厚重谦和的一位。同为唐弢先生的受教者，樊骏先生着眼于文学史和学术史以观“特殊的这一个”，张恩和先生体会深切的是其渊雅温润的仁者人格，汪晖先生有所触动的是在变动时代有所不为的狷者心态，黎湘萍先生更有共鸣的是开阔的学术胸襟和对自由心态的期冀。对于丰饶的人格性情的品味和体察，好比辛劳间隙的茶饮，为学术探究带来了无尽的滋味。对后学来说，不仅可藉此潜入前人论述的留白之处，也为学术奥妙的领悟开启了另外一扇窗户。

随风飘散总关情

——怀念张恩和老师

· 汪卫东

去年11月中旬，中国鲁迅研究会成立40周年会议在苏大召开，鲁研会向80多岁高龄仍行动便捷的鲁研前辈张恩和先生发出邀请，我感到很高兴，一是作为主办方感到张先生的到来将为会议增彩，二是张先生是我在北师大读硕时受教过的老师，可以在苏州见到老师，有一种额外的期待。于是我向张先生爱女、新锐鲁迅研究专家张洁宇教授也发出邀请，洁宇可以顺带照顾父亲，另外，父女两代都致力于鲁迅研究，这对于40周年纪念会正别有意义。

期间与洁宇保持微信联系，安排来苏的行程，洁宇说父

亲刚从老家江西省亲之旅回来，兴奋但也需要休息，老人家还想写一篇文章参会，我说安排一个口头发言就行了，张先生文采与口才兼得，即兴发言更有意义，让他先好好休息。

会期在即，我投身于会务筹备。11 月 3 日，洁宇微信语音：父亲不慎摔倒，现陷入昏迷。我一下惊呆了，张先生身体那么好，谁也不会想到有此不测。同时又想，张先生有好的身体基础，摔倒可能带来一些问题，但不至于危及生命，我并非劝说地跟洁宇说起这个，相信恩和老师定能渡过难关，洁宇也似乎表现得镇定。我为张先生不能参会遗憾，等待他清醒的消息，但是 10 日，微信圈突然传来恩和老师辞世的信息，赶快去信问洁宇，不幸的事真的发生了！

悲痛之际，并感到不安：先生是否因为准备参加会议而操心，如果不参加会议会不会就没有这个意外？又想，先生陷入昏迷就遽然离世，留给在世者悲伤，但于己未必不是福气，由活跃状态突然陷入长眠，减少了常人疾病煎熬的痛苦，走得利落潇洒，永远留下健硕开朗的形象。前年 12 月，恩和老师在悼念著名鲁研编辑王世家先生的文章中写道："活到我们这把年纪，谁敢说自己 5 年内不出问题？"（《悼世家》）看来早已豁达于死生了。

我与恩和老师的最后一面是去年 1 月。受曹惠民教授之邀，张老师顺道来苏出席其博士生答辩会，同来的还有江苏师大的王强教授，晚间曹老师在顾亭苑设宴招待。曹老师是北师大中文系 64 级本科生，王强教授曾师从恩和老师，90 年代我在师大读书，硕士论文答辩主席就是张老师，旧缘重续，相谈甚欢。席间谈到旧时掌故、生活现状、学术，当然还少不了书法。恩和老师一如以往宽厚谦和，带着智者的微笑，王强教授活跃气氛，说起恩和老师的逸事，玩笑话不断，恩和老师微笑着，像在听别人的故事。

恩和老师从南昌省亲归来，在故乡待了好一段时间，顺道逗留苏州。之前在微信圈就见到有人发送的他于南昌景点拍的照片，惊叹于其 80 高龄精神状态之好，见面之后喜见其果然步履矫健，气定神闲，遂口头邀请他光临下半年的会议，先生欣然应允，并以刚印出的《张恩和书文专辑》见赠，在扉页上认真地亲笔题写了赠语签名。

我与恩和老师的第一次邂逅，因缘是书法。90 年代初，我去北京鲁迅博物馆拜访王世家先生，世家先生还住在在博物馆大院西墙外小胡同里的编辑部兼临时居所，在拥挤而简陋的房间，一眼就看到挂着一幅启功先生的字，其时我是启

功先生的粉丝，就脱口而出“启功”，世家先生笑着说：“别激动，看落款。”遂看到“恩和书”几个字，才知道张恩和先生擅长书道，更惊叹于其书法竟如此具备启功先生的神韵。

我在北师大读硕士时，恩和老师已经由师大调任中国社科院文学所任研究员，但师大仍流传着张恩和、邹晓丽学术伉俪的佳话，我同届的研究生章琼的导师是邹晓丽老师，我们自然会经常谈到两位老师。有一次和同学一道去丽泽6号楼，张先生碰巧不在家，见到了晓丽老师。

我硕士阶段师从朱金顺先生，朱老师在聊天时经常谈到张恩和老师。我硕士学位论文做的是周作人与儒家文化关系研究，也许因为涉及周氏兄弟，朱老师说就请张恩和老师做答辩委员会主席吧，所以在论文修订期间，多次请教于张老师。

恩和老师儒雅和善，对论文的评阅很认真，论点、结构甚至语言都严格把关。其时周作人研究正处在复苏时期，新观点很多，我的论文涉及到对上世纪40年代周作人附逆后思想的研究，也想有所创新，试图在周氏40年代的文章中挖掘其通过还原儒家思想进行新的思想革命的企图。恩和老师对我的这一写法提出了善意的批评，认为对历史人物的评价应该遵循历史的尺度，不能为求新意而忽视历史的客观性，这一提醒让这部分的写作避免了随意性，也让我记住了历史研究中保持客观态度的重要。

恩和老师就是这样，外表谦和随意，内心极有原则。同时，他有学者的严谨，又极富才情，学术研究盛不下他的才情，故在学术研究之余，寄托于文学与书法创作。我没资格评价张恩和先生的成就，从我个人视角看来，我以为恩和老师的成就主要有三个方面：一是现代文学研究，二是散文创作，三是书法造诣。现代文学研究是专业，学界谈者颇多，已有公论，无需我再赘言，后面两个他自称“业余”的领域，我以为更见先生性情，想在此多谈一些。

在现代文学研究领域，张先生属于前几代学者，60年代就跟随唐弢先生编写《中国现代文学史》的鲁迅章节，其学术研究从鲁迅研究始，而及郭沫若、郁达夫、郭小川、赵树理、周作人等诸多作家作品，所著有《鲁迅旧诗集解》《鲁迅与郭沫若比较论》《郁达夫研究综论》《郭小川评传》《郁达夫小说欣赏》《周作人散文欣赏》《鲁迅与许广平》《踏着鲁迅的脚印——鲁迅研究论集》，有考有论，皆钻研精审。在现代文学研究界，鲁迅研究可谓重镇，对于研究者来说也是“立足点”，张先生的现代文学研究以鲁迅研究为基点，再延及现

当代诸多作家，可见其布局深广，其相关研究为早年现代文学研究的拓荒成果之一，现在还是现代文学研究中绕不开的存在。

恩和先生富有才情，性本爱文学，在散文《我的文学梦》中，他述说了早年与文学的若即若离的缘分。后来成为学者与教授，大概是退而求其次的人生选择。学者生涯自然难以安放充沛的才情，改革开放后，条件许可，他开始以业余作者的身份写了一些散文，先后出版有散文集《国门内外》（1996年，百花文艺出版社）、《深山鹧鸪声》（2001年，福建人民出版社）、《灰羽随风》（2015年，知识出版社）。张恩和的散文虽不算多，但都是好文章，我以为可以八字评价：清真平实、随性通脱。80年代开始业余创作，他说，“此时我早过了轻狂、浮躁的年龄，不能说完全看破了名利，至少已看得很淡，但体内的文学细胞时不时还会引发冲动和激情，就像戒不掉的烟酒瘾，总是挠得人心痒手痒，终于按捺不住，动笔写起了散文、随笔。那完全是因为看到了什么，想到了什么，发之于情，情动于衷，衷求乎表”（《我的文学梦》）。所谓清真平实，一是真实，其所记，都是曾经经历的人与事，述事怀人，真实是最高境界，二是行文毫无矫饰，不事雕琢，娓娓道来，平顺妥帖。这些都是很难达到的境界。因为轻狂浮躁已过，能以平常心待人接物，更因为写作于梦醒时分，能看清世间的本质，故其散文在真情实感之后，又有理性与智慧的亮色，成其随性通脱的独特风貌。在《灰羽随风》“前言”中，他解释“随风”之意为“随风飘散”，并诙谐地随手借用英文Gone with the wind，其怀念启功先生的文章亦题名为《人去往事更随风》，恩和老师将一往深情寄托于渺渺时空，其文一如其人，有情而又洒脱。

恩和老师的书法成就离不开启功先生。他回忆道：“有幸得识先生并一直和他‘近距离接触’，屈指算来已50年整”（《人去往事更随风》），在师大上学时是师生，留校任教后成为同事，恩和老师与启功先生长期相处，耳濡目染，心慕手追，竟得先生书法真传。

有趣的是，张恩和一直未主动告诉启功先生自己在习书法，更未就书法问题直接求教过启先生，直到2004年，钟敬文先生家乡梅县要建纪念钟老的石碑，受钟老之子所托，他手书七言一幅交付，钟老之子将张恩和手书示以启功先生，启先生方知身边原来还藏有一个书法家，遂向其索字，恩和老师书赠“门外偷学两三拳，画虎未能反类犬。胆怯碍难取

真经，心诚立雪亦枉然”，抒发了在启先生身边“偷学”书艺的心迹。

就如同以“业余”看待自己的散文创作一样，恩和老师也不想以书家自称，自谦“业余爱好书法”，学习启功先生“只把书法看成书家性情、品格以及人与人之间交往情谊的表现，而不把书法和‘名与利’，和‘商品’‘价值’，联系在一起”（《人去往事更随风》）。

恩和老师于书法不事张扬，但在业界颇受推崇。学者书法可谓多矣，张恩和的书法当属高格，其结体、笔法与章法取法启功先生，瘦劲俊朗，用笔沉着，书卷气足，用笔间又流露出个性的飘逸。启功先生的书法基于笔墨基本功，非当下江湖书法可比，学启功者，首先要有扎实的基本功，恩和老师幼时有过毛笔字的训练，当有扎实的基础，更为重要的，书法是美的结晶，更是人格修养的体现，启功先生的书法之所以仰之弥高，就在于有审美、学养与修养在里面，不是仅描摹笔画者所能领会。学启功者不少，卓然成家亦在，但我觉得，在启体书法中，张恩和的书法在章法上最得启功神韵，我想，这不是靠模仿而能成就的，应是“性情、品格以及人与人之间交往情谊”的体现。长期与启先生相处，恩和老师不只在意书法，而是在乎学问与修养之间。看两个人的合影，都带有和善洒脱的笑容，只有美的心灵和性情，才能真正靠近。

人去往事更随风，恩和老师在这个世界的一往情深，也随风而逝了，但性情文章俱在，与其谦和飘逸的笑容一样，永留在我们的心中。

2020年5月10日、7月11—12日

最后的学术之旅

——怀念张恩和先生

·颜同林

张恩和先生于2019年11月10日离开了这个世界，我不敢相信这是真的。当初在微信朋友圈看到这个消息，我都十分吃惊，怎么可能呢？在9月中旬即仅隔不到两个月的时间，我还邀请先生来贵州师范大学讲学。那时张恩和先生身体硬朗、思维清晰、声音宏亮，根本看不出年老体衰之态。而且我们还约定，过一年再请他来我们学校讲学哩！

天有不测风云，张恩和先生却离我们而去，把我们留在无尽的怀念中！

我知道张恩和先生的名字很早，但和他见面并有诸多交往，倒是近两年的事。2020 年庚子年春节，接到他女儿张洁宇教授的约请后，在一个闭门不出的特殊春节里，我回忆逝去的相处一起的美好日子和生活片断，仍然历历在目。

和张恩和先生相识并有私人的交往，主要是他受我邀请前来贵州讲学，时间上在他去世之前两个月中，这可能是他最后一次独自远行的学术之旅。在这一点上，似乎有特别记述的必要。2019 年 9 月 11 日，也就是教师节刚过，他应邀从北京坐飞机来到贵州师范大学进行学术讲座，给偏远的贵州带来新的学术思想。讲座之后，又恰逢中秋佳节的假期，我带着自己的研究生和他有几日的亲密相处，并在附近名胜之处走走，可谓其乐融融。正是在这短暂的数日之中，先生最后的学术之旅给了贵州，是我们的幸运！

那就从学术讲座开始进行追溯吧。整个讲座的邀请、对接、接待等，都是我一手安排妥当的，时间在他抵达贵阳后的第二天上午。先生可能是应邀来学院讲座的学者中年龄最大的一位，讲座的题目是《五四新文化运动的发生及伟大意义》，讲座由我主持，听众以文学院同行学者以及本专业的博士、硕士研究生为主，加上部分本科高年级学生参与了此次讲座。早上，我开车载着先生从市区宾馆来到师大花溪校

区，在文学院报告厅举行。张恩和先生个子高大、精神矍铄，说话温和、风趣。在讲座中，张恩和先生围绕几个观点一一展开：一是“五四”运动是中国传统社会向现代社会转型的开端，二是社会转型的关键在于社会制度、价值观念、思想意识形态的转型，三是社会转型是一个漫长的、复杂的甚至有些痛苦的过程。站在“五四”百年中国社会转型的历史高度，他对“五四”运动的发生及意义进行了深入浅出的阐释，其真知灼见给予了在场听众心灵上的震颤。在讲座中，张恩和先生认为“五四”运动与新文化运动是无法分割的，正是经历了新文化运动的思想启蒙，才推动了“五四”运动的发生。他进一步从五四新文化运动追溯到辛亥革命，称五四新文化运动是辛亥革命的后续、补充和扩展，它们都是中国社会由传统向现代转型过程中的必然事件，体现了社会转型下的必然规律。五四新文化运动即便对于社会日益进步的今天，依然具有着重大的现实意义，要永远追求“民主”与“科学”。“五四”新文化运动发生100周年之际，张恩和先生带着我们回到“五四”，回到新文化运动的原点，回到历史的诸多细节之中，确实令人受益匪浅。整个讲座视野开阔、史料丰富、严谨扎实，赢得了文学院师生的尊敬和好评。讲座之后，大家进行了热烈的互动，最后他还和部分师生一起集体合影，许多学生也争先恐后和张老师单独合影、请教，一直忙碌到中午才正式结束。

在我印象中，讲座最有意思的不仅仅是所讲的观念与思想，而是其丰富的史料和细节，譬如所举的真实例子，譬如他联系身边的人事进行的精彩阐发。因为是专业的讲座，听众素质较高，多半是本专业的听众，所以张先生在演讲时没有什么拘束，而是自由自在地报告和发挥，我们也是听得十分入神。于我个人而言，往往最在意的是讲座之中或讲座之余，琢磨先生的视野、趣味、史识，看他处理材料的路径和方法。令人吃惊的是，想不到 83 岁高龄的老学者，其思维如此清晰，材料如此丰富，加上他态度温和、声音宏亮，让我们时时送上热烈的掌声，笑声也被不断引发出来。这一次，张恩和先生作报告的状态极好，氛围甚佳，事后他对我说对这次讲座也十分满意。

其实，在邀请并得到张恩和先生同意后，我做了一点功课，通过网络熟悉了他的情况。在讲座的开场白中，我没有照本宣科念稿介绍，而是从 4 个方面勾勒了先生的身份：一是先生于 1936 年出生，江西南昌人，1958 年从北京师范大学中文系毕业并留校，1983年调入中国社会科学院研究生院，今年已是83岁高龄，仍然在一线从事中国现代文学研究，值得我们钦佩和学习。二是先生是我们学界德高望重的老一辈学人，在鲁迅、郭沫若、郭小川等经典作家研究方面是权威学者。三是先生是一个作家，主要从事学者型散文写作，出版有散文集《国门内外》《深山鹧鸪声》《灰羽随风》等集子，在业界颇有声誉。四是先生还是一个书法家，是启功先生的弟子，长期从事书法创作。我在讲座总结阶段也进行一些发挥，我们确实见到张恩和先生心性温和、学识渊博的一面，也有理想执著、生活坚韧的一面，先生谈吐儒雅，确实是一位饱学之士。因此，他的循循善诱，他的高屋建瓴，都值得我们以后去学习、思考。

从讲座现场和效果来看，我们是皆大欢喜，收获满满，先生也十分开心。为什么邀请张恩和先生前来贵州呢？讲到这里，不得不交代一下我们的交往。我和张恩和先生认识时间很短，2018年9月中旬，在陕西西安参加“鲁迅、郭沫若、茅盾研究高端论坛”时我初次见到先生，这次论坛由陕西师大人文社会科学高等研究院、文学院承办。我参加这次会议，写了一篇郭沫若、茅盾比较的论文在会上交流。在这次会议上，张恩和先生和他的女儿张洁宇教授一起参加。张洁宇教授我认识较早，自然相谈甚欢，和张恩和先生请教聊天也同样如此。他是研究鲁迅、郭沫若的老前辈，以前我也参加过多次全国性郭沫若学术会议，但都错过了。初次见面相识，巧在古城西安，先生给我留下了美好的回忆。2019 年 7 月中旬，我去山东威海参加“第 7 届郭沫若研究会全国代表大会”，这次会议由中国郭沫若研究会、山东师范大学文学院、山东大学威海校区主办。这次会议，张恩和先生也参加了，参会的还有蔡震、商金林、刘增人等老一辈学者。在这次会议上，我们再次相见，张恩和先生记性很好，一见面就喊出我的名字，主动问了我的一些研究与个人情况。我也在会议间隙多次请教，聊天十分愉悦。同时，因为本人所在单位学科建设升级很快，已为贵州省内一流学科，自己负责中国现当代文学团队，也有经费支持。于是，我便在交谈之余，郑重邀请他合适时间前来贵州讲学，他一口答应下来，说 10 多年前曾到过贵州。这几年贵州变化很大，他也很想来走走，而且说梵净山没有去过，如有机会想去爬爬梵净山。

因为这样的机缘，张恩和先生在时隔 10 多年之后来到贵州。我们奔走相告，除了同事们之外，我的学生们也很期

待。因此在讲座中当面聆听教诲成为现实，讲座之余的闲聊更是一种难得的机会。记得讲座之后，我和王棋君陪张恩和先生坐高铁到铜仁，王棋君是铜仁学院的副教授，正在我门下攻读博士学位。到铜仁后，王棋君开车带我们往江口县方向去了梵净山脚下，寄身在一个叫梵舍的民宿，民宿老板是兄妹两人，都很年轻、热情，还带我们三人一起去了不远的小河边散步，和住宾馆有很大的不同。而且，民宿恰好在山脚下，离正门只有 200 米左右。我们到时已是晚上，第二天恰好是中秋佳节，一行三人便一起登梵净山。梵净山处于贵州印江、江口、松桃三县交界之处，系武陵山脉主峰，是佛教道场和自然保护区。2018 年被评为世界自然遗产后，梵净山已中外闻名，游人也是成倍增长。中秋佳节登梵净山，游客仍然人潮汹涌。登梵净山时，张恩和先生与我是初次去，王棋君以前去过多次，但也多年未去，而且梵净山这几年建设加快变化很大，他也不太熟悉路线。幸亏张老师身体硬朗，腿脚利索，行动自如。坐景区游览车，坐索道，我都与先生并排坐一起，方便照顾，也方便聆听他摆龙门阵。梵净山名不虚传，到处险峻丛生、悬崖绝壁很多，公路盘旋延伸，弯道多而折，索道也甚长。抬头一望四周，只见峰回路转，远近高低各不同，植被郁郁葱葱，空气异常清新。索道尽处在半山上，便得靠腿力爬山，尽是之字形的路线，或为木质楼梯，或为条石垒成的阶梯。我们师生两人陪着先生沿途饱览风景，一路上说说笑笑、走走停停。登山过程中，走到中途过半，先生有点吃力，对我们说还是要服老啊。坐在沿途搭建的凳子上休憩，向上望去，看似十分陡峭，也不知还有多远。而路旁抬滑竿的苦力甚多，不时吆喝，对我们谎称还有五分之三的路程要走。我们不知真假，而先生心里隐隐发怵。其实后来到山上实际只剩五分之一的距离了，于是我坚持让他坐上滑竿也好省一点力气。虽然和从索道尽头处一开始就坐滑竿的价格一样，但毕竟沿途已有登山之乐。滑竿看上去简单，由两个苦力抬行，某些险要处还要游客下来步行。坐滑竿到了山上就止步了，也就是著名的景点蘑菇石那儿。从蘑菇石往老金顶或新金顶这两个最高点，都还有硬仗要打，因为太险峻陡峭了。先生说千万不能上去了，上不去也下不来，况且滑竿也不登顶。先生说到此很算不错了，四周看看，也能一览梵净山全景，游客多半也到此止步。在蘑菇石周围观赏拍照，只见周围峰峦耸立，似巨兽飞奔。万卷书石，经亿万年风侵雨蚀，若经书壁立；梵净佛光，似由

山间寺庙而来，在云端若隐或现。从梵净山回贵阳后，我们还准备去看织金溶洞，一了先生又一心愿。后来先生说去梵净山一趟后感觉腿脚比较吃力，便打了退堂鼓，由我的两个学生陪同去了贵阳附近的青岩古镇。

作为晚辈，我和他相处几日，平时聊得最多的是学问，或是学界的轶闻趣事。后来送走先生后，我第二天便去厦门出差。在机场送别先生之际，我说，明年您找个合适的时间再来我校讲学，下回我有机会去北京一定要去您家中作客，他说欢迎欢迎，我们也算得上是忘年之交了。我很感激作为前辈的张恩和先生对我们平易近人，还幻想以后会有较多当面向他请教的机会。想不到先生不久驾鹤归去，真的是我人生的一大遗憾。

相处数日的流水账中，倒有一些佚闻趣事，略记一二。一个故事是在饭余茶后之时，我们聊着如何做学问，如何发表论文一事时，张恩和先生很自信地说了一个故事，说他在北师大文学院有一个记录没有被打破。当时是“文革”结束后，张恩和先生在北京师大中文系任教，从事鲁迅研究。一次向《中山大学学报》投了两篇稿件，都在1977年同一期《中山大学学报》上发表。两篇文章都是研究鲁迅的，“文革”刚结束，他就偷偷进行学术研究，投寄研究成果，当时以个人署名发表文章极难，一下子在同一期发表两篇，引起了轰动。先生说《中山大学学报》当时主编是楼栖先生，上世纪40年代便是一位有名的诗人，50年代写过郭沫若研究的专著，有一些交往。由于是同一期发表，另一篇改用笔名“漳河”。如何寻找合适的机会，如何先行一步积聚好力量，都值得借鉴。另有一个故事是关于书法方面的。张恩和先生书法写得好，在业界有书法家之称。这次先生题款盖章，送了一本《张恩和书文专辑》给我。书籍印装精美，不是正规出版，但规格差不多，由此引发了研习书法的话题。但先生十分谦虚，从不自称书法家，也没有以书法家的名头在圈子内博人眼球。先生说和启功先生相识50年，先是他的学生后来成为同事，在北师大校内很多年都是比邻而居，走动很频繁，称得上是挚友。先生说了一些启功家庭的故事，也谈及诸多现代文学学者中学者书法的掌故。

此外，就是学术界的学者轶闻趣事最多，一般不见于文字。先生讲述时得心应手，慢条斯理，我们则听得十分入神。因此，虽然时间很匆促，只有短短几日，却是最为充实的几日。现在回忆起来，这些故事与掌故，或谈教书之道，或论学问之真，或涉及不少学人的人与事，都似乎还在耳畔

回响，化成精神的青山脉脉。

张恩和先生去世后，我征得同事们的同意，曾以贵州师范大学中国现当代文学学科的名义，向张恩和先生治丧委员会发出悼词：“惊闻张恩和先生近日驾鹤归去，贵州师范大学中国现当代文学学科全体同仁深表悲痛。张恩和先生是中国现代文学研究界的知名前辈学者，一生笔耕不辍，在鲁迅、郭沫若等经典作家作品等众多领域卓有建树。今年 9 月，先生应贵州师范大学文学院邀请，在贵州师范大学作了五四新文化运动发生及伟大意义的讲座，并对我们的学科建设提出诸多宝贵意见。先生知识渊博，品德高洁，嘉慧贵州学界，我们由衷敬仰先生，心怀感激！张恩和先生千古！”我仔细一看时间，落款为 2019 年 11 月 12 日，是他逝世的第 3 天。这是我首次执笔悼词，向逝世的前辈学者致以敬意和哀思。

想必在张恩和先生生前，在各地都有不少讲学的经历。作为先生生前最后的学术之旅，却定格在贵州，实属难得；而我因机缘恰巧，见证了这一切，谨以记之，既纪念这一段学缘，也是表达一位后辈学者永远的怀念。

知世者的逍遥

——忆张恩和先生

· 鲍国华

对张恩和先生的点滴印象，来自聆听先生讲学，或在教室，或在礼堂，或在先生家中。最初的一次，是1999年秋，业师王国绶先生邀请京津两地的前辈学人开设系列讲座。张恩和先生应邀而来，讲授鲁迅专题。国绶师事先介绍说张先生极为健谈，与讲座相对照，心下深以为然。除讲授的内容外，给我留下最深印象的是先生的笑容。在讲座过程中，张先生常常带笑，或闪烁于眼中，或洋溢于嘴角，淡淡的笑容，给人温厚热诚之感。

第一次到张先生家中拜访，是奉命去借书。大约是在

2006年初夏，刘增人先生策划《1981—2005：多维视野中的鲁迅研究》一书，旨在对鲁迅研究的各专题进行学术史的梳理，其中《近二十年鲁迅诗歌研究述评》一篇，邀请张恩和先生执笔。这无疑是当仁不让的最佳人选。张先生却找到国绶师，希望推荐一个年轻人撰写。于是，我奉师命到张先生府上，一方面是借书，一方面则是请教。记得好像邹老师还在家，匆匆打了招呼就去另一个房间休息了。张先生拿给我十几部鲁迅旧体诗研究的著作，用尼龙绳结实地打了捆。二十年间鲁迅旧体诗研究的著作，几乎尽在于斯，唯独缺少一部先生自己撰著的《鲁迅旧诗集解》。结合这些著作，先生给我讲解鲁迅旧体诗研究的诸多关键之处，以及相关成果的特点和价值。谈到自己的研究，则轻描淡写地说了一句："我也编过一本，看不看都可以。"两个多月后，我完成了初稿，再一次登门还书，同时请张先生对初稿提出修改意见，得到了先生的鼓励。其实，这篇小文章中的很多观点，都来自先生的口传心授，绝非我个人的创见。两次登门求教，给我留下最深印象的仍是先生的笑容。也许是因为在家中，先生的笑容更温和，也更自在。

后来，又多次在学术讲座和会议中聆听先生高论，感受愈深。张恩和先生讲学，话不多，语速也不快，但在只言片语间，常常有四两拨千斤的功夫，点石成金的效果。先生讲学，如其人，亦如其文，飞扬潇洒，语多机锋，有些地方故意欲言又止，表明言说的艰难，其实内心极其明澈。先生有时边笑边说："到这里就不能再多讲了，要不然又有人说我是……了"。私以为此时的先生，表面上受约束，内心却是得意的。先生的欲言又止，是讲学中一种的独特修辞方式，使人想起鲁迅的著名演讲《魏晋风度及文章与药及酒之关系》。

张恩和先生治学之余，兼擅散文和书法，在学术界也颇为知名。这些似乎是专业（职业）之外的副业，做不得数。倘若以学术为职业，确乎如此。然而对先生而言，学术是毕生的追求，却绝非为稻粱谋的工具。学术与所谓的副业，本不可分，也不必分。先生的散文，以学术为底色，出于但不囿于学理，言说的大抵是不该遗忘的常识。先生的书法，以启功先生为师，但似乎有意不像启功先生那般谨严，别有一番自在洒脱。所谓专业也好，爱好也罢，先生意在打破壁垒，超越体制，在学术论文、散文和书法之间，实现通透。正是这种通透，使他在面对重重束缚、甚至磨难时，始终能够处之泰然。先生的笑容、先生讲学时欲擒故纵般地欲言又

止，无不是自在从容的体现。

张恩和先生曾写过一篇纵论郭沫若、胡适和周作人的大文章，题目是《知世论人》，既承载着先生的学术思想，又能概括先生的学术经历和追求。20 世纪的上下半期，皆为大时代，大事件、大人物层出不穷。先生受教于下半期，却以上半期为研究对象，是经历过大风雨、并书写过大风雨的一代学人，文字虽不免风霜之感，却终能超脱出来，不伤感，不自矜，每有洒脱之意，逍遥之境。先生将笔下的人与事，与自家经历相映照，便自然而然地产生同理与共情。先生因经世而知世，因知世而论人，面对研究对象与社会现象，有的看破，有的看不破，有的则不愿看破，以此保持一份自在，一份真心。

张恩和先生的走得太过匆忙。2019 年，先生多次外出讲学；年初还发表再传弟子黄海飞博士的访谈，思路敏捷；并撰写关于唐弢先生主编的《中国现代文学史》的回忆文章（可惜次年刊出时，已成绝响），身体与精神均无任何衰老的迹象，这样匆匆辞世，带给我们更多的伤感和不舍。然而，于先生而言，却也少去了许多肉身的折磨和痛苦。留给我们的，始终是笑容，是自在洒脱，是知世者的逍遥。

怀念张恩和先生

· 李　斌

2019 年 11 月 11 日上午，我正在中山大学校内宾馆里准备一篇文章，期间翻看微信，在一个专业群里读到张恩和先生仙逝的消息。我不敢相信这是事实，张先生 4 个月前还和我一起在威海参加学术会议，几天前他还给我发微信，身体一向硬朗，怎么会这么突然呢？我向张洁宇老师发信息，得到了她的证实。张先生是一个星期前摔倒的，就这样走了。我坐在沙发上，半天起不来，回想起 8 年来我们交往的点点滴滴。

一

第一次见张先生，是请他做我的博士论文答辩委员。那

是2011年5月，我背着我的博士论文打印稿，骑车来到他在北京师范大学丽泽园的家中。他满面红光，笑容可掬，坐在朝南书房中的大书桌前。书桌上摆放着宣纸、毛笔和镇尺。书房里挂着启功先生的字。后来我才知道，张恩和先生也是书法家，走的是启功先生的路子。这书房自然也就充满了墨香。他是著名学者，且长我46岁，是我爷爷辈的人，但我初次见他，却并不感到拘束。他也不把我当小朋友，有啥说啥，一点架子也没有。

我的博士论文是《民国时期中学国文教科书研究》，在中国现代文学研究专业，这是越界之作，因此答辩时我十分忐忑。也的确有答辩委员对此提出了质疑。张先生很温和，也许在他看来，我还是小孩子，尽管写得不太好，也算努力了。我至今保留着他5月24日签名的给我的博士论文的评语。评语很长，既指出了缺点，也给予了充分肯定。我一向喜欢挑那些鼓励我的话，这份评语中有几句话让我铭记："这是一个工作量极大的工程。按材料的丰富规模和梳理研究的力度论，其实完全可以写成一本《民国时期中学语文教学史》，由此也可看出该论文的厚重和生产空间。""作者在按史的发展框架下，有条不紊、层层深入地分析考察民国时期的中学国文教材，基本上勾勒出那一段历史时期中学国文教材演进、演化、演发的情况。”张先生的这些观点和答辩委员会主席温儒敏老师的观点是一致的，后来温老师在给我这本著作的序言中，也肯定了这是“工作量极大的‘工程’”。有了张先生和温老师的肯定，我答辩比较顺利地通过了。只是后来因为工作性质的关系，我没有在他们的鼓励下把这个课题继续往下做，这于我是很大的遗憾。也许，等时机成熟时我还会把这个课题捡起来的吧，只是张先生看不见了。

毕业后我到中国社会科学院郭沫若纪念馆工作。我有个缺点，就是不喜欢上门拜访老先生，总是担心会打扰他们工作和生活。张先生知道我的工作情况后，主动请我去他家聊聊。于是我再一次来到了丽泽园。他依然坐在书桌前的椅子上笑容可掬地接待我。他说他和郭沫若纪念馆很熟，他曾经担任过中国郭沫若研究会的理事。他回忆起郭沫若研究界的往事，给我讲了很多。其中有一件事他给我讲了两遍。有一次会员代表大会改选，会长候选人职位很高、来头很大，但他以前的表现令很多学者不能接受。张先生和孙玉石先生等几位理事联合了一些代表，坚决不同意这位候选人当选会长。他们的坚持获得了胜利，这位候选人果真没有当选。张

先生讲到这件事时非常得意，他说，学界的事情还是得让学者自己作主。我在中国郭沫若研究会工作多年，这么多年没人给我谈到这一重要的事件，如果不是张先生讲到，可能以后的人也就不知道了。

不久，某电视台要录制纪录片，访谈张先生，地点在郭沫若纪念馆。我本来以为节目组会请他吃午饭，所以以不便打扰的理由躲在办公室里读书。到中午 12 点半，我出门正好看见张先生往大门口走。我赶紧上去问好，才知道他还饿着肚子呢。我顿时觉得愤愤不平，转身去找到节目组，告诉他们不能这样对待老先生。节目组说他们实在太忙了，请我代替他们招待老先生。我和张先生来到前海边荷花市场内一家餐馆的二层。张先生不挑，点什么菜都可以。窗外可以看到明媚的蓝天和前海上往来的游船。我笑着说张先生以前对高级领导可以说不，现在对那些代表“资本家”的年轻人倒客气起来了。张先生说：“他们说让我出镜是给我打广告呢。”大概他年龄大了，对这些也就不计较了吧。我发狠要宰“资本家”一顿，于是点了很多菜。我们边吃边聊，度过了一个无拘无束的欢乐午后。

二

我和张先生两次共同参加在乐山举办的郭沫若学术研讨会，都令我难忘。

2012年是郭沫若诞辰120周年，乐山市举办了盛大的纪念活动，沙湾区专门修建了沫若酒店，召集了“郭沫若与文化中国”学术研讨会。因为父亲病重住院，我直接从老家去的沙湾。这次会议来了很多知名学者，我又来去匆匆，竟然没有和张先生说上话，只是在台下听了他的大会发言，感觉特别精彩。

张先生讲的是《郭沫若和周作人的比较》。他认为抗战中郭沫若和周作人形成了鲜明的对比。郭沫若别妇抛雏，回国参战；周作人则拒绝南下，最终附逆。但是现在学术界却很多人在研究周作人，赞美周作人的启蒙精神，称赞他的客观理性，更是说他的小品文写得特别好。而郭沫若呢？很多人不但不了解，而且加之各种贬斥。他对此特别感慨。我对张先生的发言深表赞同。我周围就有很多学术基础特别扎实的朋友，将特别多的时间精力投入到周作人研究之中，而对郭沫若则敬而远之。当然，周作人并非不能研究，郭沫若也

并非不能质疑。但张先生觉得对两位的研究不成比例，这确实是切中了中国现代文学研究中的问题。

会方本来安排我陪同张先生和孙玉石先生会后去峨眉山，但我因家事紧急，中途先溜了，任务转交给了我的同事。5年后，当我陪着母亲、带着一家人冒雨攀登峨眉，孩子为看不到猴子失望时，我当时就想，5年前，张先生他们登峨眉时究竟有没有看到猴子呢？

2018年4月，中国郭沫若研究会和乐山师范学院等单位在乐山共同举办“中国历史进程中的郭沫若”学术研讨会。我特意邀请了张先生和我的导师商金林老师参加会议。

4月11日早上7点半，我打上出租车，按计划先去北京大学接上商老师，当时严重堵车，到北大时已经9点半了。商老师很着急了，他担心赶不上12点的飞机。出租车司机对路况不熟悉，商老师就指挥着他从海淀桥上四环，从四环到三环，然后到了北师大的北门。按照计划，我们本来要到丽泽园张先生的楼下接他的。但张先生也感觉到时间紧张，已经在北门等着我们了。这次虽然紧张了点，但还是在10点40分到了机场，赶上了12点的飞机。我对自己没有提前出门，害得张先生以83岁的高龄，还自己拖着箱子从家里走到北门感到十分抱歉，他却一笑置之，只是说这么堵车谁也不会料到。

趁会议间歇，我和吴辰兄陪同两位先生去看乐山大佛。到了山脚下时，我告诉张先生，山路有些陡，是否真要爬山，请他量力而行。他慷慨地说："你们去看大佛，我在山脚下看风景。"商老师和吴辰兄都是第一次来，要不我就留在山脚陪他看风景吧？但张先生坚决拒绝了，他说他要一个人看风景。等我们两个小时后从山上下来时，远远看见他还站在原地，这风景看得时间可真够长的啊。

回北京那天，我们决定在成都候机前先去望江公园喝茶，逗留半天。段从学师兄和周文兄过来陪两位先生聊天。大家聊到了北大旧事和四川学界，各自一番感慨。张先生对中国现代文学研究界的掌故了如指掌，往往随意拈来，皆成文章。我从他那里知道了很多先前不曾明白的故事和道理，增广见闻，学着做人。我们到首都机场时已经晚上 7 点 20 分了。飞机停在机场中央，我们坐摆渡车到航站楼，再打上出租车，把张先生送到家已经晚上 9 点半了。我送他到门口，他还请我进去坐一会儿。我只好说您还是早点休息吧，一路够折腾的。我比他年轻 40 多岁，我都累了，他还神采奕奕。我当时想着，他可能要活 100 岁呢。

三

最后一次陪同张先生开会，是2019年7月在威海召开的“郭沫若与新中国暨中国郭沫若研究会第七次会员代表大会”。

这次会主要是我参与张罗的，我得提前一天到威海布置会场。张先生是会议报到那天同商金林老师一起从北京坐高铁过来的。当天晚上，我要参加研究会的常务理事会，没有工夫陪同张先生。第二天主题演讲阶段，我们安排了张先生发言。我忙着做会务，他讲什么我已经记不清了。这是我至今十分遗憾的。第三天换届选举，张先生作为最年长的会员代表填写了选票。这是他对研究会工作的最大支持，我和主持工作的研究会同事都十分感动。

这次印象比较深的，是在7月13日晚上我陪同张先生和商老师一起在山东大学威海分校的校园内散步聊天。温润的海风、吱吱的蝉鸣和蓝莹莹的灯光，让人感觉幽静而舒心。我抱怨工作上的一些烦心事，张先生笑着说我有小孩儿脾气。于是谈到学术研究。张先生说，对于郭沫若，既不要跪着看他，也不要俯视他，而是要坐着和他对话。他停下来扭头问我：“你以为如何呢？”我当然举双手赞成这一观点。

只是要坐着和郭沫若对话，又谈何容易呢。至少也得有张先生那样的阅历吧。这一次依然主要是他们聊，我在一边听。他们不拿我当晚辈，直言不讳地谈到他们的同龄人，谈到他们的一些机心和贪婪。这样的谈话内容，我在与张先生同龄的黄侯兴等先生那里也听到了不少。到他们这个年龄，云淡风轻，把这些事儿当笑话一样讲。但我听了后，却更深切的感悟到：了解一个时代不能仅仅通过那些写在纸面的文章和著述，也需要知道文章背后作者的生活状态、处事方式以及各种轶事。背后的这些信息，口耳相传，几十年后可能就没人知道了。这些信息中有些和文章契合，有些却令人感觉到作者的多面与分裂。张先生和商老师告诉我这些情况，让我更完整地认识上一代人，于我是一种难得的教育。

会议结束后，张先生特意给宾馆服务员写了感谢信：

> 我是参加郭沫若会议代表，住1919号房。这两天为我房间清洁服务的李静媛、李文玲二位服务员，不但工作认真，而且细心观察客人的习惯爱好，做到热心，个性化服务。我已年过八十，去过很多地方，住过很多店，但像他们这样还不多见。

这不但表现她们十分敬业，也提升了咱们海悦建国饭店的声誉。我很谢谢她们，也谢谢你们饭店的管理水平。建议饭店对她们二位予以表扬和奖励！

中国社会科学院

张恩和

2019-7-15 离店时

我同事看到这封信后特别感动，拍照留存，并发给我看。我也住过很多家酒店，但很少听说特意给服务员写感谢信的。我们习惯于将别人对我们的好当成理所当然，而有一点不周到的地方就觉得自己受了委屈。张先生认认真真写下这封信，是对普通劳动者的尊重。这种尊重和理解，今天特别需要。

这次会议之后，我就再也没有见过张先生了。我们的交流主要是微信聊天，他喜欢把他看到的信息和我分享。张先生获得信息的渠道很广，信息也格外多。我从中能够感受到他为理解这个一日千里的世界所付出的努力，也能感受到他心态的年轻和精神的昂扬。他偶尔也对这些信息进行点评，我附和几句，抱着他高兴就好的态度。现在想来，这其实可能是信息时代的局限。人和人似乎每天都可以打个招呼，但深入交流却变得很难。这也是我和张先生的交往中遗憾的地方。

如今，张先生那一代人正在逐渐故去，他们经历了抗战，经历了社会主义建设，经历了改革开放，也经历了全球化的今天。他们有很多故事，有些留下来了，有些随着他们尘封，这是一代人的宿命。张先生那些鲜活的言论，他的音容笑貌，他给与我的帮助和鼓励，永远留在了我的心中。

2020 年 5 月 9 日完稿

自从遗却先生后　南北东西少丈夫

——追念恩和师

·冯　捷

鲁迅在《野草·题辞》的开篇写道："当我沉默着的时候，我觉得充实；我将开口，同时感到空虚。"当我近乎"艰涩"地写下这篇小文时，我终于真切地体会到了这种言说的"困境"——并非因为无话可说，更非因为无情可诉，而是因为我发现自己很难用追忆的口吻去怀念那个至今还鲜活如生的形象，那个于我而言既是严师又是慈父的形象——张恩和先生。

先生意外入院的消息，除了其家人，我大概是最早知道的人之一。当我不顾先生女儿洁宇老师的劝阻赶到医院时，先生正处在最凶险的前72小时的第二天，但情况尚属稳定。据医生说，只要熬过72小时，抢救成功的希望就很大。于是，稍感宽慰的我和多年未见的洁宇老师在洒满阳光的医院走廊里聊起了恩师的生平种种。洁宇老师语带自责地说，或许是因为父亲过于“独立”，让她几乎忘了他已经是个耄耋老人，以至于无意中疏忽了对他健康的关注。我说，老师是不想给您增添负担。他是个极有风度、又极其重视风度的人，他不想让别人觉得他老了、不中用了。洁宇老师说，父亲曾对她半开玩笑地言道，他希望自己能够在某次开心的旅途中不知不觉地离去，让她要有心理准备，说不定他哪天就一去不返了。“我还对他说，那不行啊，您要是不回来，我不还得找您去？”洁宇老师的眼里泛着泪花，但脸上却挂着淡淡的微笑，像是回忆起一件轻松幽默的往事，“所以，我觉得，如果父亲能完全康复，那是再好不过，也是我们大家都希望的；但若万一不能，我想他不会愿意从此在轮椅上度过余生。与其这样，不如就像你说的，让他有风度地离去，或许更符合他的意愿。”那一刻，我们仿佛都体会到了鲁迅在《父亲的病》中所描述的那种面对至亲之人的病痛既无能为力而又矛盾、纠结的痛苦心情。

或许是一语成谶，又或是冥冥中听到了我们的对话，6天之后，就在大家都以为“老英雄”这次依然能“闯关”成功的时候，恩师走了——一如其为人，绝无拖泥带水；亦如其书法，一派飘逸洒脱。

关于恩师的治学，我不拟着墨过多，一方面固然是因为先生成就之高，非我所能管窥蠡测，而学界亦早有定论；更重要的是，先生生前对人品、人格的看重，远高于学术成就。纵观当今学界，学问可与先生比肩者间或有之，而人格之方正高洁如先生者却难得一见，故论其学不如知其人、师其道。先生曾引鲁迅《学界的三魂》为例对我说：“现在的学界，有些人学问是不错的，但人格卑劣猥琐，是地道的‘学棍’甚至‘学匪’。”对此类“立言”“立功”可圈可点，却恰恰在“立德”上乏善可陈之人，他向来嗤之以鼻。因此，先生从不曾夸耀、吹嘘自己的学术成就，但对自己的人格和操守，他却毫不“谦虚”。而如果要用一个词来概括他的人格魅力，我想非“大丈夫”莫属。

2003年秋，我考入刚刚成立一年的北师大珠海校区（后更名珠海分校，现又改回校区），成为该校的第二届新生。当年珠海校区正在草创之初，百业待举，时任校区中文系主任（中文系撤系改院后任名誉院长）的刘锡庆先生（刘师是著名写作学专家，原北师大写作、当代文学教研室主任，已于 2017 年 1 月作古）想将中文系办成高水准、高起点，不输于校本部的院系，因此出动所有人脉，全力动员自己当年的老同学、老同事们到校区任教。为第一届（2002 届）新生上现代文学史课的是大名鼎鼎的王富仁教授，但王教授一年之后即受聘汕头大学终身教席，赴汕大任职了。而我们这一届的招生规模比上一届扩大了一倍左右，虽然其时受邀执教现代文学史的还有另一位教授，但刘先生大概认为让其“一肩挑”负担过重，更重要的是，此公无论学识名望都不够“分量”（起码是无法和王教授比肩），于是便敦请恩师“出山”相助。恩师的资历比王教授更老，成名也更早，在彼时对“学术”尚无概念的我眼里，对老师水平高低的判断就和今人追星、看中医一样——一看名气，二看年龄。能在这样一所年轻的学校里，见到这样一位前辈“高人”，当时心情之激动，即便考上北大怕也不过如此。我至今仍对恩师别具一格的授课方式记忆犹新：教材选用的是钱理群等编写的《中国现代文学三十年》，但先生一上来就宣布了几条个性十足的“规矩”——一是自己不讲作品赏析，只讲史论，并且提前“预警”，如果学生课后自己不读作品的话，很可能跟不上他的节奏；二是不完全按照教材章节顺序讲，而是将各章重新按他认为的重要性排序，依次讲去；三是以“评”带“讲”，将教材也作为反思和审视的对象，对其中他认为不合理、值得商榷甚至错误的地方进行辨正、评判，与学生共同分析其原因，在“评”的过程中自然带出所要讲授的内容。四是将鲁迅作为最主要也是最重要的研究对象。与一些喜作“冷静客观”姿态的学者不同，恩师毫不掩饰他对鲁迅的崇敬和“偏爱”：“鲁迅是中国现代文学之父，我认为，鲁迅就是半部中国现代文学史。吃透了鲁迅，基本也就参透了现代文学史。”他甚至还自我调侃：“鲁迅是1936年10月逝世的，我是1936年3月出生的，我很荣幸自己曾经和这位伟人同时生存在这个地球上。鲁迅的骨头是最硬的，他不怕死，这一点我比不了，毕竟杀头我还是怕的。”在谈到这位“精神偶像”时，先生的神情比今天的追星族们还要虔诚而充满敬畏。也正是这番话，让他在我心目中的形象瞬间从“名师”转变为“明师”，从“大学者”跃升为“真的人”。鲁迅一生都在寻觅“真的人”，而所谓的“真”，首要的一条便是要“去伪”——去掉装模作样的矫情，去掉装腔作势的粉饰，去掉涂脂抹粉的面具，“抉心自食”，充分认识和估计到自己身上的人性弱点，方能“知耻而后勇”。一个敢于在学生面前自嘲的老师，往往是最自信的；一个敢于说自己怕死的人，在面对大是大非、大节大义时，往往是最不怕死的。恩师正是这样的人。

2017 年 4 月，先生家乡南昌的友人筹划为他举办一次书法展并印行一册书文合集。样书刚刚印出，正在南昌省亲的先生便用微信拍照发给我欣赏。我见书的扉页上印着作者简介，其中有“曾任中国社会科学院研究生院图书馆首任馆长，己巳年辞职”字样，未作深思，便想：恩师当年辞职，自有自己考虑。辞职虽未必是坏事，但总算不上好事，何必写在简介中呢？于是便将此意委婉告诉了先生。先生很快回信：“你太粗心，没有看出我的句中深意。区区馆长，值得我拿出来炫耀吗？既然说是‘辞职’，与‘去职’、‘免职’自然不同，说明我是主动离开这个位子的。时间又已说明是己巳年，还用我多说吗？”语气中略带责备与失望。我恍然大悟，深悔自己大意失言，更深愧自己忝列先生门墙十余年，竟仍未能真正理解他的人格境界。以先生之耿介，莫说是馆长，便是所长院长，又岂能动其心、移其志？若先生是此等

人，当年又何必辞职？之所以特意在简介中加此一句，一则是为纪念当年的峥嵘岁月，二则更是为了表明自己始终未曾妥协的立场。这不正是“自反而缩，虽千万人吾往矣”的不怕死精神吗？这种精神，并非出于血气之勇，亦非来自什么主义，而恰是缘于中国知识分子那种“位卑未敢忘忧国”的家国情怀，和对“吾国与吾民”的那种深沉大爱。事实上，恩师从不是那种“躲进小楼成一统”的“何妨一下楼主人”，相反，他无时无刻不在关注着外部世界的变化，无时无刻不在牵挂着这个国家和民族的前途。他常常通过微信和我分享来自五洲四海的种种资讯，并提出自己的看法；对其中的某些乱象，更是直斥其非，一针见血，令人大呼痛快！其思维之敏锐，见解之犀利独到，尤其是思想观念之与时俱进，让人很难相信他是一位年过八旬的老人。事实上，就在他入院的前一天，他还不顾旅途劳顿、发着低烧，最后一次和我分享了国外的一则新闻。可以说，直到他生命的终点，他心里依然没有忘记自己作为一个真正的知识分子的责任与担当。在这一点上，恩师与五四那一代人，乃至古代的杜甫、陆游等人在精神上是一脉相承的。我在2015年为先生的文集《踏着鲁迅的脚印》所写的书评《有思想的学术，有性情的研究》中，对他的学术风格有过这样一段评价：“他的研究，在‘辨正然否’与‘钻坚求通’之外，更是包含着深邃的思想、真挚的情感和炽热的现实关怀的。我想，这种有思想的学术，有性情的研究，或许正是一般的‘学者’与‘学家’的最大区别所在吧？”话虽粗浅，但我仍愿重录于此，以表我对先生的仰止之意。

说回书法。先生雅擅翰墨，在现代文学研究界早已是公认的“无冕书法家”，用他自己的话讲：“大概是认为我的字写得还不太难看，经常会有人要我的字——除了国内朋友，还有日、韩、美等外国朋友以及住在英国、南非的中国同胞。换一个喜欢吹牛炫耀者，用广告语就可以吹嘘自己的字已‘漂洋过海’‘跨界出国’遍及几大洲。可我心里清楚，自己对书法只是‘业余爱好’，不是‘书法家’，也未想成为‘书法家’。”谦虚之中，也不掩些许的自豪。平心而论，无论是以恩师实际的书法造诣，还是凭他和一代大儒启功先生亦师亦友半个世纪的交谊，入个书协简直是小菜一碟，手到擒来。而确实也每每有人劝他加入书协，甚至还有人提议组建专业团队将他“包装”成“国字头”书法家，却都被他一一谢绝。他曾半开玩笑地对我说：“启先生有言，别太把

自己当根葱。以启老的身份地位和成就，那怎么也得算根‘大葱’吧？他老人家都不把自己当根葱，那我连‘小葱’都算不上了。”其实，恩师的书法水平有目共睹，他之所以坚决不入书协，不当“书法家”，是因为他和乃师启功先生一样，将学术视为自己的“正业”甚至是生命，不愿“不务正业”、本末倒置；更是因为他深受启老淡泊名利的精神影响，不愿让铜臭气玷污了手中的笔。因此，当大大小小的“书法家”们像开印钞机一样利用书法赚得盆满钵满时，恩师却一直独自坚守在北师大那间简陋的“草句室”（师母邹晓丽老师名之曰“认淡小窠”）中，心静如水地与“四书”——读书、教书、著书和书法为伴，从未想过用自己的才华换取舒适的享受——不，应该说，在他的心目中，这就是最好的享受了吧！两千多年前孔子称赞颜回的话：“一箪食，一瓢饮，在陋巷，人不堪其忧，回也不改其乐”，在先生身上得到了完美的复现。

2017年，缠绵病榻多年的邹老师以80高龄仙逝，恩师本着“一切从无”的原则，谁也没有惊动，和家人以最低调的方式送走了邹老师。事后我去看望他，见邹老师生前的照片挂在他的书桌上方，和他的一幅大彩照放在一起。在这间简陋的两居室里，他与邹老师相濡以沫，共同面对贫穷、疾病和来自外界的各种不公正待遇，甚至是丧子之痛的打击，却始终深信、深爱着对方，矢志不渝。以恩师的能力、名望和条件，只要他愿意，“黄金屋”和“颜如玉”都是唾手可得的。而事实上，因为邹老师长年卧病，早就有不少怂恿他“换班子”甚至自荐枕席、投怀送抱者，但都被先生严词拒绝了。先生对我说：“有些人是分不清性和爱的，在欲望面前，什么感情都抛到九霄云外了。但我自问还是能分得清的，我和晓丽这么多年的感情，不可能和某些人一样说放就放了。何况我受启先生影响，爱惜羽毛，启老对他夫人章宝琛坚贞不渝，既然我是启老的学生，就应该学习他的品格。”说这番话的时候，恩师脸上依然平静，但视线却一直没有离开邹老师的遗照。我分明从他眼中读出了一种无法替代、难以割舍的感情——那是我至今见过最真挚也最浪漫感人的爱情了。

先生生前，我当面或与他通电话时称他“老师”，与他书信邮件往来时则称他“恩师”。对于这个称呼，他曾经向我提出“异议”：“老师教好学生，对学生负责，乃是本职，理所应当。我从不觉得自己对学生有恩，所以你称我‘恩

师’，我有点不以为然。”我答曰：“我之所以称您‘恩师’，一则是因为您的名讳中有‘恩’字，古人称呼尊长，往往不称全名；二则是因为您与其他老师不同，有些老师虽也教过我，学问也可敬，却不像您一样，从治学、修身、为人等各方面都对我影响深远，令我受益终身。‘恩师’之称，您当之无愧。甚至可以说，您就是我的‘精神之父’。”先生听后，哈哈一笑，算是“默许”了我的说法。孟子曾有名言：“富贵不能淫，贫贱不能移，威武不能屈，此之谓大丈夫。”这三条，先生全都做到了。像他这样的大丈夫而为吾师，我又岂能不心怀感恩呢？

2019 年 11 月 16 日，恩师的遗体告别仪式在八宝山举行。身着中山装的先生卧于鲜花丛中，面容安详，宛如熟睡，让人恍惚间觉得他似乎还会醒来，与大家纵论古今、谈笑风生。先生生前曾多次表示，希望自己的身后事和邹老师一样，“从无”处理。洁宇老师也没有广而告之，只在微信朋友圈发了一条简短的消息。然而当天辗转相告，自发来为先生送行的人之多，仍远超我的想象。以先生德望事功之隆，如此场面本在情理之中；但与某些生前“广施恩惠”或“交游广阔”者（更不用说位高权重者了）不同，当天到场之人，无不是因钦仰先生的为人而来的。在当今这个“现实主义”社会，能纯以人格而具如此感召力者，恐怕少之又少。大家的悲伤皆发自内心，溢于言表。我草拟了一幅挽联，献于恩师灵前：“立身妙翰皆得坚净，传道治学唯在树人”。“坚净”是启功先生的斋号，“皆得坚净”，既是说恩师一生从立身到书法皆受启老影响，也是说他最后真正得到了“坚”与“净”的精髓；“唯在树人”，既是说先生一生以研究鲁迅、继承鲁迅精神为己任（鲁迅字树人），也是说他念兹在兹者，是希望通过自己的治学传道为国家、民族和社会更多地“树人”。然而，我最后的这份“作业”是否合格，是否能概括先生风骨于万一，“公已无言”，惟有泪千行。但我相信，恩师的一生，是无愧于国家和人民，无愧于良心，无愧于“知识分子”这个身份，无愧于大写的“人”字的一生！他可以安心地休息了。

后记：在这篇小文行将结束之际，国内的新冠肺炎疫情也正到了“最吃劲的时候”（用官媒的话说）。我不由得想，如果恩师在世，又会如何看待这次影响全球的大事件呢？是为逝去的生命哀悼，还是为国家民族的前途命运忧心忡忡？

抑或是对“天灾”背后的种种“人祸”痛加针砭？但这一切，我将再也无法得到热切的回应和睿智的答案了。微信上，恩师的对话框已永归静默；他和我的交流，永远定格在了2019年11月1日，他入院的前一天下午。唐人吕喦（洞宾）曾有怀人诗《哭陈先生》云：“自从遗却先生后，南北东西少丈夫。”不知千年之前的那位“陈先生”是何等样人，能让“八仙”之一的吕纯阳如此伤感。但我此时的心情，却正如诗中所言，为如此危局之下，世间少了先生这样一位敢于说真话的大丈夫而扼腕痛惜！鲁迅《呐喊·自序》有言：“……独有叫喊于生人中，而生人并无反应，既非赞同，也无反对，如置身毫无边际的荒原，无可措手的了，这是怎样的悲哀呵，我于是以我所感到者为寂寞。”原本，先生一直是我人生前进道路上的指路明灯；如今先生飘然远行，放下了世间的纷纷扰扰，而作为生者的我，却要独自体验鲁迅所说的“荒寒”之境了。但灯尽火传，我知道先生绝不愿我因此而消沉，而是希望我能像他一样，继续葆有作为知识分子的良知和责任感；甚至在“路见不平”时，能“不默而生”，如鲁迅一般，“继续写些为‘正人君子’之流所深恶痛疾的文字”。恩师当年曾作诗缅怀民俗学泰斗钟敬文先生：“犹记吾师传精神，笔底波澜写黎民。最是一曲西窗月，吟入南海作金声。”先生才具，非我所及，只能鹦鹉学舌，“借用”其大作改易数字，不计工拙，但明心志而已：“犹记吾师传精神，笔底波澜忧黎民。来者若解先贤意，且听深山鹧鸪声。”

2020 年 3 月 17 日初稿于鮀城

6 月 12 日改定

编后记

2019年11月10日，张恩和先生遽然离世。亲属友朋、学界同人，闻之莫不深感意外和悲痛。当天即有学者通过网络社交媒体，撰文赋诗，表达哀思。其后数月，朋辈、同人、学生等，不断有文字悲悼追念，回忆张先生磊落一生的为人与治学，缅怀他的精神风骨，抒发对他的怀念与敬意。

为保存这些浓郁真情，也为缅怀一位值得尊敬的学界前辈，总结其学术，传承其风骨，经张恩和先生的弟子和家人商定，约请学界同仁写作文章凡49篇，辑纂以为纪念。本书作者，既有德高望重的学界前辈，也有年富力强的学术菁英，还有正在成长的中青年学者；既有学院中人，也有学院外同道；几代学人共同缅怀一位学者，足见张恩和先生的人格魅力与学术影响。集中部分文章，已先后在《鲁迅研究月刊》《成都大学学报》《现代中文学刊》《羊城晚报》《中华读书报》等报刊以专栏或单篇形式发表，有的经微信公众号转发而得到广泛传播。先生的同辈故旧或忘年之交，数月之间，拨冗作文竟达数十篇之多，其真挚的情感，弥足珍贵；我们的感激之情，难以言表。

值得一提的是，这本文集，在通常的纪念之外，很多作者自觉突破了一般悼旧怀人、追忆日常生活的惯例，回顾和阐释张恩和先生的学术与精神，并将之与他那一代人的命运、追求与精神遗产相联系。文集涉及话题广泛，包括鲁迅研究史、新时期以来的学术思潮梳理，也包括北师大学术传统的建立与反思、知识分子的现实情怀与艺术追求等诸多方面。作者们的回忆，还提供了大量珍贵的史料和历史细节，令文集得以兼具精神情感的抒发和汇集史料的学术价值。特别是，很多作者既非张先生同事，亦非其直接教过的学生，因而这本文集的意义，也就超越了自家门墙内的怀念，或个人情感的抒发，而是学界同仁基于相同价值理想的一次精神聚会和交流。在此意义上，文集的编成，实际也是一次学术史和文化史的总结，具有深广的文化意义。

感谢本书每一位作者的深情厚谊，感谢中国大百科全书出版社的鼎力相助。这本珍贵的文集，使我们相信：一个人如果未被忘记，那么他的生命也就并未终结。

编者谨识

2020 年 8 月 17 日